LE PARLER DU
VELAY

CLAUDINE FRÉCHET, JEAN-BAPTISTE MARTIN

2 rue du Colombier - ZA Les Vignettes - 63400 Chamalières
EAN : 978-2-86253-660-6

LE PARLER DU
VELAY

CLAUDINE FRÉCHET, JEAN-BAPTISTE MARTIN

Christine
Bonneton

INTRODUCTION

Cette publication, qui présente les variantes régionales du français parlé en Velay, s'inscrit dans un vaste programme de collectage et d'étude des régionalismes du français parlé sur substrat francoprovençal et occitan vivaro-alpin. Ce programme, qui comporte une enquête dans chacun des petits pays qui forment ces aires linguistiques, a déjà donné lieu à plusieurs publications (cf. bibliographie).

La notion de régionalisme

Pour ne pas reprendre en détail une notion déjà amplement discutée[1], on peut dire que les régionalismes sont les variantes géographiques du français qui ne se rencontrent que dans certaines aires et qu'on ne retrouve pas, en particulier, dans la région parisienne. Les traits régionaux du français, qui peuvent concerner le lexique, la sémantique, la grammaire et la phonétique, sont souvent employés inconsciemment de sorte que ce sont les régionalismes des autres qui attirent l'attention. On prend particulièrement conscience de la variation géographique du français en voyageant, que ce soit à l'intérieur de l'Hexagone ou dans les pays francophones (cf. helvétismes, belgicismes...).

Les régionalismes ne doivent pas être confondus avec certains traits du français familier, populaire ou argotique, car ceux-ci se rencontrent un peu partout et figurent dans les dictionnaires de langue (ex. *décaniller* « partir », les *picaillons* « l'argent »). La distinction entre les deux registres, qui est généralement mal perçue par les locuteurs, embarrasse parfois le linguiste dont les seuls éléments d'appréciation restent les dictionnaires de langue et dont les choix (y compris dans cet ouvrage) peuvent se révéler contestables. Seules des enquêtes conduites dans l'ensemble des régions pourraient permettre de lever toute ambiguïté.

1 Cf. bibliographie et, en particulier, G. Tuaillon, *Les régionalismes du français parlé à Vourey*, p. 2

Domaine de l'enquête

1. Géographie

Le Velay, qui est situé sur le cours supérieur de la Loire, correspond aux arrondissements du Puy et d'Yssingeaux. Cette ancienne province connaît une grande notoriété grâce à la ville du Puy qui fut, dès le Moyen Âge, un centre de rayonnement important, en raison notamment de son pèlerinage.

C'est un pays de montagne au climat rude où l'agriculture a longtemps constitué l'activité principale. Les bouleversements socio-économiques de ces dernières décennies et les problèmes inhérents à une agriculture de montagne difficilement rentable ont condamné la plupart des exploitations et entraîné la désertion des campagnes. Si cette situation ne peut être enrayée, elle finira par causer de graves problèmes à cette région que Georges Sand émerveillée trouvait plus belle que l'Italie[2] et dont le tourisme doit rester un des atouts sur le plan économique à côté de l'industrie et de l'artisanat.

Lors du dernier découpage administratif, le Velay - qui constitue la plus grande partie du département de la Haute-Loire - a été rattaché à la région Auvergne. Cependant, contrairement à l'arrondissement de Brioude, l'arrondissement du Puy et surtout celui d'Yssingeaux sont plus rhodaniens qu'auvergnats et les échanges se font davantage avec Saint-Étienne et Lyon qu'avec Clermont-Ferrand, ce qui n'est pas sans conséquence pour la langue, en particulier pour le français parlé.

2. Situation linguistique

a. Le parler vernaculaire

Le parler vernaculaire, que les locuteurs ordinaires continuent d'appeler « patois », subit un lent et inexorable déclin. Il n'est généralement plus utilisé quotidiennement que par des ruraux le plus souvent âgés d'au moins une soixantaine d'années, et son emploi se restreint souvent aux conversations en famille ou entre amis. Les autres emplois relèvent de cas individuels ou de militants occitanistes qui voient dans cette langue un marqueur culturel important. Il faut cependant signaler que la vitalité de la langue régionale est ici supérieure à celle que l'on observe dans d'autres

---

2 Dans *Le Marquis de Villemer*, Paris, 1964, on peut lire : « Ce n'est pas la Suisse, c'est moins terrible ; ce n'est pas l'Italie, c'est plus beau : c'est la France centrale avec tous ses vésuves éteints et revêtus d'une splendide végétation. Je n'imaginais pas qu'il y eût au cœur de la France, des contrées si sauvages et si imposantes ».

régions, puisqu'il arrive de rencontrer des patoisants quinquagénaires ou même quadragénaires. Un acharnement sans merci de l'école[3], les contacts avec l'extérieur et, plus récemment, l'influence des médias ainsi que les mutations économiques et culturelles sont à l'origine du déclin de cette langue forgée par la soixantaine de générations qui nous ont précédées.

Comme l'a bien montré Pierre Nauton dans sa *Géographie phonétique de la Haute-Loire*, les patois vellaves se rattachent à la langue occitane. Tous possèdent en effet les caractéristiques fondamentales de l'occitan. On observe néanmoins d'importantes variations sur le plan géographique. Celles-ci tiennent principalement au fait qu'une grande partie de cette aire constitue une zone de transition entre le francoprovençal et l'occitan. Cette zone, que P. Nauton a appelée « amphizone », est située à l'est d'une ligne Craponne-Retournac-Le Pertuis-Saint-Front. Dans cette aire, à côté des traits caractéristiques de l'occitan, on observe quelques évolutions de type francoprovençal ; la plus marquante est l'amuïssement des consonnes occlusives T et D en position intervocalique : VITA « vie » donne via à l'est alors qu'il donne vida à l'ouest, AUDIRE « entendre » a évolué en *au (v)ir* à l'est, en *ausir* à l'ouest. La différenciation entre le francoprovençal et l'occitan se faisant de façon progressive, le caractère occitan des parlers est donc de plus en plus net à mesure que l'on s'éloigne du francoprovençal. Certaines différences tiennent encore à l'Histoire. Ainsi l'isolement, qui a suivi le passage à la Réforme de la région du Chambon-sur-Lignon, est à l'origine du plus grand conservatisme des parlers de la zone protestante comme l'ont bien montré Pierre Nauton et Théodore de Félice[4].

b. Le français

Les Vellaves ne parlent pas un français bien différent de celui des autres Français. Une pratique dialectale plus soutenue n'est pas, contrairement à ce que certains pourraient croire, une cause supplémentaire d'altération du français. Bien qu'il existe des passages entre le dialecte et le français (dans un sens comme dans l'autre), les deux langues sont suffisamment différentes pour que les locuteurs bilingues ne se trompent pas de code et ne fassent pas un

3 La lutte de l'école contre les langues régionales a (fort heureusement !) cessé depuis les dernières décennies. La récente création d'un CAPES d'occitan est la preuve de l'évolution opérée par l'appareil scolaire.

4 Cf. P. Nauton, *Géographie phonétique de la Haute-Loire*, chap. « Une butte-témoin » linguistique : le patois des protestants du Meygal » p. 247 - 253, et, en particulier, Th. de Félice, *Le patois de la zone d'implantation protestante du nord-est de la Haute-Loire*.

mélange détonnant[5] aux oreilles des puristes. Le français des non-patoisants n'est, d'ailleurs, pas plus pur que celui des patoisants d'un niveau socio-culturel comparable.
Le français parlé en Velay comporte un certain nombre de traits inconnus du français standard. Ces particularités, qui ont donc résisté à l'influence uniformisante de l'école et des médias, sont, comme cela vient d'être précisé, ordinairement utilisées inconsciemment, car ceux qui les emploient n'ont pas conscience d'user de mots ou de sens inconnus des dictionnaires et de tournures s'éloignant de la norme. Elles peuvent parfois, cependant, être utilisées consciemment par des locuteurs appartenant aux milieux socio-culturels les plus élevés : ceux-ci les utilisent alors soit parce que le français ne possède pas de terme équivalent, soit parce qu'ils les considèrent comme des marqueurs d'identité.

La distinction entre trait régional du français et dialectalisme est généralement assez, facile à opérer dans cette région puisque les patois vellaves sont de type occitan. Contrairement à ce qui se passe en zone d'oïl, il n'y a pas une confusion fréquente entre dialecte et français. Les régionalismes provenant du substrat dialectal sont, dans la très grande majorité des cas, revêtus d'un habillage français (ainsi le verbe occitan talochar, prononcé talotsa, devient *talocher* en français local). Dans les rares cas d'identité de forme entre le patois et le français (invariants patois, ex. *abroua*, *babaou*), c'est l'emploi dans des conversations en français qui a permis de considérer certains mots comme des régionalismes. Ceux qui figurent dans ce dictionnaire ont tous été entendus dans des conversations en français.

Il faut cependant reconnaître que dans quelques cas la distinction entre dialectalisme et régionalisme n'est pas très aisée. En effet, un certain nombre de régionalismes d'origine rurale conservent auprès de certains locuteurs une connotation dialectale, même lorsque leur forme phonétique diffère de celle du terme dialectal auquel ils s'originent. Les tests de vitalité effectués (cf. infra) montrent que certaines personnes emploient inconsciemment en français des mots que d'autres rattachent plus volontiers au registre dialectal. Nous avons exclu de ce dictionnaire les mots perçus comme patois par une majorité de locuteurs ainsi que les mots employés ou connus des seuls patoisants. Il ne nous semble pas possible de classer comme régionalismes des mots ou tournures employés

5 Par exemple, les régionalismes phonétiques sont peu nombreux, contrairement à ce qui se passe dans les régions du Nord.

essentiellement par des patoisants (ces traits constituent plutôt des dialectalismes), tout comme il nous a paru impossible de considérer comme traits régionaux des idiolectes (personnels ou familiaux) ou des faits trop locaux. Par contre, nous avons conservé les mots ayant une connotation dialectale si cette charge n'est pas perçue majoritairement et s'ils sont utilisés par des non-patoisants.

L'enquête

L'enquête proprement dite a commencé il y a six ans, mais l'écoute des Vellaves est bien plus ancienne. J'ai moi-même dressé une liste d'environ 800 régionalismes que j'ai entendus dans la région d'Yssingeaux dont je suis originaire. Cl. Fréchet a, de son côté, établi une liste de 1 200 régionalismes employés dans la région du Chambon-sur-Lignon où elle séjourne régulièrement depuis une vingtaine d'années. Aux matériaux de ces deux listes ont été ajoutés les produits des collectes effectuées par P. Dessalces à Monedeyres, par Ch. Savel-Tempère à Rosières et par Ch. Assezat dans la région du Puy (environ 500 mots pour chacune de ces collectes), ainsi que les régionalismes figurant dans les listes publiées en septembre 1986 dans plusieurs articles du journal L'Éveil sous le titre « Le franco-vellave tel qu'on le parle »[6]. La fusion de l'ensemble de ces fichiers (que nous avons auparavant triés) a fourni deux milliers de régionalismes, beaucoup de mots ou de sens régionaux étant communs aux différentes collectes[7]. Afin de vérifier l'existence et le statut des formes recueillies sur l'ensemble du Velay et pour ne pas mettre sur le même plan des régionalismes très vivants et des régionalismes peu vivants ou subsistant seulement au fond de la mémoire de quelques personnes âgées ou patoisantes, nous avons décidé d'effectuer des tests de connaissance sur l'ensemble de la région et auprès d'un échantillon représentatif de la population. Nous avons en effet pensé que nous ne pouvions pas qualifier

6 Ces articles reprenaient les résultats d'un travail effectué lors d'un stage d'instituteurs à l'École Normale du Puy. Nous avons également consulté la liste établie par M.J. Faure de Retournac sur une fiche dactylographiée intitulée *Le Français Régional en Yssingelais*. Cette fiche constitue un supplément de cinq pages (sans date) à la brochure *L'Auvergnat et le français régional* : mots, expressions, tournures et traits phonétiques d'origine auvergnates dans le français régional publié en 1973 par Pierre Bonnaud dans la collection « Documents régionaux » des Annales du Centre régional de recherche et de documentation pédagogiques de Clermont-Ferrand. Elle comprend des formes à forte coloration dialectale, ce qui illustre bien la difficulté exposée ci-dessus dans la distinction entre régionalisme et dialectalisme. Nous avons, enfin, pu prendre connaissance de la liste des régionalismes ponots établie récemment par M H. Quesnel dont quelques éléments ont été publiés dans les n° 31 et 32 de la revue *Parlem ! Revista trimestrala auvernhata & velava*.

7 De même ont été écartées de ces listes les formes populaires ou argotiques qui s'y trouvaient.

la vitalité d'après nos seules impressions de terrain, les jugeant insuffisantes et par trop subjectives. Pour limiter le nombre des informateurs (il est difficile de trouver des informateurs acceptant de consacrer plusieurs jours à remplir un questionnaire aussi long), cet échantillon a été établi avec le plus grand soin possible et en tenant compte des critères suivants : sexe (même nombre d'informateurs masculins et féminins), catégories socio-professionnelles, pratique linguistique (patoisants, personnes comprenant le patois mais ne le parlant pas, personnes ne comprenant pas le patois), niveau scolaire. La variation principale tenant à l'âge (comme l'ont montré les enquêtes précédentes, cf. par exemple *Dictionnaire du français régional du Pilat*), les informateurs ont été choisis en nombre égal dans les quatre tranches d'âge suivantes : moins de 20 ans, 20-40 ans, 40-60 ans, plus de 60 ans. Afin d'observer la variation sur une aire que nous savions assez fragmentée sur le plan dialectal, nous avons choisi les six points d'enquête suivants : Le Puy, Le Monastier, Rosières, Yssingeaux, Le Chambon-sur-Lignon, Valprivas. Ces points sont suffisamment différents[8] et géographiquement bien répartis pour être représentatifs de l'ensemble de la population vellave. Huit informateurs répondant aux critères retenus ont été choisis pour Le Puy qui est la ville, de loin, la plus importante, quatre pour les autres points d'enquête, ce qui représente un total de vingt-huit personnes[9].

Dans le questionnaire remis aux informateurs figuraient le régionalisme, sa nature, sa (ou ses) définition (s) et un (ou plusieurs) exemple(s). Chaque informateur devait inscrire dans la marge, l'une des quatre indications suivantes :

E : emploie le mot,

C : connaît le mot, mais n'a pas conscience de l'employer,

P : emploie ou connaît le mot, mais seulement en patois,

---

8 Le Puy est une ville de plus de 20 000 habitants alors que Valprivas est un village agricole de moins de 500 habitants. Lors du dernier recensement, le nombre d'habitants des communes choisies était le suivant : Le Puy 23434, Yssingeaux 6689, Le Chambon-sur-Lignon 3072, Le Monastier 1828, Rosières 1310, Valprivas 359.

9 Pour Le Puy et Le Monastier, ce choix a été effectué par Ch. Assezat, pour Rosières par Ch. Savel-Tempère, pour Yssingeaux par Cl. Rocher, pour Le Chambon par Cl. Fréchet, pour Valprivas par F. Vachon. Connaissant parfaitement les problèmes linguistiques (la plupart sont les auteurs de travaux universitaires de dialectologie), ces intermédiaires ont permis que l'enquête se déroule dans les conditions les meilleures. Ils ont d'ailleurs eux-mêmes répondu aux questionnaires. Leurs réponses n'ont cependant pas été prises en compte directement dans les résultats finaux (ils ne font donc pas partie des 8 informateurs du Puy ou des 4 informateurs de chacun des autres points), leur connaissance de régionalismes d'autres régions pouvant fausser les résultats globaux. La confrontation de leurs réponses avec celles des informateurs de même point d'enquête n'a cependant pas révélé de différences notables : leur témoignage confirme donc globalement la validité des résultats obtenus auprès d'informateurs moins marqués linguistiquement.

X : n'emploie pas et ne connaît pas le mot.
Il était aussi invité à apporter les indications qu'il jugeait utiles sur la prononciation (au cas où, dans sa commune, le mot a une prononciation différente de celle qui figure sur le carnet), sur les définitions et les exemples proposés (il devait barrer ceux qu'il ne trouvait pas adaptés et pouvait en ajouter d'autres).

L'invitation faite aux informateurs de noter des régionalismes ne se trouvant pas dans le recueil a permis d'ajouter des mots nouveaux, en très petit nombre cependant, la plupart des ajouts appartenant au registre du français familier ou populaire, ou s'avérant par trop dialectaux.

Présentation des matériaux

Ce recueil comporte des régionalismes aujourd'hui usuels ou connus de la plupart des Vellaves, mais aussi des termes plus rares, employés ou connus seulement par une partie de la population[10]. Il nous a en effet semblé nécessaire de faire une place à des mots se rapportant à des notions ou des techniques disparues ou en voie de disparition. C'est le cas, en particulier, du vocabulaire agricole traditionnel que les plus jeunes ignorent mais que connaissent toutes les personnes nées avant la grande mutation socio-économique de ces dernières décennies, la majorité des familles ayant des racines rurales et agricoles.
Les régionalismes retenus se divisent en quatre catégories. Ils constituent en effet des traits qui s'éloignent du français standard sur les plans :
- du lexique. Il s'agit de mots qui n'existent pas en français (ex. : burle « blizzard, tempête de neige », petafiner « abîmer, gâter »).
- de la sémantique. Ce sont des mots qui existent en français mais qui sont employés avec un sens différent (ex. : racine « carotte », vogue « fête patronale »).
- de la grammaire. Il s'agit d'écarts de grammaire par rapport à la norme française (ex. : une ongle pour « un ongle », un horloge pour « une horloge »). Certaines de ces particularités, qui se retrouvent aussi en dialecte, étaient connues de l'ancienne langue française (en français on a utilisé ongle au féminin jusqu'au XVIe siècle, horloge au masculin jusqu'au XVIIe siècle).
- de la phonétique. Ce sont des mots qui existent en français (même

10 Les formes les moins vivantes ont été répertoriées dans le supplément placé en fin de volume.

étymon), mais dont la phonétique locale présente des particularités (ex. : tronner « tonner », soupoudrer « saupoudrer »).

Les régionalismes sont présentés par ordre alphabétique. Chacun comporte une (ou plusieurs) définition (s) et un (ou plusieurs) exemple (s) le mettant en situation. Les exemples reproduisent des éléments de conversation entendus sur place ou ont été établis d'après les témoignages fournis par nos informateurs locaux (ainsi quelques exemples figurant dans des recueils portant sur des régions voisines ont été repris lorsqu'il s'est avéré qu'ils convenaient parfaitement pour le Velay). Des indications sont ensuite données sur la vitalité. Des renvois sont éventuellement faits, en remarque, aux dictionnaires de langue lorsque les formes recueillies en Velay y figurent (notamment *Le grand Robert de la langue française*, édition de 1989, abréviation : Robert 89, et *Trésor de la Langue Française*, en cours de parution, abréviation : TLF). Il s'agit le plus souvent de formes classées comme régionales ou dialectales par les dictionnaires, ou de formes qui ont existé en français classique ou littéraire mais qui ont disparu de l'usage commun actuel.

Nous avons ajouté une très brève rubrique étymologique[11] pour les mots qui ne correspondent pas au français et ne figurent donc pas dans les dictionnaires. Celle-ci comporte la base étymologique à laquelle se rattache le régionalisme (en général forme latine ou germanique que nous avons recherchée à l'aide du Französisches Etymologisches Wörterbuch)[12] et l'indication de la forme dialectale correspondante (forme placée entre parenthèses)[13].
Cette dernière indication nous a semblé particulièrement importante,

---

11 Cette rubrique a été ajoutée car j'ai perçu chez les lecteurs locaux de l'ouvrage sur le Pilat une grande curiosité sur l'origine des régionalismes et sur les rapports entre formes dialectales et régionalismes (curiosité que je n'avais alors pas satisfaite). Aux linguistes qui seront déçus par la brièveté de cette rubrique (tant du point de vue historique que géographique), je me permets de signaler que nous prévoyons de présenter, à la fin des enquêtes actuellement en cours dans le cadre du Programme Pluriannuel de recherches en Sciences Humaines Rhône-Alpes, un travail de synthèse sur les régionalismes les plus vivants sur substrat francoprovençal et occitan vivaro-alpin.

12 La plupart des lecteurs de ce dictionnaire ne disposant pas du FEW, nous n'avons pas jugé nécessaire de faire des renvois systématiques aux volumes et aux pages concernés.

13 Ces formes ont été recueillies au cours de cette enquête ou au cours d'enquêtes dialectologiques plus anciennes. Ch. Assezat, Ch. Savel-Tempère, Cl. Rocher, Cl. Fréchet, J.-B. Martin parlent ou connaissent bien le patois de leur commune qu'ils ont déjà étudié (Arsac-en-Velay, Rosières, Le Chambon-sur-Lignon, Yssingeaux). Cette région dispose en outre de recueils dialectaux particulièrement riches : en plus de la documentation de l'Atlas linguistique et ethnographique du Massif Central de Pierre Nauton que nous avons exploitée, nous avons consulté les enquêtes de Th. de Félice au Chambon-sur-Lignon, de J. Delaigue à Araules et de G. Marcon à Pradelles (cf. bibliographie). La graphie classique a été préférée pour cette aire phonétiquement assez fragmentée (à noter que dans cette graphie o note le son ou, ch et j les sons ts et dz.

car la plupart des régionalismes trouvent leur origine dans le substrat dialectal. Même dans le cas de régionalismes qui se révèlent être aussi des archaïsmes du français, l'influence du dialecte semble avoir été déterminante. Tout comme l'ont fait récemment (1992) ou plus anciennement (1950) Jacques Boisgontier et Jean Séguy (cf. bibliographie) pour la région toulousaine (autre aire occitane), on peut juger assez « mince la part des archaïsmes proprement français » et mettre en avant des « convergences originelles franco-occitanes ». Dans une région occitane comme le Velay, un grand nombre de régionalismes classés par les dictionnaires comme archaïsmes du français doivent leur emploi, voire leur forme et leur emploi, à l'influence du substrat dialectal. L'influence extérieure la plus nette sur le français parlé en Velay vient de la région stéphanoise et, par elle, de la région lyonnaise ; elle s'explique par les échanges importants qui se sont produits et se produisent encore entre le Velay et cette zone d'immigration pour les Vellaves qu'est depuis longtemps le bassin stéphanois.

Vitalité

Comme cela a été fait pour l'étude effectuée sur le Pilat[14], nous avons inséré une rubrique sur la vitalité. Nous pensons en effet que dans un travail sur les régionalismes oraux, il est utile - voire nécessaire - de fournir des indications aussi précises que possible sur la vitalité. Ces informations sont d'autant plus importantes que nous vivons une période de profonde mutation sur le plan social, culturel, économique, technologique et linguistique. Le passage du dialecte au français n'est pas seul en cause dans l'évolution du vocabulaire ; beaucoup de mots anciens disparaissent avec les notions ou objets traditionnels qu'ils désignent. La vitalité des mots a été établie d'après les témoignages des informateurs choisis. C'est la somme des réponses obtenues (environ 56 000, soit 2 000 régionalismes x 28 informateurs) qui est à l'origine des informations fournies. Les dépouillements des enquêtes ont été effectués à l'aide d'un programme informatique spécialement conçu par M. Guy Selva, ingénieur civil des mines, et permettant d'observer les variations concernant les régionalismes et les informateurs.

Pour chacun des régionalismes, la vitalité a été mesurée globalement (c'est-à-dire sur l'ensemble des informateurs, toutes

14 Cf. J.-B. Martin *Dictionnaire du français régional du Pilat*, en particulier texte des p. 11 et 12 en grande partie repris ici).

classes confondues) et à l'intérieur des catégories suivantes : âge, profession, niveau scolaire, emploi (ou non) du patois local, sexe. La variation géographique à l'intérieur de la région a également pu être observée, chaque point faisant l'objet d'un tri particulier.

Les régionalismes ont été classés en cinq catégories : usuel, bien connu, connu, attesté, peu attesté, en fonction des pourcentages de réponses suivants :

Usuel : lorsque la somme des réponses « emploie » et « connaît » atteint ou dépasse 75 % et que les réponses « emploie » sont elles-mêmes égales ou supérieures à 50 %.

Bien connu : lorsque la somme des réponses « emploie » et « connaît » atteint ou dépasse 75 % mais que les réponses « emploie » sont inférieures à 50 %. Cette indication montre que le mot est bien connu, mais qu'actuellement il fait davantage partie du vocabulaire passif que du vocabulaire actif.

Connu : lorsque la somme des réponses « emploie » et « connaît » atteint au moins 50 %.

Attesté : lorsque la somme des réponses « emploie » et « connaît » atteint au moins 25 %.

Peu attesté : lorsque la somme des réponses « emploie » et « connaît » est inférieure à 25 %.

Les observations générales que l'on peut tirer de la confrontation des résultats recoupent en grande partie celles qui ont déjà été présentées de façon plus détaillée dans le volume consacré au Pilat. On peut les résumer[15] de la façon suivante :

a) *Âge* : C'est le critère le plus important. On observe en effet des écarts importants entre les tranches supérieures et les tranches inférieures de la population. Ces dernières n'ont en effet pas connu la civilisation rurale traditionnelle à laquelle se rapportent de nombreux régionalismes.

Chaque fois que des variations significatives entre les tranches d'âge ont été observées, elles ont été notées. Grâce aux indications fournies, on peut apprécier les possibilités de survie de chaque régionalisme et, en cas de déclin (situation très fréquente), on peut en mesurer la force à travers les diverses générations.

15 Pour plus de précision, nous nous permettons de renvoyer le spécialiste intéressé par cette question à notre publication sur le Pilat.

Le déclin, qui se manifeste différemment selon les mots, peut être évalué à l'aide de l'échelle de classement ci-dessous décrite[16] :
usuel -> bien connu -> connu -> attesté -> peu attesté -> inconnu.
Par les indications portées on voit, par exemple, si le déclin est
- faible et lent : chaque étape s'observe au moins sur deux tranches d'âge (ex. : mot usuel à partir de 40 ans, connu au-dessous) ;
- régulier : la vitalité baisse graduellement dans chacune des tranches (ex. : mot usuel à partir de 60 ans -> bien connu de 59 à 40 ans -> connu de 39 à 20 ans -> attesté au-dessous de 20 ans) ;
- rapide : une ou plusieurs étapes intermédiaires n'apparaissent pas (ex. : mot usuel à partir de 60 ans -> attesté de 59 à 20 ans -> inconnu au-dessous de 20 ans).

b) *Commune* (variation géographique) : Il existe une variation de type géographique, principalement entre l'est et l'ouest du domaine. Cette variation, qui touche un nombre restreint de cas, s'explique par le fait que pour désigner la même réalité, ce n'est pas le même mot qui est utilisé dans l'ensemble du Velay. Lorsqu'une variation géographique significative a été observée, elle a été notée. La plupart des cas rencontrés s'expliquent par des différences dans le substrat dialectal comme le montrent bien les cartes de l'Atlas linguistique et ethnographique du Massif Central.

c) *Profession* : Les informateurs choisis représentent les professions les plus courantes : agriculteurs, ouvriers, artisans, employés, commerçants, enseignants, scolaires. Les retraités ou pré-retraités ont été considérés sous les professions qu'ils ont exerçées car la situation administrative de retraité n'a aucune incidence sur le plan linguistique.

Les écarts entre les professions sont assez peu significatifs. Lorsqu'ils le sont, cela a été précisé.

Cette situation tient sans doute au fait que la plus grande partie de la population (au moins au-dessus de 40 ans) est encore fortement

16 Afin de ne pas trop alourdir la rubrique vitalité par des indications répétitives sur les tranches d'âge, le code suivant a été appliqué : lorsque l'étape du déclin signalé ne concerne qu'une seule tranche d'âge, la flèche (indiquant ce déclin) a la forme ->, lorsque l'étape du déclin signalée touche deux tranches d'âge, la flèche a la forme -->. Les exemples suivants indiquent comment les rubriques sur la vitalité doivent être lues :
abboucher : « globalement connu (usuel -> bien connu -> connu -> peu attesté) » doit être lu : « connu par au moins 50 % des informateurs (toutes classes confondues) mais présentant des variations importantes dans les diverses tranches d'âge : usuel à partir de 60 ans, en déclin presque régulier au-dessous (bien connu de 59 à 40 ans, connu de 39 à 20 ans, peu attesté au-dessous de 20 ans) ».
adieu : « globalement connu (usuel -> bien connu --> attesté) » doit être lu : « connu par au moins 50 % des informateurs mais présentant des écarts significatifs dus à l'âge : usuel à partir de 60 ans, bien connu de 59 à 20 ans, attesté au-dessous de 20 ans ».

imprégnée de ses racines rurales (la plupart des Vellaves sont enfants ou petits-enfants d'agriculteurs ou ont passé leur enfance dans le milieu rural).

Les observations générales que l'on peut faire sont les suivantes :

- les scolaires et les étudiants sont les moins riches en régionalismes, ce qui n'est pas surprenant car ils appartiennent majoritairement à la tranche des moins de 20 ans.
- les agriculteurs, les ouvriers et les employés sont ceux qui utilisent le plus de régionalismes. Il faut cependant signaler que les deux dernières catégories ont généralement des origines paysannes et que beaucoup sont patoisants ou connaissent le patois, ce qui constitue également un facteur favorable aux régionalismes.

d) *Niveau scolaire* : Ce critère est l'un des moins intéressants, car la comparaison que l'on peut établir entre les niveaux scolaires n'a pas grande signification. Les plus de 40 ans ont globalement peu fréquenté l'école secondaire, alors que les plus jeunes ont tous été scolarisés dans le secondaire et beaucoup ont poursuivi des études supérieures. Le fait que les informateurs de niveau primaire connaissent plus de régionalismes s'explique donc aussi par leur âge et par leur connaissance du patois.

e) *Sexe* : Les tris ont confirmé que les femmes connaissent mieux le vocabulaire relatif aux activités féminines (ex. travaux d'intérieur) et que les hommes connaissent mieux le vocabulaire se rapportant aux activités masculines (ex. travaux des champs, artisanat). Lorsque des écarts significatifs ont été observés, ils ont été notés.

f) *Patois* : Le fait de parler le patois, ou simplement de le connaître (sans le parler), est un facteur favorisant l'emploi ou la connaissance des régionalismes. Cela s'explique facilement puisque la majorité des régionalismes reposent sur le substrat dialectal. Il faut cependant préciser que les locuteurs qui parlent ou comprennent bien le patois appartiennent en général aux tranches d'âge supérieures et au milieu rural, ce qui est également un facteur favorable aux régionalismes. Lorsqu'un mol est perçu par une partie de l'échantillon comme relevant davantage du registre dialectal que du registre fançais, nous avons indiqué qu'il avait une connotation dialectale[17].

17 Sur ce point il convient de rappeler que nous avons exclu tous les mots qui, lors des tests de vitalité, se sont révélés employés ou connus des seuls patoisants.

Ce travail que nous destinons en priorité aux Vellaves (c'est en effet une part importante de leur patrimoine que nous leur restituons sous forme écrite) n'a pas été conçu comme un inventaire des atteintes qu'ils peuvent porter au « bon » français. Il n'est pas une actualisation du *Manuel des locutions vicieuses* que Pomier [18], après bien d'autres puristes[19], a écrit au siècle dernier pour améliorer le français des habitants de la Haute-Loire. Le français parlé par les Vellaves, comme cela a déjà été signalé, n'est pas moins bon que celui des autres Français, toutes les régions possédant des particularités linguistiques analogues. Les régionalismes que nous avons relevés constituent plus un enrichissement qu'un appauvrissement de la langue française. Beaucoup, d'ailleurs, sont porteurs d'une signification ou d'une saveur que le français standard a du mal à rendre. Il est souhaitable que la centralisation et l'uniformisation qui ont peu à peu exterminé nos dialectes (comme d'ailleurs bon nombre d'autres traits culturels), ne gomment pas complètement les marques que ceux-ci ont imprimées au français. Comme le font, par exemple, nos amis suisses (helvétismes), belges (belgicismes) ou encore québécois (québécismes), nous devrions cultiver nos régionalismes. Le français, qui a déjà emprunté aux dialectes (des mots comme *abeille, aubade, troubadour* sont d'origine occitane) s'enrichirait s'il se faisait plus accueillant à nos « parlures » régionales.

J.-B. Martin

18 Pomier, *Manuel des locutions vicieuses les plus fréquentes dans le département de la Haute-Loire et la majeure partie du Midi de la France, avec le correctif en regard*, Le Puy, 1835

19 Par exemple Desgrouais pour la Gascogne (*Les Gasconismes corrigés. Ouvrage utile à toutes les personnes qui veulent écrire correctement, et principalement aux jeunes gens, dont l'éducation n'est point encore formée, Toulouse*, 1766), Molard pour Lyon (*Lyonnoisismes, ou recueil d'expressions et de phrases vicieuses usitées à Lyon, employées même quelquefois par nos meilleurs écrivains, auxquelles on a joint celles que la raison ou l'usage a consacrées*, Lyon, 1792 - 1re édition).

Abréviations

adj. : adjectif
adj. card. : adjectif cardinal adj. num. : adjectif numéral adv. : adverbe interj. : interjection loc. adj. : locution adjective loc. conj. : locution conjonctive loc. verb. : locution verbale n. f. : nom féminin
n. m. : nom masculin
p. p. : participe passé
pl. : pluriel
prép. : préposition
pron. : pronon
s. : singulier
v. intr. : verbe intransitif
v. pron. : verbe pronominal
v. tr. : verbe transitif

Remarques sur la présentation

Lorsqu'un mot a plusieurs formes (cas assez fréquent sur l'ensemble du Velay), celles-ci sont présentées de la façon suivante :

- lorsqu'une forme domine nettement, elle figure seule en vedette. Les autres sont indiquées sous la mention « variante (s) ».
- lorsqu'aucune hiérarchie dans l'emploi n'a pu être établie, les diverses formes sont placées en vedette.

Les formes synonymiques provenant d'une même base étymologique, mais présentant des différences de préfixe ou de suffixe, sont regroupées lorsque cela ne nuit pas à la consultation.

S.d. est l'abréviation de « forme (s) du substrat dialectal ».

* placé devant une forme (dans la rubrique étymologique) indique que cette forme n'est pas attestée, mais reconstituée selon les lois de l'évolution phonétique (par ex. mots du latin populaire).

* placé après un mot indique que ce mot est étudié.

ABANER (S'), v. pron.

Variante : *se baner.*
1. Se mettre à deux pour effectuer un travail commun. « *On va s'abaner car, chacun de notre côté, on n'y arriverait pas* ».
2. Loc. verb. *Etre bien (ou mal) abané*. Etre bien (ou mal) apparié, accordé. « *Avec son Jean elle est mal abanée* ».
Globalement connu (bien connu --> attesté --> inconnu) sauf au Monastier où il est inconnu.
Du gaulois **bannon* « corne » (s.d. *abanar*).

ABERGEMENT, n. m.

Variante : *ébergement*.
Entourage en zinc de la cheminée. « *Le plombier est venu refaire l'abergement de la cheminée* ». Connu à partir de 60 ans, attesté au-dessous. Il est plus vivant chez les hommes que chez les femmes.
Du germanique **haribergon* « héberger ».

ABO (FAIRE -), loc. verb.

Venir dans les bras (en parlant d'un enfant). « *Fais abo et tu seras pardonné* ».
Globalement attesté (connu -> attesté -> peu attesté), mais usuel à Yssingeaux.
Etymologie inconnue (s.d. *faire abò*).

ABONDE (FAIRE DE L'-), loc. verb.

Faire du profit, durer longtemps (en parlant surtout d'un plat abondant que l'on a préparé). « *Ces fruits, ça fait point d'abonde : ils sont trop mûrs et ils fondent dans la bouche* ». « *Ces tomates ont fait de l'abonde. On les a faites* réchauffer et on en a eu pour deux jours* ».
Bien connu à partir de 60 ans, attesté au-dessous. C'est à Valprivas que cette locution est la plus vivante (probablement en raison de l'influence de la région stéphanoise où elle est très employée). Déverbal *d'abonder* (s.d. *faire d'abonda*).

ABONDER, v. tr.

Suffire, arriver (employé surtout dans un contexte négatif). « *Depuis qu'elle est veuve, elle abonde plus à faire tout le travail* ». Globalement attesté (bien connu -> connu -> attesté -> inconnu), mais usuel à Valprivas.

ABOUCHER, v. tr.

1. Mettre à l'envers. « *Pour que le fromage sèche pas, on abouche un bol dessus* ».
2. Empl. pron. Se pencher en avant. « *Il avait tellement sommeil qu'il s'est abouché sur la table et s'est endormi* ».

Globalement connu (usuel -> bien connu -> connu -> peu attesté).
Du latin *bucca* « bouche » (s.d. *abochar*).

ABOUCHON, ABOUCHOU, adv., D'ABOUCHON, loc. adv.

1. Face contre terre, à quatre pattes (en parlant d'une personne). « *On l'a trouvé abouchon sur le puits, il y regardait la lune* ». « *Elle a glissé et elle s'est retrouvée d'abouchon sur la route* ».
2. A l'envers (en parlant d'un récipient). « *Maman rangeait toutes ses tasses, tous ses verres et tous ses bols abouchon* ».

Bien connu à partir de 40 ans, connu au-dessous et conservant une connotation dialectale.
De la famille *d'aboucher* (s.d. *abochon, d'abochon*).

ABOURSIR, v.

Rabougrir, étioler. « *Cet enfant est aboursi par les mauvais coups de son père* ».
Attesté à partir de 40 ans, peu attesté au-dessous. Surtout vivant dans l'est du domaine.
Du latin *byrsa* « peau, cuir » (s.d. *aborsir*).

ABOUSER (S'), v. pron.

Tomber, s'affaisser. « *Il s'est abousé là hier soir. A mon avis il avait pas dû boire que de l'eau* ».
Attesté à partir de 20 ans, inconnu au-dessous.
Du latin populaire **bovacea* « bouse » (s.d. *s'abosar*).

ABROUA, ABROUÉE, n. f.

Portion de pâturage délimitée dont l'herbe constitue la ration d'une journée ou une demi-journée. « *Maintenant on met les vaches dans les parcs et on leur donne plus des abrouas comme avant* ». « *Avant de lâcher les vaches il est allé marquer l'abrouée* ». Ce mot du vocabulaire agricole est connu seulement dans l'est :

a Yssingeaux sous la forme *abroua* et au Chambon sous la forme *abrouée*. Du gaulois *broga* « limite, bord » (s.d. *abroa*).

ACAGNI, adj.

Variante : *aquégni*. Mal lavé, feutré (en parlant du linge). « *Cette femme sait pas laver, son linge est acagni* ». Globalement attesté (connu --> attesté -> peu attesté). C'est à Yssingeaux qu'il est le plus vivant. Du latin populaire **cania* « chienne » (s.d. *acanhit*).
Synonyme : *acatougni**.

ACASSER, v. tr.

1. Couvrir. « *Il faudrait mieux l'acasser, il a froid* ».
2. Empl. pron. Se couvrir. « *Acasse toi sous ta couverture* ».
Globalement attesté (connu --> peu attesté -> inconnu) mais usuel à Valprivas, ce mot conserve une connotation dialectale.
Du latin populaire **coactiare* « comprimer » (s.d. *acassar*).

ACATOUGNI, adj.

Variante : *acacougni*. Mal lavé, feutré (en parlant du linge). « *J'ai passé mon gilet à la machine ; il est tout acatougni* ».
Globalement attesté.
Peut-être de même origine qu'*acagni* (voir ce mot) avec influence de la famille de *caton* (voir ce mot) (s.d. *acatonhit*).
Synonyme : *acagni**.

ACCORDER, v. tr. ind.

Convenir (à). « *Comme ça, ça lui accorde* ».
Bien connu à partir de 60 ans, connu au-dessous.

ACCOURSER, v. tr.

Poursuivre. « *Le chat accourse la souris* ».
Globalement attesté.
De la même famille que le français *course* (s.d. *acorsar*).

ACCROCHER, v. tr.

1. Attacher à (un ustensile servant à la cuisson des aliments). « *Le lait a accroché la casserole* ».
2. Mettre (le foin) en rouleaux. « *Il est allé couper le foin ce matin et cet après-midi, il va l'accrocher* ».
3. Mettre (les gerbes) en gerbier. « *Quand on accrochait les gerbes, on se mettait à plusieurs pour aller plus vite* ».
Usuel (le 3e sens est moins vivant, car cette pratique disparaît).

ACCUCHER, v. tr.

Mettre en tas. « *On va aller accucher ce mauvais foin, puis on le brûlera* ». Globalement connu (bien connu -> connu -> attesté). Du gaulois **kukka* « sommet, cime » (s.d. *acuchar*).

ACHIQUER, v. tr.

1. Étonner. « *Ça l'a bien achiqué de me trouver ici* ».
2. Empl. pron. Se tromper. « *Elle s'est bien achiquée avec ce morceau de viande* ».
Globalement attesté (connu --> attesté -> peu attesté) mais inconnu au Puy.
A rattacher probablement au radical onomatopéique *tsikk-* (s.d. *achicar*).

ACOUITER (S'), SE COUITER, v. pron.

Se hâter. « *Il faut s'acouiter de rentrer le foin avant qu'il pleuve* ». Globalement connu (bien connu -> connu -> attesté). Pour beaucoup, il garde une connotation dialectale, sauf à Rosières où il est usuel.
Du latin populaire **coctare* « presser » (s.d. *s'acoitar*).

ADAUBER, ADOUBER, v. tr.

Mal faire (un travail). « *Son père travaillait bien, mais lui il fait qu'adouber son travail* ». Globalement connu (usuel -> connu -> inconnu).
Du francique *dubban* « frapper » (s.d. *adobar*).

ADIEU, interj.

Salut, bonjour. « *J'ai rencontré Pierre mais j'avais pas le temps de lui parler, je lui ai juste dit adieu* ». Globalement connu (usuel -> bien connu --> attesté).
Signalé par Robert 89 avec la mention « régional (Sud de la France) » et par TLF avec la mention « régional ».

ADO(U)RNER, v. intr.

Attendre béatement. « *C'est pas normal d'adourner comme ça, quand on est en pleine force de l'âge* ». Inconnu au Chambon, au Monastier et au Puy, il conserve ailleurs une connotation dialectale, sauf à Rosières où il est usuel. Du latin *adordinare* « mettre en ordre » (s.d. *adornar*).

ADRESSER, v. tr.

Rendre droit. « *Quand les arbres sont jeunes, on peut les adresser mais celui-ci est trop vieux* ». Globalement attesté (bien connu -> connu -> attesté -> peu attesté). Il garde une connotation dialectale (s.d. *adreiçar*).

AFFAIRES, n. f. pl.

Récoltes. « *On n'y arrive plus, les affaires se vendent pas bien* ». « *Mais que les affaires, c'est sec cette année !* » Bien connu à partir de 40 ans, connu au-dessous.

AFFINER, v. tr.

Tromper. « *Elle m'a bien affinée avec ses soi-disant poulets de ferme* ». Globalement connu (usuel -> bien connu -> connu -> peu attesté). Continue le sens de la forme dialectale *afinar*. Synonyme : *agourer**.

AFFORTANT, adj.

Entêté, insistant sur ses droits. « *Tu es tellement affortant que tu écraseras bien tout le monde* ». Inconnu à Valprivas et au Puy, il est globalement attesté et conserve une connotation dialectale.
Cf. *affortir* (s.d. *afortent*).

AFFORTIR, v. tr.

Affirmer. « *Elle m'a afforti qu'il était là au moment de l'accident* ». Globalement attesté (connu -> attesté -> inconnu), il garde une connotation dialectale.
Du latin *fortis* « fort » (s.d. *afortir*).

ÂGE (D'UN -), loc. adj.

D'un certain âge, âgé. « *Ils n'ont pas eu d'enfant mais ils étaient déjà d'un âge quand ils se sont mariés* ». Usuel.

AGOURER, v. tr.

1. Tromper. « *Elle s'est faite* agourer encore une fois par ce marchand* ».
2. Empl. pron. Se tromper. « *Ces souliers sont déjà percés. J'aurais pas dû les acheter : je me suis agourée* ». Globalement attesté (usuel -> connu -> peu attesté -> inconnu). L'emploi pronominal est plus vivant (globalement connu).
De la même famille que le français familier *gourer*.
Synonyme : *affiner**.

AGOUTTER (S'), v. pron.

Se tarir (en parlant d'une source ou d'une femelle). « *Il a pas plu depuis longtemps, les sources s'agouttent* ». « *La Bayarde s'est agouttée et pourtant elle n'est pas loin du terme* ». Globalement connu. Du latin *gutta* « goutte » (s.d. *s'agotar*).

AGROUMER, v. tr.

1. Tasser dans un coin. « *Pourquoi tu as agroumé tes habits comme ça au fond du placard ?* »

2. Bâcler. « *Il t'a agroumé ça en cinq minutes* ».
1. Bien connu à partir de 20 ans, il est attesté au-dessous. 2. Moins vivant. Du latin *glomus* « pelote » (s.d. *agromar*).

AGROUMOULÉ, GROUMOULÉ, adj.

Recroquevillé. « *Elle est toute groumoulée, elle doit avoir froid* ».
Globalement attesté (connu --> attesté -> peu attesté). Cf. *agroumouler*.

AGROUMOULER (S'), SE GROUMOULER, v. pron.

Se blottir, se recroqueviller. « *Quand elle a vu le chien, elle s'est agroumoulée contre moi* ».
Globalement attesté (connu -> attesté -> peu attesté) mais usuel au Chambon et à Yssingeaux.
Du latin *glomus* « pelote » (s.d. *s'agromolar*).

AHUCHER, v. tr.

Variante : *ahutter*. Invectiver, engueuler. « *Pierre s'est fait ahucher par sa femme* ».
Surtout vivant à Rosières et au Monastier, il garde une connotation dialectale.
Comme le français *hucher*, du latin populaire **huccare* « crier » (s.d. *aüchar*).

AIDER, v. tr. ind.

Aider (qqn). « *Je lui aide à apprendre ses leçons* ».
Globalement usuel.
Signalé par Robert 89 avec la mention « vieux ou régional » et par TLF avec la mention « vieilli ».

AIGRETTE, n. f.

Oseille sauvage. « *Les aigrettes c'est bon à mâchouiller* ».
Bien connu à partir de 20 ans, il est connu au-dessous.

AIRELLE, n. f.

Myrtille. « *Je suis allée aux airelles et j'en ai ramassé un plein seau* ».
Usuel. Ce mot figure dans les dictionnaires français, mais son emploi, comme le signale le TLF, s'observe essentiellement dans le sud de la France, le nord utilisant myrtille. Ce dernier s'introduit de plus en plus en Velay comme mot du commerce (on va aux airelles, mais on vend des myrtilles ou on achète des tartes aux myrtilles).
Ce dérivé du latin *ater* « noir » a été emprunté par le français aux parlers de notre région ou de l'aire francoprovençale voisine (cf. TLF, FEW).

ALLÉE, n. f.

Couloir (d'un immeuble). « *Ils habitent au rez-de-chaussée.*

C'est la dernière porte au fond de l'allée ». Globalement usuel. Signalé dans ce sens comme « vieux » par Robert 89 et par TLF.

ALLER (S'EN -), loc. verb.

Perdre le liquide contenu (en parlant du contenant). « *Tu vois pas que ton seau s'en va, tu fais trace* ». Globalement connu (usuel -> bien connu -> connu -> peu attesté). Calque de la forme dialectale *s'enanar* (correspondant au français *s'en aller).*

AMAIS, conj. de coord.

Et encore, et aussi. « *Amais, je sens que je vais encore manquer mon train* ».
Globalement connu.
Continuateur de la forme dialectale *amais* (du latin *magis* « plus »).

AMARINE, n. f.

Variante : *marine*. Osier. « *On se sert plus beaucoup des amarines depuis qu'on fait plus de paniers* ». Mot de l'est du domaine (connu uniquement dans la zone où est employée la forme dialectale *amarina*).
Du latin *amerina* « saule, osier ».

AMBOUGNI, n. m.

1. Nombril (d'un animal). « *Ce chien a l'ambougni infecté* ».
2. Loc. verb. *Avoir les ambougnis.* Avoir le nombril infecté (en parlant d'un jeune animal). « *Ce veau a les ambougnis. Il faut le soigner* ». Connu à partir de 40 ans, peu attesté au-dessous, il garde une connotation dialectale. La locution est un peu plus vivante.
Du latin populaire **umbiliculus* « nombril » (s.d. *ambonic*).

AMI (BON -), AMIE (BONNE -), loc. nom.

Amoureux, amoureuse. « *Sa fille est jeune, mais elle a déjà un bon ami* ». « *Sa bonne amie l'a abandonné, il en cherche une autre* ». Globalement usuel. Signalé par Robert 89 avec la mention « vieilli ou régional » et par TLF avec la mention « régional ».

AMI(E)S (ÊTRE D' -), loc. verb.

Être ami(e)s. « *Elles étaient bien d'amies avec ma mère* ».
Usuel à partir de 60 ans, connu au-dessous, il est plus vivant chez les hommes que chez les femmes.

AMITEUX, -EUSE, adj.

Affectueux, caressant (en parlant surtout d'un animal). « *Virginie a un petit chien bien amiteux* ». Globalement attesté, mais présentant des variations géographiques importantes : usuel à Yssingeaux et à Valprivas, inconnu au Chambon et au Monastier.
Signalé par Robert 89 avec la mention « régional et familier » et par TLF avec la mention « vieux, régional ».

AMOURER (S'), v. pron.

Variante : *s'émourer*. Tomber face contre terre. « *Il s'est amouré dans le fossé* ».
Globalement attesté (bien connu -> connu -> inconnu). Il a une connotation dialectale.
Du radical **murr-* « museau » (s.d. *s'amorar*).

ANDAINE, n. f.

1. Bon sens. « *Elle n'a pas pensé à cette solution, pourtant c'est pas l'andaine qui lui manque* ».
2. Loc. verb. *Avoir de l'andaine.* Avoir de l'entrain. « *Quand on est jeune, on a toujours de l'andaine* ». Globalement peu attesté, il est surtout vivant dans l'est.
Du latin *ambitus* « circonférence, pourtour, bord » (s.d. *andena*, cf. aussi forme francoprovençale *anda, andan* « élan »).

ÂNE ROUGE, n. m.

Personne obstinée. « *Ce n'est pas la peine de lui demander de faire quelque chose s'il n'en a pas envie≈; c'est un âne rouge* ». Globalement peu attesté (attesté -> peu attesté --> inconnu).
L'expression *têtu comme un âne rouge* est bien attestée notamment dans les parlers auvergnats (dialecte et français régional, cf. *asinus* FEW 25, 443a).

ANKULOSÉ, adj.

Ankylosé. « *Quand je reste assise trop longtemps, je suis ankulosée* ». Globalement peu attesté (surtout vivant dans l'est du domaine). Français *ankylosé* avec influence probable de *cul*.

ANTE, n. f.

Appentis. « *Le vieux tombereau est toujours sous l'ante* ».
Connu à partir de 40 ans, attesté au-dessous (surtout vivant dans l'est du domaine).
Du latin *anta* « pilier, pilastre » (*FEW 24*, 636a note 1) ou *ames* « perche, brancard de litière, traverse de barrière » (FEW 24, 604b) (s.d. *anta*).

APEGER, v. tr.

1. Coller. « *Il faut pas oublier d'apeger la vignette sur le pare-brise* ».
2. Donner (des coups) avec force. « *Ils lui ont apegé des coups de poing sur la figure* ». Globalement usuel. Continuateur de la forme dialectale *apejar*. Voir *pège*.

APLANER, v. tr.

Aplanir. « *Il paraît qu'on va aplaner le pré qui est à côté de la maison pour en faire un parking* ». Globalement attesté (bien connu -> connu -> peu attesté). Il garde une connotation dialectale.
Continuateur de la forme dialectale *aplanar* (1er groupe).

APLAT(LEVER UN -, PRENDRE UN -), loc. verb.

Chuter, tomber. « *Il a pris un aplat* ». Globalement connu.

APLATER (S'), v. pron.

Tomber à plat ventre ou sur le dos, s'étaler de tout son long. « *Je sais pas comme elle a fait ! Elle s'est aplatée au milieu de la route* ».
Globalement bien connu.
Continuateur de la forme dialectale *s'aplatar* (1er groupe).

APLATEUR DE FIGUES, loc. nom.

Variantes : *aplate figues, plate figues*. Bonimenteur. « *Notre marchand de vin est un véritable aplateur de figues ; c'est tout juste s'il vous ferait pas passer du vin de table pour du Malaga !* »
Globalement attesté à partir de 20 ans, inconnu au-dessous ainsi que dans l'ouest (Le Monastier et Le Puy).

APOUDER, POUDER, v. tr.

Emonder, élaguer. « *Je vais apouder quelques branches pour donner à manger aux bêtes* ».
Mots du sud ouest du domaine (l'est et le centre emploient *pouler*).
Du latin *putare* « tailler » (s.d. *(a) podar)*.

APOUS, ÉPOUSSES, POUS, POUSSES, n. f. pl.

Balle du grain. « *Les apous, ça gratte quand on en a dans la chemise* ». Globalement attesté (connu -> attesté --> peu attesté) et conservant une connotation dialectale.
Du latin *pulvis* « poussière » (s.d. *apos, pos)*.

APPARTEMENTS, n. m. pl.

Appartement. « *Il a acheté des appartements à Saint-Etienne*

pour y vivre avec sa future femme ».
Globalement bien connu.
Cet emploi du pluriel (au lieu du singulier) est signalé par TLF avec la mention « régional (en particulier Canada) ».

APRÈS, prép.

1. *Etre après + inf.* Etre en train de. « *Elle est toujours après bombonner** ».
2. *Partir après*. Voir *partir*.
1. Probablement archaïsme du français (le français a employé *être après a*).

AQUÉGNI, adj.

Voir *acagni*.

ARCALI, n. m.

Alcali. « *Le chien a été mordu par une vipère ; je lui ai donné de l'arcali à boire* ».
Globalement attesté (connu --> attesté -> inconnu). Plus vivant chez les hommes que chez les femmes, il garde une connotation dialectale.
Continuateur de la forme dialectale *arcali*.

ARCHE, n. f.

1. Pétrin. « *Maintenant on achète les arches chez le brocanteur* ».
2. Coffre à grains. « *Va chercher le blé pour les poules dans l'arche* ».
Usuel à partir de 60 ans, attesté au-dessous. C'est dans l'est du domaine qu'il est le plus vivant.
Continue le sens de la forme dialectale *archa*.

ARCHOU, n. m.

Coffre à grains ou à sel pouvant servir de banc. « *Les vieux s'asseyaient sur l'arc hou près de la cheminée* ». Vitalité correspondant à celle de *arche** dont il est dérivé (inconnu cependant chez les moins de 20 ans).

ARET, n. m.

Bélier. « *L'aret, c'est celui qui a les grandes cornes* ».
Globalement attesté (bien connu -> attesté -> peu attesté).
Du latin *aries* « bélier » (s.d. aret).

ARMANACH, n. m.

Almanach. « *J'ai vu ça dans l'armanach du Père Benoît* ».
Globalement attesté (bien connu -> attesté -> peu attesté).
Continuateur de la forme dialectale *armanac*.

ARO(U)SSER, v. tr.

Mettre (le foin) en rouleaux. « *Le foin est sec, il faut l'arousser et vite le rentrer* ».

Globalement attesté (connu -> attesté -> peu attesté). Il garde une connotation dialectale. Continuateur de la forme dialectale *arossar* (peut-être du latin populaire **ruptiare* « mettre en pièces »).

ARPILLON, ARPION, n. m. (le plus souvent au pl.)

1. Ergot. « *Pour peler les arpillons de poules, on les passe à la flamme* ».
2. Orteil. « *Tu ferais bien de te couper un peu les ongles, tes arpillons passent à travers toutes tes chaussettes* ».
Connu à partir de 20 ans, peu attesté au-dessous. Plus vivant chez les hommes que chez les femmes, il garde une connotation dialectale.
Du latin *harpago* « grappin ».
Arpion est signalé dans le sens de « pied » par Robert 89 avec la mention « populaire », par TLF dans les sens de « pied » et « orteil » avec la mention « argotique ».

ARTISON, ARTISOU, n. m. (en général au pl.)

Ciron (acarien du fromage).
« *Vous goûterez ce fromage aux artisous et vous m'en donnerez des nouvelles* ». Usuel.
Continue le sens de la forme dialectale *artison*.
Synonyme : *chiron** 2.

ARTISONNÉ, ARTISOUNÉ, adj.

Qui a des cirons (en parlant du fromage). « *Ce fromage est artisonné* ». Globalement connu (bien connu -> connu --> attesté). Cf. *artison, artisou.*

ASÈÏMER, v. intr.

Regarder. « *J'asèïme bien tant que je peux mais je les vois toujours pas venir* ».
Globalement attesté (connu -> attesté --> peu attesté), il conserve une connotation dialectale. Du latin populaire **adaestimare* « évaluer » (s.d. *aseimar*).

ASSEMBLÉE, n. f.

Maison de la béate*. « *Il n'y a plus de béates* dans les villages*, mais on restaure quand même les assemblées* ».
Usuel à partir de 20 ans, connu au-dessous.

ASSIR (S'), v. pron.

S'asseoir. « *Viens t'assir à côté de moi* ».
Bien connu à partir de 20 ans, connu au-dessous.
Probalement plus populaire que régional.

ASSOUE, n. f.

Soue. « *Le cochon est parti ; son assoue était mal fermée* ». Globalement connu (bien connu -> connu --> peu attesté) mais usuel au Chambon, à Yssingeaux et à Rosières. Plus vivant chez les hommes que chez les femmes. Continuateur de la forme dialectale *assot* (du gaulois **suteg-* « soue », comme le français commun *soue*).

ASSUQUÉ, ENSUQUÉ, adj.

Assommé. « *Tu as bien tapé un peu fort, il a l'air assuqué ce coup-ci* ». Globalement connu (bien connu -> connu --> attesté). Du pré-indo-européen **tukka* « courge, mamelon » (s.d. *assucar*).

ASTHME, adj.

Asthmatique. « *J'ai de la difficulté à respirer, je suis asthme* ». Il est connu au Chambon, à Yssingeaux et au Monastier, mais inconnu dans les autres communes. Il garde une connotation dialectale. Régionalisme à large extension et ayant été connu à Paris (cf. attestations fournies par *FEW 25*, 613a sous *asthma*).

ATTENANT, adv.

1. Sans discontinuer. « *Il a plu attenant* ».
2. Loc. adv. *Attenant la bise*. A toute vitesse, en abondance. « *Il a traversé la congère et est arrivé attenant la bise* ». « *Des patates y en a attenant la bise cette année* ».
Globalement connu (usuel -> connu --> attesté). C'est dans l'est du domaine qu'il est le plus vivant.
Du latin *attinere* « tenir ferme ».

ATTRAPER, v. intr.

1. Attacher (au fond d'un ustensile servant à la cuisson). « *La purée a attrapé, ça sent le roussi* ».
2. Loc. verb. *Bien l'attraper, mal l'attraper*. Faire un bon (ou un mauvais) choix. « *On l'a bien attrapé pour faire cette balade, il a fait beau* ». Globalement usuel.

AUSSI PEU, loc. adv.

En conséquence. « *Elle a forcé, mais aussi peu elle est tombée malade* ». Globalement usuel.

AUTANT (AVOIR -)

Voir *avoir*.

AUTREMENT (D' -), loc. prép.

Autrement. « *Si tu y arrives d'autrement, tu me donneras la recette* ». Usuel à partir de 60 ans, connu au-dessous.

AUTRES (NOUS -, VOUS -), loc. pron.

Renforcement des pronoms nous, vous. « *Nous autres on se presse pas comme vous autres* ». Usuel.
Ce tour est probablement plus populaire que régional (cf. Grévisse 712b). Robert 89 précise cependant qu'il est « plus fréquent dans certains usages régionaux qu'en français central ». TLF signale qu'il est « fréquent dans l'ouest et au Canada ».

AUVERGNASSE, n. f.

Vent du nord-ouest. « *C'est pas la véritable traverse*, c'est l'auvergnasse* ».
Globalement attesté (connu -> peu attesté --> inconnu). Usuel à Yssingeaux et inconnu à Rosières, il garde une connotation dialectale.
Appellation justifiée par le fait que ce vent vient de l'Auvergne (s.d. *auvernhassa*).

AVANTAGE (À L'-), loc. adj. ou adv.

Un peu plus grand qu'il ne faut (en parlant d'un vêtement d'enfant acheté en prévision de la croissance). « *J'ai acheté un pantalon à l'avantage, je lui ferai un ourlet et le tour sera joué* ». Connu à partir de 40 ans, attesté au-dessous, il semble inconnu à Rosières.

AVARIER, v. tr.

Se dégoûter de. « *Depuis qu'elle a mal à l'estomac, elle a avarié la viande* ».
Globalement attesté (connu -> attesté -> peu attesté). Il est inconnu à Rosières.
Du latin *abhorrere* « abhorrer » (s.d. *avarir*) avec influence probable du français avarier.

AVISER, v. tr.

Regarder. « *Avise le canadair, il doit y avoir un feu* ».
Bien connu au-dessus de 40 ans, connu au-dessous.
Continue le sens de la forme dialectale *avisar*.

AVOIR AUTANT DE + inf, loc. verb.

Mieux valoir que. « *Il voulait m'aider mais il fallait l'attendre. J'ai pensé que j'avais autant de le faire moi-même* ». Globalement bien connu.

AVOIR EU + p. passé, temps surcomposé.

Ce tour peut s'employer :
- en principale ou indépendante : « *On a eu mangé nos deux kilos de châtaignes à quatre et en un repas* ».
- en subordonnée temporelle : « *C'était 10 heures quand j'ai eu fini mon travail* ».

Globalement usuel.
Les temps surcomposés, quel que soit le contexte, marquent l'accompli et la double antériorité.

BABAOU, n. m.

1. Croquemitaine. « *Je suis sûre qu'il y a un babaou qui t'attend au coin du bois* ».
2. Personne mal habillée. « *Pierre s'habille comme il faut, mais sa femme c'est un babaou* ».
Usuel à partir de 60 ans, en déclin au-dessous (connu --> inconnu). Invariant patois, gardant une connotation dialectale.
Du radical expressif *bab-* (s.d. *babau*).

BABAU (AVOIR LE -), loc. verb.

Broyer des idées noires. « *Depuis qu'elle est veuve, elle a le babau* ».
Peu attesté.
Cette forme, qui a la même origine que babaou, semble empruntée à la région stéphanoise.

BABET, n. m.

Pomme de pin. On entend parfois le diminutif *babelou*. « *Quand il pleut, les babets se ferment* ».
Usuel, sauf dans la région du Puy où l'on emploie surtout *pigne**.
D'un radical expressif *bab-* (cf. ALLy V, p. 317) (s.d. *babèl*). La graphie *babet* a été utilisée parce qu'elle est devenue usuelle depuis qu'on donne des babets d'or aux lauréats des concours organisés à l'occasion de la fête du livre de Saint-Etienne. Elle n'est cependant pas très satisfaisante en raison de la prononciation du mot (*babé*) et de l'étymologie (diminutif *babelou*).

BABILLOU, n. m.

Personne qui parle pour ne rien dire. « *Tu es vraiment un babillou ! Qu'est-ce que tu es allé encore raconter ?* » Connu à partir de 20 ans, inconnu au-dessous.
C'est dans l'est du domaine qu'il est le plus vivant.
De la même famille que le français *babiller*.

BACHAS, n. m.

1. Bassin de la fontaine. « *J'ai vu un gamin qui buvait dans le bachas* ».
2. Abreuvoir à vache. « *On a remplacé le vieux bachas en pierre par un bachas en ciment* ».
3. Auge des cochons. « *Pour trois cochons, il faut bien remplir le bachas* ».
Usuel.
Du latin populaire **baccu* « récipient » (s.d. *bachas*).
TLF signale ce mot avec le sens « bâche, sorte de bac, récipient, caisse, etc. ».

BACHASSÉE, n. f.

1. Contenu d'une auge. « *Pour tes cochons, il en faut une bonne bachassée* ».
2. Grande quantité de nourriture. « *C'est pas une assiettée, c'est une bachassée qu'il lui faut maintenant* ». Connu à partir de 20 ans, inconnu au-dessous. C'est dans l'est du domaine qu'il est le plus vivant.
Dérivé de *bachas** (s.d. *bachassa (d)a)*.

BACHASSOU, n. m.

Petite auge. « *Les cayounnets* ont fini leur bachassou* ».
Connu. C'est dans l'est du domaine qu'il est le plus vivant.
Dérivé de *bachas** (s.d. *bachassou*).

BACOLE, n f.

Variante : *bachole*.
1. Caisse en bois rectangulaire (utilisée pour l'alimentation du bétail). « *La bacole des chiens se décloue, il faudra la reclouer* ».
2. Coupe. « *Je prendrais bien de la compote si j'avais seulement une bachole* ».
La vitalité de ce mot présente une forte variation géographique : il est usuel à Yssingeaux, Rosières et à Valprivas, connu au Puy, attesté au Chambon (sous la forme *bachole*), et inconnu au Monastier.
Du latin *bascauda* « cuvette où l'on lave la vaisselle » (pour bachole tout au moins, FEW ne signalant pas le type *bacole*) (s.d. *bacòla, bachòla*).

BACON, BACOU, n. m.

Lard (gras). « *Avant de commencer le travail, de bon matin, on prenait une portion* avec du bacon* ».
Usuel au-dessus de 40 ans, attesté au-dessous. *Bacon* est la forme de l'est, *bacou*, celle du centre et de l'ouest. Du francique *bakko* « jambon » (s.d. *bacon*). TLF mentionne pour ce sens « régional (rare) ».

BADAGORGE, adj. et n. m.

Ahuri, tête-en l'air. « *Il est bien gentil, mais qu'est-ce qu'il est badagorge !* » « *Son garçon est un badagorge* ».
Bien connu.
Continuateur de la forme dialectale *badagorja*, composée de *badar* « ouvrir » (cf. *bader*) et *gorja* « bouche ».

BADARÉ, n. m.

Variante : *badarel*. Personne ou enfant qui crie ou pleure. « *C'est un badaré, il crie toujours après ses vaches* ». « *On peut plus s'entendre avec ce badaré* ».
Ce régionalisme, globalement attesté, semble surtout vivant à Yssingeaux et au Chambon.
De la famille de *bader** (s.d. badarèl).

BADER, v. intr.

1. N'être pas tendu, ne pas tenir fermé (en parlant, par exemple, d'une corde, d'un vêtement). « *Ce gilet n'a point de tenue. Je l'ai lavé une fois et maintenant il bade* ».
2. Errer. « *Il est au chômage, alors il bade dans les rues* ».
3. Rester bouche bée. « *T'as pas besoin de bader comme une carpe, j'ai rien dit d'extraordinaire* ».
4. Etre distrait. « *Si tu avais pas badé, tu aurais pas perdu ton sac* ».
Mot bien connu sauf au Chambon (inconnu) et à Rosières (attesté).
Du latin *batare* « être ouvert » (s.d. *badar*).

BADINERIE, n. f.

Amusement. « *Pour la badinerie, il est pas le dernier* ».
Connu.
Continue le sens de la forme dialectale *badinaria*.

BADINGUET, n. m.

Niais. « *Elle sort avec un grand badinguet. Elle aurait pu en trouver un plus finaud* ».
Globalement connu, il est plus vivant chez les hommes que chez les femmes.
De *Badinguet*, sobriquet donné à Napoléon III (cf. TLF).

BAIGNEUSE, n. f.

Pli fait à un vêtement pour le raccourcir. « *Ces manches sont trop longues, il faudra y faire une baigneuse* ». Globalement connu, mais en déclin rapide (usuel -> bien connu -> attesté -> inconnu).
Le français commun connaît (plis) en baigneuse « à petits plis ».

BÂILLE (AVOIR LA -), loc. verb.

Bâiller sans discontinuer. « *J'ai pas bien dormi ces jours derniers et j'ai la bâille* ».
Globalement attesté.
Déverbal de bâiller.

BALAI, n. m.

Genêt. « *Elle s'est amusée avec les chiens dans les balais* ».
Usuel.
Continue le sens du gaulois **banatlo-* « genêt » dont il est issu (s.d. *balai*). Robert 89 signale ce sens dans le « Centre et (le) Midi de la France ».

BALAN, n. m. En loc.

1. Loc. verb. *Etre en balan, avoir du balan*. Etre en déséquilibre. « *Ce chargement a bien du balan, je sais pas s'il va pas falloir le refaire en route* ».
2. *Etre sur le balan, rester en balan*. Etre indécis. « *Il est resté en balan un bon bout de temps puis finalement, il n'a rien pris du tout* ».
Usuel à partir de 20 ans, il est connu au-dessous.
Du latin *ballare* « danser » (avec influence possible de balancer). Les locutions être en balan, sur le balan sont signalées par Robert 89 avec la mention « régional Suisse » et la locution *avoir du balan* par TLF sans mention (sous ballant).

BALATON, BALATOU, n. m.

Cuvier, baquet. « *On met à tremper le linge dans le balaton* ».
Globalement attesté (connu -> peu attesté --> inconnu).
Plus vivant au Chambon (bien connu).
Du bas-latin *benna* (d'origine gauloise) qui désignait un moyen de transport (s.d. *balaston*).

BALAYÈRE, n. f.

Variante : *balaye*. Terrain recouvert de genêts. « *Il a tué le lièvre dans la balayère* ».
Globalement attesté. Ce mot présente des variations de vitalité importantes tenant à l'âge (bien connu -> attesté --> inconnu) et à la géographie (il est surtout vivant dans l'est du domaine). Il est, par ailleurs, plus vivant chez les hommes que chez les femmes.
Dérivé de *balai**.

BALLE, n. f.

Corbeille à linge. « *Ta chemise est pas repassée, elle est encore dans la balle* ».
Globalement connu.
Du francique **balla* « ballot » (s.d. *bala*).

BALLON, n. m.

Groseille à maquereaux. « *On va manger des ballons* ».
Globalement connu (usuel -> connu -> attesté).
Sans doute emprunté à la région stéphanoise (du francique **balla*).

BANARD, -ARDE, adj.

1. Cornu (en parlant d'un chevreau, d'une chèvre). « *Les chèvres banardes sont plus méchantes que les autres* ».
2. Tordu comme une corne. « *Ce morceau est trop banard pour qu'on le mette au feu ; il faut le refendre* ».
3. Peu intelligent (en parlant d'une personne). « *Il est un peu banard cet homme* ».
Globalement connu (usuel -> connu -> attesté -> peu attesté).
C'est au Monastier et au Puy qu'il est le plus vivant.
Dérivé de *bane** (s.d. *banard*).

BANE, n. f.

1. Corne. « *C'est dur comme les banes du bouc* ».
2. (Par métaphore) branche tordue. « *Cet arbre a des banes, il faudrait le tailler* ».
Globalement connu (bien connu --> attesté -> peu attesté). Peu vivant au Monastier et au Puy. Le 2e sens est peu vivant.
Du gaulois **bannon* « corne » (s.d. *bana*).

BANÉ (BIEN -, MAL -), adj.

Qui a de belles ou de vilaines cornes. « *Depuis qu'on lie plus les vaches, on regarde pas si elles sont bien ou mal banées* ».
Globalement connu (bien connu --> connu -> inconnu), mais peu vivant au Monastier et au Puy.
Dérivé de *bane**.

BANER (SE), v. pron.

Voir *s'abaner*.

BANQUE, n.f.

Comptoir de magasin. « *Elle étale ses marchandises sur la banque* ».
Usuel à partir de 20 ans, connu au-dessous.
Ce sens n'est peut-être pas régional. Il ne figure pas dans Robert 89. TLF signale, par contre, que *banque* est attesté « dep. 1376 » avec le sens « sorte de comptoir ou de table, généralement de forme allongée et servant pour la communication avec la clientèle, le public ».

BAPTISER, v. tr.

Faire trop vite et mal. « *Sa mère est pas là, il a baptisé son lit en ajustant seulement le couvre-lit* ».

Globalement attesté (connu --> peu attesté -> inconnu), mais inconnu à Rosières et Valprivas.

BARABAN, n. m.

Pissenlit. « *C'est bon les barabans mais c'est long à trier* ».
Usuel à partir de 20 ans et attesté au-dessous, c'est au Monastier qu'il est le moins vivant.
Ce mot, qui est issu du nom propre Barrabas, provient de la région stéphanoise (la forme patoise de la plus grande partie du Velay est *laiteron*).

BARABANT, n. m.

Charrue-brabant. « *Les barabants c'est juste bon pour la décoration maintenant* ».
Globalement connu (bien connu -> connu -> attesté), mais plus vivant dans l'est du domaine.
Du français *brabant* (nom de la province de Belgique où cette charrue était fabriquée).

BARASTER, BAROUSTER, v. intr.

1. Radoter. « *Elle en a plus pour longtemps à vivre ; elle baruste complètement* ».
2. Faire du bruit. « *Je couche le petit, arrête de baruster* ».
Globalement attesté, mais bien connu à Yssingeaux, à Valprivas et au Monastier. Le 2e sens est moins vivant.
Continuateur des formes dialectales *barastar, barostar*. A rattacher peut-être au moyen haut allemand *biuteln* « bluter ».
Synonymes : 1. *baronter*, bassouiller*, rabuser**. 2. *baronter**.

BARBE, n. f.

Arête (des épis). « *La barbe du blé est désagréable à toucher* ».
Globalement connu (bien connu -> connu -> attesté).
Continue le sens de la forme dialectale *barba*.

BARBEJI, n. m.

Voir *berbesi*.

BARBELOTTE, n. f.

Jonquille. « *Au mois de juin les prés sont fleuris de barbelottes* ».
Usuel au Chambon où le mot est utilisé en dialecte (*barbelòta*).
Origine inconnue.

BARBICHOU, n. m.

Homme à barbiche. « *J'ai vu un barbichou au marché ce matin, il pouvait se faire une tresse avec les poils de sa barbe* ».
Bien connu à partir de 60 ans, il est connu au-dessous.

BARBOTON, n. m.

Ragoût de pommes de terre. « *Le barboton est son plat préféré* ». Connu à partir de 40 ans, attesté au-dessous, mais usuel à Yssingeaux et à Valprivas. Probablement emprunté à la région stéphanoise.

BARDOT, m., **BARDOLE,** f., adj. et n.

Sot. « *Cet homme est un peu bardot* ». « *Il faut être fou pour fréquenter* une bardole comme ça* ».
Globalement connu (bien connu -> connu --> inconnu).
Comme le français commun *bardot*, de l'arabe *barda'a* « couverture de selle » (s.d. *bardò, bardòla*).

BARDOUILLE, n. m.

Beau parleur. « *Ecoute-moi ce bardouille, il te fera bien marier* ». Globalement peu attesté, ce mot a une vitalité géographiquement variable : bien connu au Chambon, il est inconnu à Rosières, à Valprivas et au Puy. Comme le français commun *bredouille*, du latin *brittus* « breton » (« les notions de sottise et de bredouillement sont depuis le Moyen Âge attachées aux Bretons » cf. TLF *sous berdiner*).

BARGAILLE, n f.

Barbouillage. « *Quelle bargaille il a fait avec sa peinture !* » Globalement attesté (connu --> attesté -> peu attesté). Il est plus vivant dans l'est du domaine. Voir *bargailler*.

BARGAILLER, v. tr.

1. Barbouiller. « *Il n'a pas peint le plafond ; il l'a bargaillé* ». Voir embargailler, embargaillouser.
2. Empl. pron. Se barbouiller. « *Il va se bargailler avec ce pot de confiture* ». Globalement connu (bien connu --> connu -> peu attesté). Il est plus vivant dans l'est du domaine.
Du gaulois *marga* « marne » (cf. forme stéphanoise *margailler*) avec influence de la forme occitane *barga* « mâchoire, bouche » issue du germanique **brekan* « rompre, casser, briser » (s.d. *bargalhar*).
Synonyme : *embargailler**.

BARGAILLOU, -OUSE, adj.

Variante au fém. : *bargailloune*. Barbouillé. « *Après son repas le bébé est toujours bargaillou* ». Globalement connu (bien connu -> connu -> attesté). Il est plus vivant dans l'est du domaine. Cf. *bargailler*.

BARIONLER, BAROULER, v. intr. et emploi pron.

Verser, tomber en roulant. « *C'était trop en pente et il a barionlé* ». « *Il était saoul et il s'est barionlé au milieu de la route avec son vélo* ». Globalement connu. *Barionler* est la forme utilisée à Yssingeaux et à Valprivas. Ailleurs, on emploie *barouler* ou *baruler*.
Du latin **rotella* « petite roue » avec l'adverbe bas (s.d. *barionlar, barunlar*).
Synonyme : *débar(o)uler**.

BARJAQUE, n. f.

Personne très bavarde. « *Une barjaque c'est un moulin à paroles* ». Bien connu à partir de 40 ans et usuel au-dessous.
Déverbal de *barjaquer**.
Synonyme : *bartavelle**.

BARJAQUER, v. intr.

Variante : *barjater*. Jacasser. « *Pour barjaquer elle est bonne mais pour travailler c'est autre chose* ». Globalement bien connu.
Du germanique **brekan* « rompre » avec influence de *jacasser* (venant du nom propre Jacobus) (s.d. *barjacar*).
Synonymes : *bartaveler*, blaguer*, jaqueter**.

BARLOQUE (BATTRE LA -), BERLOQUE (BATTRE LA -), loc. verb.

Battre la breloque. « *Il vieillit et commence à battre la berloque* ». Globalement connu (bien connu --> attesté -> peu attesté). Il est usuel à Yssingeaux et à Rosières. Cette expression s'explique par le fait que *berloque*, qui a existé en français, désignait une batterie de tambour, après avoir signifié « chose de peu de valeur ». Ce mot remonte à une racine phono-expressive **bir-*. Signalé par Robert 89 avec la mention « vieux ou régional ».

BARONTE, adj.

Qui radote. « *Elle raconte toujours la même chose. C'est la tante baronte* ». Cf. *baronter*.

BARONTER, v. intr.

Variante : *barounter*.
1. Gronder (en parlant du tonnerre). « *S'il baronte en décembre, l'hiver est coupé en deux* ».
2. Faire du bruit. « *Les gamins du dessus barontent tous les soirs* ».
3. Radoter. « *A son âge, il sait plus ce qu'il baronte* ». Globalement attesté mais vitalité géographiquement très variable : usuel à Yssingeaux et à Valprivas, inconnu au Monastier. Le 3e emploi est moins vivant.

Du latin populaire (origine obscure) **barra* « barre » (s.d. *barontar*). Synonymes : 2. *baraster**. 3. *baraster*, bassouiller*, rabuser**.

BAROUETTE, n. f.

Voir *bourouette*.

BAROULER, v. intr.

Voir *barionler*.

BAROUSTER, v. intr.

Voir *baraster*.

BARQUET, n. m.

Baquet. « *Le barquet ne tient plus l'eau. Il faudra le faire tremper* ». Globalement attesté. Du latin *barca* « barque » (s.d. *barquet*).

BARRANQUE, n f.

Personne qui radote. « *C'est une barranque, elle en invente toujours* ». Globalement peu attesté. Inconnu au Monastier ainsi que de ceux qui ignorent le patois, il conserve une connotation dialectale.
Du latin populaire **barranca* « gorge, ravin » (s.d. *barranca*).

BARRER, v. tr.

Fermer avec une barre. « *Quand on part pour les vacances, on barre toujours la porte du garage* ». Globalement connu (bien connu -> connu -> attesté). Il est plus vivant chez les hommes (usuel) que chez les femmes (connu).
Signalé par Robert 89 avec la mention « vieux et régional » et par TLF sans mention.

BARROU, n. m.

Gourdin. « *Il a pris un gros barrou et il a assommé son chien* ». Globalement attesté (connu --> attesté -> peu attesté), mais usuel à Yssingeaux et inconnu au Puy. Dérivé de *barre* (s.d. *barron*).

BARTAVÉ, -ELLE, n. et adj.

Personne bavarde. « *Qu'est-ce que tu es allé encore raconter ? Tu es un bartavé* ». « *Ma femme est bartavelle !* »
Connu à partir de 40 ans, attesté au-dessous (usuel au Chambon, inconnu au Monastier).
Du latin *vertibulum* « articulation, jointure » (s.d. *bartavèl*).
Synonyme : *barjaque**.

BARTAVELER, v. intr.

Jacasser. « *Il bartavèle sans arrêt, il a toujours quelque chose de nouveau à t'annoncer* ».
Cf. *bartavé*. Synonymes : *barjaquer*, blaguer*, jaqueter**.

BARULER, v. intr.

Voir *barionler*.

BARUSTER, v. intr.

Voir *baraster*.

BASANE, n. f.

Tablier protégeant le devant du corps. « *Pour faire la cuisine, il prend toujours sa basane* ». Globalement attesté (connu -> attesté -> peu attesté) et conservant une connotation dialectale.
Continue le sens de la forme dialectale *basana*.

BASSOUILLE, n. f.

Personne qui parle inconsidérément. « *On ne peut pas avoir confiance, c'est une bassouille* ».
Déverbal de *bassouiller**.

BASSOUILLER, v. intr.

Radoter. « T*u bassouilles, ça fait bien trois ans que je suis là et non un* ». Vitalité géographiquement très variable : inconnu dans l'ouest (au Monastier et au Puy), mais connu dans l'est (au Chambon et à Yssingeaux), ce mot provient probablement de la région stéphanoise.
Du latin *solium* « cuve » (en composition avec *bas-*).
Synonymes : *baraster*, baronter*, rabuser**.

BASU, adj.

Niais, imbécile, sot. « *Quand on le rencontre, il ne dit pas bonjour ; il n'a pas l'air de nous voir, il est tout basu* ». Usuel.
Peut-être du nom propre *Basile* (souvent utilisé au sens de niais, imbécile).

BATTOR, n. m.

1. Baratte. « *On prenait de bonnes suées quand on battait le beurre, surtout dans le battor droit* ».
2. Personne qui parle inconsidérément. « *Cette femme c'est un battor* ». Il est inconnu dans l'ouest du domaine mais bien connu au Chambon et à Yssingeaux où il correspond à la forme dialectale *battòr*.
Du latin *battuere* « battre ».

BATTRE L'EAU AVEC UN BÂTON, loc. verb.

Parler ou agir pour rien. « *Tu peux lui faire la morale, c'est comme si tu battais l'eau avec un bâton* ». Globalement connu (usuel -> connu --> attesté).

BAVEUX, n. m.

Bolet baveux. « *Les baveux valent bien les autres si on enlève la peau et la mousse* ».
Attesté à partir de 20 ans et peu attesté au-dessous. Il est usuel au Chambon mais inconnu à Valprivas.

BAVOURGER, v. intr.

1. Baver (en parlant d'un enfant). « *Il met ses dents, ça le fait bavourger* ».
2. Manger en se salissant (en parlant d'un enfant). « *Il bavourge en mangeant sa soupe* ».
Attesté sauf à Valprivas et au Monastier où il est inconnu.
Continuateur de la forme dialectale *bavorjar*, de la même famille que le français *baver*.

BAVOURJOU, -OUSE, adj. ou n. m.

1. (Enfant) qui bave. « *Elle aime bien qu'on lui offre des bavettes pour ses bébés parce qu'ils sont tous bavourjous ; il paraît que c'est de famille* ».
2. (Enfant) qui mange en se salissant. « *N'oublie pas de mettre ta serviette, t'es un bavourjou et il faudra changer la chemise après* ». Cf. *bavourger*.

BAYARD, n. m.

Civière pour le transport des charges, bard. « *On va mettre le cochon sur le boyard pour aller le bucler** ». La vitalité de ce mot présente une grande variation sur le plan géographique : il est inconnu au Monastier, mais usuel au Chambon, à Yssingeaux et à Rosières. Il est plus vivant chez les hommes que chez les femmes.
Du latin *bajulus* « porteur de charge » (s.d. *baiard*).
Signalé par Robert 89 avec la mention « régional ».

BAYARDE, adj. et n. f.

1. (Vache) de deux couleurs. « *Les vaches bayardes ont surtout du blanc et du noir* ».
2. (Vache) de race montbéliarde. « *Depuis plusieurs années j'ai que des bayardes* ».
Globalement connu à partir de 20 ans et inconnu au-dessous. Il est usuel au Chambon et à Yssingeaux, et plus vivant chez les hommes que chez les femmes.
Du latin *badius* « châtain » (s.d. *baiarda*).

BAYASSÉ, adj.

Bariolé. « *Avec sa robe bayassée, on dirait une panthère* ».
Vitalité variable selon l'âge et la

situation géographique (attesté à partir de 20 ans, peu attesté au-dessous ; usuel à Yssingeaux et à Rosières, inconnu à Valprivas et au Monastier). De la même famille que *bayarde** (s.d. *baiassat*).

BÉATE, BIATE, n. f.

Religieuse appartenant à la congrégation vellave des Demoiselles de l'instruction (les béates avaient pour mission d'assurer, en milieu rural, l'animation religieuse, l'instruction des enfants, l'assistance aux malades et une aide aux dentellières). « *Les béates sont presque toutes mortes. Les assemblées* sont vides* ». Globalement usuel (il est seulement attesté chez les moins de 20 ans qui n'ont pas connu les béates). Dans l'ouest et le sud du domaine, on dit *roubiaque**.
Ce mot est péjoratif : quand on s'adressait à ces personnes, on les appelait sœurs. *Béate* est signalé dans ce sens et dans l'aire vellave par Robert 89.

BEAUSEIGNE, interj.

Interjection exprimant la sympathie ou la tendresse à l'égard de quelqu'un. « *Oh beauseigne ! il s'est égratigné la joue* ».
Usuel.
Continuateur de la forme dialectale *biausenhi* (= beau + seigneur).

BÈBE (FAIRE LA -), BOBE (FAIRE LA -), loc. verb.

Faire la moue, bouder. « *Depuis son examen, elle fait la bèbe* ». Globalement connu. C'est dans l'est du domaine qu'il est le plus vivant. Du radical expressif *bob-* (s.d. *bèba, bòba*).
Synonymes : *faire la gaugne*, faire la trogne**.

BÉCASSOU, -OUNE, n. et adj

Niais. « *Quel bécassou ! Il croit tout ce qu'on lui raconte* ».
Usuel.
De la même famille que *bécasse*.

BÊCHE, n. f.

Outil de jardinage servant à retourner la terre et formé d'un manche d'un mètre environ et de quatre dents larges et longues. « *Prends la bêche, on déplacera les fraisiers* ».
Usuel.

BÉCHINE, VÉCHINE, n. f.

Vesse de loup. « *C'est pas un champignon, c'est une bechine* ». Attesté à partir de 20 ans, inconnu au-dessous, il conserve

une connotation dialectale.
Du latin *vissinare* (s.d. *bessina, vessina*).

BÉCOTER (SE), v. pron.
Se donner des coups de bec.
« *Cette poule a le cou pelé mais elle se bécote toujours avec la Noire* ».
Globalement connu (bien connu -> connu -> attesté).

BEDI, onom.

Cri pour appeler les chevreaux ou les chèvres. « *Bedi ! bedi ! Rentrez vite à l'écurie* ».
Globalement attesté.
Mot formé sur le radical expressif *bod-* (s.d. *bedi*).

BEDINE, n f.

Chèvre (terme affectueux).
« *Cette bedine m'épointe tous mes rosiers* ». Globalement attesté mais plus vivant au Chambon et à Yssingeaux. Cf. *bedi*.

BELOUSE, n. f.

Blouse. « *Quand j'allais à l'école, j'avais une belouse grise* ».
Cette prononciation semble plus vivante dans l'est du domaine.

BENAISE, adj.

Heureux. « *Regarde-le dormir, il est benaise ; d'ailleurs il sourit aux anges* ».
Inconnu à Yssingeaux et a Valprivas mais usuel ou bien connu à Rosières, au Monastier et au Puy. Continuateur de la forme dialectale *benaise* (< bien + aise).

BENÊTE, n. et adj. f.

(Femme) niaise. « *Elle est un peu benête, elle a pas coupé trois pattes à un canard* ».
Connu à partir de 20 ans, attesté au-dessous. Féminin de *benêt* (le français commun ne connaît que le masculin).

BENNE (METTRE HUIT JOURS SOUS UNE -), loc. verb.

Priver pendant quelque temps de nourriture une personne trop difficile afin de lui faire apprécier ce qu'on lui donne à manger. « *Si on le mettait huit jours sous une benne, il serait moins difficile* ».
Usuel.

BERBESI, n. m.

Variantes : *barbeji, barbesi.*
1. Fourmi. « *On se demande combien il peut y avoir de berbesis dans cette berbesinière** ».
2. Loc. verb. *Avoir les berbesis.* Avoir des fourmillements. « *J'ai les berbesis dans les jambes* ».
Mot bien vivant au Chambon, Yssingeaux et Rosières, mais

inconnu ou peu attesté ailleurs. Du latin *vervecinus* « qui a rapport au mouton » (s.d. *berbesi*) (ailleurs les continuateurs de *vervecinus* désignent le plus souvent le pou du mouton).

BERBESINER, v. tr. ou intr.

Variantes : *barbejiner, barbesiner.*
1. Démanger. « *Cette piqûre de moustique me berbesine* ».
2. Etre impatient. « *Je berbesine en attendant le facteur* ».
Cf. *berbesi* (s.d. *berbesinar*).

BERBESINIÈRE, n. f.

Fourmilière. « *On se demande combien il peut y avoir de berbesis* dans cette berbesinière* ».
Cf. *berbesi* (s.d. *berbesineira*).

BERCHE, n. f.

1. Brèche. « *En coupant le fil de fer j'ai fait une berche à mon couteau* ».
2. Mâchoire édentée. « *Avec sa berche il a un drôle de sourire* ».
Globalement attesté (connu -> attesté --> peu attesté), mais usuel à Valprivas.
Du francique **breka* « cassure » (s.d. *bercha*).

BERCHE, adj.

Ébréché. « *Fais attention en buvant : ton verre est berche* ».

BERCHU, -U(D)E, adj.

Variante : *bréchu*. Édenté. « *Il est allé chez le dentiste ; il en est sorti berchu* ». Usuel.

BERGÈRE, n. f.

Coulemelle. « *Les bergères poussent en automne* ».
Usuel à partir de 60 ans, attesté au-dessous (dans l'extrémité est du domaine on emploie couquemelle*). Continue le sens de la forme dialectale *bergeira.*

BÉRICLES, n. f. pl.

Lunettes. « *Il faut que j'aille chez l'occuliste. J'ai des béricles mais j'y vois pas plus que si j'en avais point** ». Globalement attesté (connu --> attesté -> peu attesté). Plus vivant chez les hommes que chez les femmes, il a aussi une connotation dialectale. Comme le français *bésicles* et l'ancien français *béricle.*

BERLOQUE, n. f.

Voir *barloque.*

BERLOT, -OTTE, n. et adj.

(Personne) étourdie, qui a peu de finesse. « *Pauvre berlot, il a laissé son panier au marché* ». Globalement attesté (connu --> peu attesté -> inconnu) et plus vivant dans l'est du domaine. De l'ancien haut allemand **bretling* « petite planche, tablette » (s.d. *berlòt*) (mot de la même famille que le français *brelan*, ce qui semble indiquer qu'on est probablement passé du sens « tablette » à « jeu » puis à « étourderie »).

BESILLEUX, BESILLOU, adj.

Minutieux. « *J'ai pas la patience de ramasser des airelles* à la main : c'est trop besilleux* ». Globalement attesté mais présentant une forte variation sur le plan géographique : usuel à Yssingeaux, inconnu au Chambon, à Valprivas et au Monastier. Du germanique **bison* « courir autour » (s.d. *besilhós*).

BESOIN (AVOIR DE -), loc. verb.

Avoir besoin. « *Rends-moi ma coquelle*, j'en ai de besoin pour faire rôtir ma viande* ». Globalement connu (usuel -> connu -> attesté).

BESSOUNÉE, n. f.

Couple de jumeaux. « *C'est pas drôle quand il faut élever une bessounée* ». Connu à partir de 40 ans, peu attesté au-dessous, il est cependant usuel à Yssingeaux. Du latin populaire **bissus* « double » (s.d. *bessona* (a) a dérivé de besson).

BÊTE DES POULES, n. f.

Épervier. « *La bête des poules rôde. Il se pourrait bien que quelque poule disparaisse* ». Globalement attesté (bien connu -> attesté --> inconnu). Il est usuel à Yssingeaux, mais inconnu au Chambon. Synonyme : *rachou* *.

BIAIS, n. m.

Savoir-faire, adresse, bon sens. « *Ma femme elle a du biais pour tout, que ce soit pour réparer une machine, pour la cuisine ou faire des habits, elle est pas empruntée* ».
Usuel. Continue le sens de la forme dialectale *biais*.

BIA(L), n. m.

Bief. « *Il est tombé en voulant sauter le bia* ».
C'est un mot de l'est (usuel à Yssingeaux).
Du gaulois **bedu-* « canal » (s.d. *bial*).

BIALER, v. intr.

Variante : biaver. Bêler.
« *Pourquoi cette chèvre est toujours en train de bialer ?* »
Globalement attesté, il est inconnu au Monastier et au Puy, mais encore bien vivant à Yssingeaux et à Valprivas.
Mots ayant conservé certaines caractéristiques phonétiques des formes dialectales *bialar, biavar*.

BIASSE, n. f.

Musette. « *Je suis partie avec une biasse bien pleine, mais après notre journée de balade il ne restait plus rien* ».
Globalement attesté (bien connu -> connu -> peu attesté).
Du latin *bisaccia* « bissac » (s.d. *biassa*).

BIATE, n. f.

Voir *béate*.

BIBERON (FAIRE UN -), loc. verb.

Faire toucher la boule au but (jeu de boules). « *Il a un bon coup de main, il fait un biberon à chaque partie* ». Globalement attesté, il est plus vivant chez les hommes que chez les femmes.
Cette locution qui ne repose pas sur le s.d. est bien connue dans la région lyonnaise d'où elle a pu essaimer.
Synonyme : *faire un nez**.

BIBERONNER, v. intr.
Toucher le but (en parlant d'une boule). « *Ma deuxième boule, je vais la faire biberonner* ».
Globalement attesté, il est plus vivant chez les hommes que chez les femmes.

BICHE, n. f.

Grand pot (en grès ou en fer).
« *On met la graisse dans la biche pour mieux la conserver* ». « *Le laitier vidait nos biches qui étaient déposées sur la route* ».
Usuel.
Du grec *bikos* « vase » (s.d. *bicha*).

BICHON, BICHOU, n. m.

Pot dont la contenance ne dépasse pas un litre. « *Après la traite on mettait le lait dans un bichou* ».
Globalement bien connu (usuel --> bien connu -> connu).
Dérivé de *biche** (s.d. *bichon*).

BIGAND, n. m.

Débardeur (de bois). « *Y avait pas plus brute avec les bêtes que les bigands* ». Globalement attesté (connu -> attesté --> inconnu). Peu vivant au Puy et au Monastier.

Peut-être du latin *biga* « double attelage » (s.d. *bigana*).

BIGOR(G)NER, BUGOURNER, v. tr.

1. Agacer (une personne ou un animal) généralement à l'aide d'un instrument pointu. « *Pour faire sortir la truite de dessous la pierre, il faut la bugourner* ».
2. Empl. pron. Se battre (en parlant de bovins). « *Ces deux vaches arrêtent pas de se bigorgner* ».
Connu à partir de 20 ans, attesté au-dessous. C'est dans l'est du domaine qu'il est le plus vivant.
Du latin *bicornis* « à deux cornes » (s.d. *bigornar*).

BILLAÏRE, n. m.

Levier en bois ou en fer servant à actionner le treuil d'une charrette. « *Va me chercher le billaïre, il est sur l'autre char* ».
Usuel à Yssingeaux, bien connu au Chambon, il est inconnu à Valprivas, au Monastier et au Puy.
Invariant patois, de la famille de bille. Synonyme : *bille**.

BILLE, n. f.

1. Levier en bois ou en fer servant à actionner le treuil d'une charrette. « *Va me chercher la bille pour tendre la corde* ».
2. Gros bâton servant à frapper. « *Si je prends une bille, tu sauras ta douleur !* »
Globalement connu (usuel -> connu --> attesté).
Du gaulois **bilia* « tronc d'arbre » (s.d. *bilha*).
TLF signale ce mot avec la mention « techn. ».
Synonyme : *biliaire**.

BILLER, v. tr.

Serrer un chargement (de foin ou de paille) avec une corde en actionnant un treuil avec un levier. « *Je vais biller pour que le chargement ne se renverse pas en cours de route* ». Globalement connu (bien connu --> connu -> attesté). C'est au Puy qu'il est le moins vivant.
Cf. *bille* (s.d. *bilhar*).
Robert 89 signale avec la mention « technique » le sens « *serrer au moyen d'une pièce de bois qui assure une torsion* ». TLF signale un sens voisin : « *Transp. corder un ballot au moyen de la bille, morceau de bois servant à serrer les cordes* ».

BILLOU, n. m.

Tronçon d'arbre (pouvant être débité en planches). « *On ne trouvera pas de billou dans cette sapine** ».
Bien connu à partir de 20 ans, attesté au-dessous.
Cf. *bille*.

BINOU, n. m.

Binette. « *Il faut sarcler les fraisiers, va me chercher un binou* ». Globalement attesté à partir de 20 ans, mais inconnu à Rosières et à Valprivas.
De la même famille que le français *biner*.

BIQUARÉ, -ELLE, adj. et n.

(Personne, en général enfant) affectueux, qui donne souvent des baisers. « *Avec elle on ne manque pas de bisous : c'est une biquarelle* ». Globalement attesté à partir de 20 ans, inconnu au-dessous ainsi qu'au Puy et au Monastier.
Cf. *biquer*.

BIQUER (SE), v. pron.

Se donner des baisers. « *Ils sont bien amoureux. Ils arrêtent pas de se biquer* ».
Connu à partir de 20 ans, peu attesté au-dessous.
Du latin *beccus* « bec ».
Synonyme : *se poutouner**.

BISANGOIN (DE -), DE BISCANCOIN, loc. adv.

De travers. « *Il s'est levé ce matin tout de bisangoin* ». « *Tu l'as mis de biscancoin, je sais pas si ça tiendra* ». Globalement attesté (usuel -> attesté --> inconnu).
Composés de *coin* (du latin *cuneus*) probablement empruntés à la région stéphanoise.

BITORS, n. m.

Saucisson. « *Je préfère le bitors bien sec* ».
Ce mot, globalement attesté, est surtout vivant dans l'est du domaine (sans doute en raison de la proximité de la région stéphanoise où *bitors* est utilisé avec les sens « saucisson » et « tordu »).
Composé de *bis* et *torsus* « tordu ».

BLAGAÏRE, n. m.

Bavard. « *Si tu commences avec ce blagaïre, vous en aurez jusqu'à minuit pour raconter vos histoires* ». Globalement connu (bien connu -> connu -> peu attesté). Il est plus vivant chez les hommes que chez les femmes.
Invariant patois.

BLAGUÉE, n. f.

Bavardage. « *Quand on se rencontre toutes les deux, on fait une bonne blaguée* ».
Bien connu à partir de 40 ans, attesté au-dessous.

BLAGUER, v. intr.

Bavarder, avoir une longue conversation. « *J'ai rencontré Pierre, on avait passé le bac ensemble, on a bien blagué* ». Usuel.
Continue le sens de la forme dialectale *blagar*.
Synonymes : *barjaquer*, bartaveler*, jaqueter**.

BLANC (VENT -), n. m.

Voir *vent*.

BLANC (NI EN - NI EN NOIR), loc. adv.

Pas du tout. « *Je ne le connais ni en blanc ni en noir* ».
Globalement usuel.

BLANCHINET, -ETTE, BLANCHOUNET, -ETTE, adj.

Pâle. « *C'était temps que le car s'arrête. Dans ces virages il était devenu blanchinet* ».
Connu à partir de 40 ans, attesté au-dessous.
Continuateurs des formes dialectales *blanchinet, blanchonet*.

BLANCHIR, v. tr.
Mettre du lait (dans une nourriture liquide, la soupe ou le café par exemple). « *Prends un peu de lait pour blanchir ta soupe* ». Usuel à partir de 40 ans, connu au-dessous.
Continue le sens de la forme dialectale *blanchir*.

BLÉ, n. m.

Seigle. « *Ici on sème plus de blé que de froment* ».
Bien connu.
Continue le sens de la forme dialectale *blat*.

BOBE, n. m.

Voir *bèbe*.

BŒUF (ÊTRE AU -), loc. verb.

Variante : aller au bœuf. Etre en chaleur (en parlant d'une vache). « *Il faudra faire venir l'inséminateur, la Fromente est au bœuf* ».
Globalement attesté (connu --> attesté -> peu attesté).
Continuateurs des locutions dialectales *esser au beu, anar au beu*.

BOGE, n. f.

Grand sac en jute. « *J'ai rempli trois boges avec les patates de mon jardin* ».
Globalement bien connu (usuel -> bien connu --> connu).
Du gaulois *bulga* « sac en cuir » (s.d. *boja*).

BOIRE, v. intr.

Etre entourée d'un halo (en parlant de la lune). « *La pluie est pour bientôt, la lune boit* ».
Globalement attesté (connu -> attesté --> inconnu).
Continue le sens de la forme dialectale *beure*.

BOIS, n. m.

1. Loc. nom. Bois d'épines. Conifère, arbre à aiguilles.
2. Loc. nom. Bois de feuilles. Feuillu, arbre à feuilles. « *Bois d'épines : lune fine ; bois de feuilles : lune vieille ; c'est comme ça qu'on devrait tomber* les arbres* ».
Usuel à partir de 60 ans, connu au-dessous.

BOMBONNER, v. intr.

Maugréer, ronchonner. « *Elle est toujours après* bombonner* ».
Globalement attesté.
Même origine que le français *bombonne*, du latin *bombus* « bruit retentissant » (s.d. *bombonar*).
Synonyme : *gongonner**.

BON, adj. ou adv.

1. Loc. *C'est bon que.*
a) C'est dommage que. « *C'est bon qu'on a fini le gâteau, autrement on t'en aurait fait goûter* ».
b) C'est heureux que. « *C'est bon que c'est vous, sinon vous auriez su ce que ça vous coûtait* ».
2. Adv. Bon. Bien, dans la locution *manger bon, bien manger*. « *On mange bon chez la Louise* ».
3. Loc. adj. *De bon faire.* Facile. « *C'est pas un travail de bon faire* ». Ces locutions, qui sont des calques des formes dialectales correspondantes, sont attestées.

BONIFACE, adj.

Brave. « *Tu peux y aller, il est boniface* ».
Bien connu à partir de 60 ans, attesté au-dessous.
Du prénom *Bonifatius* (s.d. *bonifaça*). Signalé par Robert 89 avec la mention « familier et vieux (régional) » et par TLF avec la mention « vieux et littér. ».

BONNE (ÊTRE DE -), loc. verb.

Etre de bonne humeur. « *Je suis pas de bonne aujourd'hui, je crois que je vais tout casser* ».
Globalement attesté (connu -> attesté --> inconnu).

BORDE, n. f.

Saleté, corps étranger. « *Dans mon café il y avait une borde* ». « *Regarde si tu vois pas une borde dans mon œil* ».

Connu à partir de 20 ans, inconnu au-dessous. Il est plus vivant chez les hommes que chez les femmes.
Du latin *borda* « roseau » (s.d. *bòrda*).

BORDELAISE, BORDELEUSE, adj. et n. f.

(Vache) stérile. « *La Carline arrête pas de beugler, elle est devenue bordelaise* ». « *Il va falloir vendre cette bordelaise* ».
Globalement connu, mais usuel à Yssingeaux et à Valprivas.
De la même famille que le français *bordel* (du germanique *bord* « planche ») (s.d. *bordelèsa*).

BORNE, n. f.

1. Tanière. « *Le renard est rentré dans sa borne* ».
2. Maison mal conçue ou sombre. « *On se demande comment ils peuvent habiter dans cette borne* ». Globalement peu attesté.
De la base pré-latine **borna* « trou, creux » (s.d. *bòrna*).

BORYE [bɔrj], n. f.

Ferme. « *Il a acheté cette borye dix millions*».
Globalement attesté (connu -> attesté --> inconnu).
Du latin *bovaria* « étable » (s.d. *bòria*).

BORYE [bɔrj], n. m.

Orvet. « *Il faut pas avoir peur des boryes. Ça pique pas* ».
Usuel à Yssingeaux, inconnu ailleurs. Continuateur de la forme dialectale *bòrlhe*, de même origine que le français *borgne*.

BOU (PRENDRE LE -), loc. verb.

Commencer à bouillir. « *On peux ralentir le gaz. La soupe commence à prendre le bou* ». Globalement connu. C'est dans l'est du domaine qu'il est le plus vivant. *Bou* est le déverbal de *bouillir*.

BOUCHER (SE), v. pron.

Se couvrir (en parlant du temps ou du ciel). « *Le ciel se bouche* ». Usuel à partir de 20 ans, attesté au-dessous.

BOUCHES, n. f. pl.

Lèvres. « *Il a les bouches gercées* ». Globalement attesté, bien qu'inconnu au Puy.

BOUCHINER, v. intr.

Bouder. « *Depuis quelques jours elle bouchine ; on sait pas pourquoi* ». Globalement connu. Continuateur de la forme dialectale *bochinar*, du latin *bucca* « bouche ».

BOUCHON, n. m.

Enfant. « *Regarde le bouchon, il trotte déjà* ».
Usuel.

BOUDIN, n. m.

Assiettée de boudin et de divers morceaux de porc que l'on porte aux voisins ou amis (après l'égorgement). « *Les voisins ont tué le cochon et nous ont fait passer un boudin ; on s'est bien régalé* ».
Usuel à partir de 20 ans, connu au-dessous.
Synonyme : *boudingade**.

BOUDINGADE, n. f.

Assiettée de boudin et de divers morceaux de porc que l'on porte aux voisins ou amis (après l'égorgement).
« *Pierrette m'a apporté une bonne boudingade avec un bon morceau de boudin, quatre saucisses, un morceau de foie, des rognons et de la graisse* ».
Conserve une connotation dialectale et est beaucoup moins vivant que *boudin** dont il est dérivé (s.d. *bodingada*).
Synonyme : *boudin**.

BOUÈÏRE, n. f.

1. Attelage de bœufs ou de vaches. « *La dernière bouèïre que j'ai vue ; c'était dans la Montagne y a quatre ou cinq ans* ».
2. Couple. « *Ces deux ivrognes font une bonne bouèïre* ».
Globalement attesté (connu --> attesté -> peu attesté). Le 2e sens est moins vivant.
Du latin *bovaria* « étable » (s.d. *boèira*).

BOUFFADOU, BOUFFAÏRE, n.m.

Soufflet. « *Rallume le feu avec le bouffadou* ».
Connu à partir de 40 ans, attesté au-dessous (mais inconnu à Valprivas). Continuateurs des formes dialectales *bofador*, *bofaire*, dérivées de *bofar* avec les suffixes d'agent de phonétique occitane *-adou* (principalement ouest) et *-aïre* (principalement est).

BOUFFER, v. intr.

1. Souffler.
2. Respirer avec effort.
« *Le cheval bouffe comme le vent* ». Globalement connu (usuel --> connu -> peu attesté).
Du radical onomatopéique *buff-* (s.d. *bofar*). Signalé par Robert 89 avec la mention « mar., régional et vieux ».

BOUGILLER, v. intr.

Bouger sans cesse. « *Les enfants c'est toujours après* bougiller* ». Globalement peu attesté mais plus vivant dans l'est du domaine.
De la même famille que le français *bouger* (du latin populaire **bullicare*).

BOUGILLON, adj.

Remuant. « *Il ne reste pas en place, il est bougillon* ».
Cf. bougiller.

BOUGNAN, n. m.

Voir *boumian*.

BOUILLIR, v. intr.

Fermenter. « *Le foin commence à bouillir dans la grange* ».
Connu à partir de 40 ans, attesté au-dessous.
Continue le sens de la forme dialectale *bolir*.

BOULE, n. f.

1. Borne de délimitation. « *Je crois que ce morceau est à nous mais on ne retrouve plus les boules* ».
2. Motte (de beurre). « *La Virginie partait au marché avec sa boule de beurre sur la tête* ».
Globalement attesté (connu --> attesté -> inconnu).
Continue les sens de la forme dialectale *bola*.

BOULÉ, adj.

Pommé (en parlant d'un chou ou d'une salade). « *J'engraisse les cochons avec des choux boulés* ».
Connu à partir de 20 ans, attesté au-dessous.

BOULER, v. intr.

Pommer (en parlant des choux, des salades). « *Les salades commencent à bouler* ».
Connu à partir de 40 ans, attesté au-dessous. Continue le sens de la forme dialectale *bolar*.

BOUMIAN, n. m.

Variante : *bougnan*. Romanichel. « *Les boumians se sont installés sur la place* ».
Globalement attesté.
Comme le français bohémien (avec peut-être influence de bougnat pour *bougnan*).
Synonyme : *caraque**.

BOUQUET, n. m.

Fleur. « *Il y a toute sorte de bouquets dans ce jardin* ».
Globalement connu mais à vitalité décroissante (usuel -> connu -> attesté -> peu attesté).

BOURI, adj. et n.

Petit (en parlant d'un enfant, en référence à la taille ou à l'âge). « *T'es qu'un bouri ! De quoi tu te mêles ?* » Peu attesté (mais connu au Chambon).
Du latin *buricus* « petit cheval » (s.d. *boric*).
Synonyme : *boursi**.

BOURNAU, n. m.

Tuyau en ciment. « *On a canalisé l'eau du chemin avec des bournaux* ». Globalement attesté, il est usuel à Yssingeaux et inconnu à Valprivas. D'une base pré-latine **borna* « trou, creux ».

BOUROUETTE, n. f.

Variante : *barouette*. Brouette. « *Je sors toujours le fumier de l'écurie* avec la bourouette* ». Bien connu à partir de 40 ans, connu au-dessous.

BOURRE, n. f.

1. Cheveux. « *Elles sont toujours à se tirer la bourre* ».
2. Loc. verb. Mettre la bourre aux dents. Mettre en colère. « *Elle a le don de te mettre la bourre aux dents* ». Connu.

BOURRER DE + inf., v.

Ne pas parvenir à. « *Ils se sont bien mis à trois mais ils ont bourré de déplacer le char* ». « *J'ai essayé de comprendre ce texte mais j'y ai bourré* ».
Usuel.
Continue la forme dialectale *borrar de.*

BOURRON, n. m.

Amas de poussière, de fil. « *Y a souvent des bourrons sous les radiateurs* ».
Globalement peu attesté. C'est dans l'est du domaine que ce dérivé de *bourre** est le plus vivant (il semble emprunté à la région stéphanoise).

BOURRU, n. m.

Variété de pissenlit. « *Certains mangent les bourrus en salade, moi je les donne aux lapins* ».
Globalement peu attesté.

BOURRU, adj.

1. Aux cheveux crépus (en parlant d'une personne). « *Cette petite est toute bourrue, j'aime pas la coiffer* ».
2. Vigoureux (en parlant du blé). « *Le blé est bourru cette année, il y aura du grain* ».
Connu à partir de 20 ans, attesté au-dessous.

BOURSI, BOURSOU, n. et adj.

Petit (enfant). « *Regarde ce boursou, il trotte déjà* ». Globalement attesté (mais grande variation sur le plan géographique : bien connu à Valprivas, inconnu au Monastier et au Puy).
Du latin *byrsa* « peau, cuir » (s.d. *borsit, borson*).
Synonyme : *bouri**.

BOURSICOTTE, n. f.

Porte-monnaie. « *Tiens la boursicotte ! Je t'ai mis ce qu'il fallait pour acheter le pain* ». Globalement attesté (attesté --> connu -> inconnu).

BOUSOU, n. m.

Désordre. « *Si tu vas chez lui fais attention où tu mets les pieds, c'est le bousou* ».
Inconnu à Valprivas et au Monastier, attesté ailleurs. Probablement de la même famille que le français *bousin* « grand bruit, tumulte ».

BOUTER, v. tr.

Mettre. « *Elles ont bien fait de bouter cette statue dans la chapelle de la Vierge* ».
Globalement connu (connu --> attesté -> peu attesté) mais conservant une forte connotation dialectale. Du francique **botan* « pousser, frapper » (s.d. *botar*). Signalé par Robert 89 avec la mention « régional et vieux » et par TLF avec la mention « régional ».

BOUTON DE VENTRE, BOUTON DU VENTRE, loc. nom.

Nombril. « *Mon bouton de ventre est plus joli que le tien* » (phrase entendue dans une conversation d'enfants).
Globalement usuel, connu chez les moins de 20 ans.

BOUYOU, n. m.

Veau. « *Ils n'ont pas déclaré ce bouyou, ils le gardent pour eux* ». Attesté à partir de 20 ans, inconnu au-dessous.
Du latin *bocula* « génisse » (s.d. *bolhon*).

BOYE, n. f.

Bedaine. « *Avec la boye que tu as, tu fais pas pitié* ».
Connu au Chambon et à Yssingeaux, peu attesté ailleurs, ce mot semble emprunté à la région stéphanoise.
Du latin *botulus* « boyau ».

BRAILLER (SE), v. pron.
Mettre son (un) pantalon. « *A son âge, il sait pas encore se brailler* ».
Connu.

Continuateur de la forme dialectale *se braiar*. Cf *braille* (s). Synonyme : *s'embrailler**.

BRAILLE(S), n. f. s. ou pl., **PAIRE DE BRAILLES,** loc. nom.

Pantalon. « *Enfile ta braille et va voir le temps qu'il fait* ». « *Voilà une jolie paire de brailles ; j'ai envie de les acheter* ».
Globalement bien connu.
Du latin *braca* « culotte, pantalon » (l'emploi du pluriel s'explique par la forme dialectale *braias* f. pl.).

BRAME, n. m.

Cri. « *Il poussait des brames si forts que tout le village l'entendait* ».
Connu à partir de 20 ans, attesté au-dessous. Il est plus vivant dans l'est du domaine et chez les hommes.

BRANLE (JOUER LE -), loc. verb.

Réprimander. « *On va te jouer le branle, je te le garantis, si tu leur dis ça* ».
Connu à partir de 60 ans, peu attesté au-dessous. Il est plus vivant chez les hommes que chez les femmes.
Du germanique **brand* « tison ; épée ».

BRANLI-BRANLANT, loc. adv.

Clopin-clopant. « *Ils sont pas pressés, ils arrivent branli-branlant* ». Bien connu à partir de 20 ans, connu au-dessous. De la même famille que *branle**.

BRANQUE, n. f.

Engin fonctionnant difficilement. « *C'est une branque, tu peux la donner au ferrailleur* ».
Connu à partir de 60 ans, peu attesté au-dessous. C'est au Chambon et au Puy qu'il est le mieux représenté. Il est aussi plus vivant chez les hommes que chez les femmes.
Régionalisme sémantique (cf. français argotique ou familier branque « *individu qui se laisse sottement berner, individu original au comportement imprévisible* »).

BRANSICOLER (SE), v. pron.

Se balancer, se dandiner. « *Arrête de te bransicoler ! Y a trop de travail qui nous attend* ».
Surtout vivant au Chambon et à Yssingeaux (très peu attesté ailleurs), ce mot semble emprunté à la région stéphanoise.
De la même famille que *branle**.

BRASIER, n. m.

Chaufferette. « *On peut encore trouver des brasiers chez les quincaillers* ».
Connu à partir de 20 ans, peu attesté au-dessous.
Continue le sens de la forme dialectale *brasier*.

BRAVE, n. f.

Génisse. « *J'ai acheté une brave à la foire* ».
Connu à partir de 40 ans, attesté au-dessous.
Du latin *barbarus* « sauvage » (s.d. *brava*).

BRAVE, adj.

Grand, gros, sacré (épithète servant à qualifier un terme injurieux). « *C'est un brave cochon après le service que je lui ai rendu de me faire cette réputation* ».
Usuel à partir de 20 ans, attesté au-dessous.

BRAVOUNET, -ETTE, adj.

Joli. « *Il est bravounet ce petit, mais en grandissant ça change* ».
Bien connu à partir de 20 ans, attesté au-dessous.
Continuateur de la forme dialectale *bravonet*, dérivé de *brave*.

BREBIS, n. f. pl.

Moutons. « *On voit moins de troupeaux de brebis que quand j'étais jeune* ».
Cet emploi (usuel) de *brebis* s'explique par le fait que le dialecte utilise lui-même le féminin *fedas* (= brebis) pour désigner l'espèce. Cf. *fèdes*.

BRÉCHU, adj.

Voir *berchu*.

BRICO(U)LOU, n. m.

Personne lente au travail. « *C'est un bricoulou, il met toujours trois fois plus de temps que les autres* ».
Usuel à partir de 20 ans, connu au-dessous.
Du germanique **brihhil* « rompre » (s.d. *bricolon*).
Synonyme : *grabote**.

BRIN, n. m.

Son. « *Les lapins aiment bien le brin* ».
Globalement attesté (connu --> attesté -> inconnu).
Du pré-latin **brenno-* « son » (s.d. *bren*). Robert 89 et TLF signalent les formes *bran* et *bren* avec la mention « régional ».

BRINGAILLER, v. intr.

Nocer. « *Je suis pas de goût* aujourd'hui, j'ai bringaillé toute la*

nuit ». Attesté à partir de 20 ans, inconnu au-dessous.
De la famille de *bringue*.

BRISE, n. f.

Miette, débris. « *Les poissons aiment bien les brises de pain* ». Diminutif *brisou* m.
Globalement connu (bien connu -> connu -> attesté -> inconnu). Il est plus vivant chez les hommes que chez les femmes.
Du latin *brisare* « broyer, écraser » ou du radical gotique **bras-* « charbon ardent » (s.d. *brisa*).

BROCHE, n. f.

1. Aiguille à tricoter. « *J'ai apporté mes broches, je commence un tricot* ».
2. Loc. verb. Faire les broches, lever les broches. Mourir. « *Jean a bien baissé depuis un mois. On se demande s'il va pas lever les broches* ».
Globalement connu (bien connu --> connu -> attesté). C'est au Puy qu'il est le moins vivant.
1. signalé par Robert 89 avec la mention « vieux ou régional ».
Synonymes : 2. *passer**, *petafiner**.

BROUGE (AVOIR LA -), loc. verb.

Ruminer ses pensées. « *Elle a la brouge et ne sort pas de sa chambre* ». Attesté à partir de 40 ans, peu attesté au-dessous. Plus vivant dans l'est du domaine (usuel à Yssingeaux). Déverbal de *bro(u)ger**.
Synonyme : *broger**.

BRO(U)GER, v. tr. ou intr.

1. Penser. « *A quoi tu broges ?* »
2. Réfléchir. « *J'y ai brogé un moment avant de trouver la solution* ».
3. Ruminer ses pensées. « *Depuis qu'elle est veuve, elle s'est mise à brouger* ».
Usuel à partir de 20 ans, connu au-dessous.
Du burgonde **brugdian* « tomber en extase » (s.d. *brojar*).

BROUILLARDS DU RHÔNE (DANS LES -), loc. adv.

On ne sait pas où. « *Il est né dans les brouillards du Rhône* ». Attesté à partir de 20 ans, inconnu au-dessous.

BRU, n. m.

Essaim. « *Il paraît qu'il y avait un bru qui s'était posé sur un arbre de son jardin* ». Globalement attesté. Ce mot est plus vivant

chez les hommes que chez les femmes et conserve une connotation dialectale.
Du latin *bruscum* « nœud de l'érable » (s.d. *brusc*).

BUA, BUJADE, BUYADE, n f.

Lessive. « *Après l'hiver il y avait une grosse bua à faire* ». Globalement connu (usuel -> connu --> attesté) et conservant une connotation dialectale. *Bua* est la forme de l'est, *bujade, buyade* sont celles de l'ouest. Comme le français buée, de **bucata* « lessive » venant lui-même du germanique **bukon* « tremper dans la lessive » (s.d. *buaa, bujada, buiada*).

BUCLAGE, BUSCLAGE, n. m.

Brûlage des soies (du cochon). « *Ça fait une drôle d'odeur le buclage* ». Cf. *bucler*.

BUCLER, BUSCLER, v. tr.

Brûler les soies (du cochon). « *On bucle le cochon au gaz, avant on le faisait avec de la paille enflammée* ». Mots de l'est du domaine, comme la forme dialectale correspondante *bu (s) clar.*
Du latin *ustulare* « brûler ».

BUGNE, n. f.

1. Bosse. « *Il s'est cogné la tête, ça fait une bugne* ».
2. Espèce de beignet. « *Les bugnes c'est un peu lourd pour mon régime* ». Usuel.
D'une base **bunia* « tronc d'arbre » (d'origine incertaine). Signalé par Robert 89 avec la mention « régional » et par TLF sans mention mais avec la précision « spécialité lyonnaise » et l'indication « forme francoprovençale pour *beigne* ».

BUGNER, v.

1. V. tr. Heurter, cabosser. « *Hier il a bugné le portail* ».
2. V. intr. Avoir un accident de voiture. « *Il conduit mal et il a encore bugné en sortant sa voiture* ».
Usuel.
Cf. *bugne* 1.
Synonyme : *embugner**.

BUGOURNER, v. tr.

Voir *bigorgner*.

BURÈÏRE, n. f.

Pot pour conserver la crème. « *La burèïre c'est une biche* aussi* ». Globalement attesté, il a une connotation dialectale.
Du latin *butyrum* « beurre » (s.d. *bureira*).

BURLE, n. f.

Blizzard, tourmente de neige. « *La hurle a formé une congère devant la porte* ».
Usuel.
Déverbal de *burler** (s.d. *burla*).
Synonyme : *sibère**.

BURLER, v. imp.

Faire du blizzard, faire une tourmente de neige. « *Il burle si fort que ça coupe la respiration quand on est dehors* ».
Usuel.
Du latin populaire **bragullare* « crier » (s.d. *burlar*).
Synonyme : *sibérer**.

BUTTE, n. f.

Tronc d'arbre ébranché. « *On voit bien les buttes au bord du bois, elles attendent le transporteur* ».
Usuel à partir de 40 ans, connu au-dessous.
Ce continuateur de la forme dialectale *buta* est classé par FEW sous l'ancien scandinave **butr* « petit morceau de souche ». ALLy V (p. 176) y voit plutôt un continuateur du germanique **buk* « ventre ».

BUYADE, n. f.

Voir *bua*.

ÇA, pron. dém.

1. Ça l'est. C'est lui, c'est elle. Ça les est. C'est eux ou c'est elles. « *Ça les est. Les voilà enfin !* »
2. Ça mien, ça tien... Ce qui est à moi, à toi... (indique la propriété : terrains, affaires). « *Ne touche pas. C'est ça sien* ».
1. Usuel chez les informateurs de plus de 40 ans, connu au-dessous. 2. Usuel.
Calque des tournures dialectales correspondantes (*aquò l'es, aquò mienne*).

CABA(L), n. m.

Entrain de ferme. « *Il a fallu tout vendre, même le caba* ».
Globalement attesté mais inconnu au Puy et gardant une connotation dialectale (s.d. *cabal*).
Du latin *capitalis* « principal ».

CABINET, n. m.

Pièce attenante à la cuisine. « *On mange parfois dans le cabinet en été* ».
Globalement connu (usuel -> bien connu -> attesté).
Continue le sens de la forme dialectale *cabinet*.

CABOCHON, n. m.

Personne têtue. « *Quel cabochon ! Il n'y a pas moyen de la faire obéir* ».
Connu à partir de 20 ans, attesté au-dessous.
De la même famille que le français *caboche*.

CABRETTE, n. f.

Chevrette. « *Une cabrette est en train de manger mes choux !* »
Usuel à partir de 20 ans, bien connu au-dessous.

CACARELLE, n. f.

Excrément de chèvre, de brebis, de lapin. « *Ma soeur disait toujours que les cacarelles c'était des réglisses* ». Bien connu à partir de 40 ans, connu au-dessous (mais inconnu à Valprivas).

Du latin *cacare* « évacuer des excréments » (s.d. *cacarèla*).

CACASSON (À -), loc. adv.

Variante : *à cagasson*. À croupetons. « *Pour ramasser les pommes de terre, je me mets à cacasson* ».
Globalement attesté, mais inconnu au Monastier, ce mot semble emprunté à la région stéphanoise.
Dérivé du latin *cacare* (cf. précédent).

CAFETER, v. intr.

Boire sans cesse du café. « *Quand elles sont ensemble, elles passent leur après-midi à cafeter* ».
Globalement attesté, mais inconnu au Chambon.

CAFETIÈRE, n. f.

Personne buvant beaucoup de café. « *C'est une cafetière, il lui faut son bol de café par heure* ».
Globalement connu. Il est plus vivant chez les femmes que chez les hommes.

CAFI, CLAFI, adj.

Rempli, qui a en abondance. « *Le pré est cafi de sauterelles* ».
Globalement attesté (connu -> attesté --> inconnu). *Clafi* est la forme du Monastier.
Du latin clavo *figere* « fixer avec un clou » (s.d. *c(l)afit*).

CAGNARD, n. m.

Chaleur due à un soleil ardent. « *Quel cagnard aujourd'hui !* »
Connu à partir de 40 ans, usuel au-dessous.
Cf. *cagne*.
Signalé par Robert 89 et TLF avec la mention « régional (...) en Provence et dans le Languedoc ».
Il figure aussi dans les dictionnaires d'argot dans le sens de « soleil », ce qui explique sa vitalité plus grande chez les jeunes.

CAGNAS, -ASSE, n. et adj.

Pauvre. « *Voilà les cognasses, elles sont toujours à se plaindre* ». « *Ça fait cognas ce manteau, on te demandera si c'est un héritage de la grand-mère* ».
Attesté à partir de 20 ans, inconnu au-dessous, mais usuel à Yssingeaux.
Cf. *cagne*.

CAGNE, n. f.

1. Bosse. « *Il a donné un coup de tête à la porte. Ça lui a fait une cagne* ».
2. Eraflure. « *Je voudrais bien savoir qui a fait cette cagne à ma*

voiture ». Globalement usuel. Le 2e sens est moins vivant : il est globalement connu. Du latin populaire **cania* « chienne ».

CAILLÉ, adj.

Ivre. « *A la fin de la fête, il était complètement caillé. Il a fallu qu'on le porte* ».
Connu à partir de 20 ans, peu attesté au-dessous.

CAILLETTE, n. f.

Préparation de charcuterie régionale (viande hachée, choux, épinards, blettes, assaisonnement) formant une boule et entourée de crépine. « *Les caillettes sont souvent un peu épicées, mais si on les sert avec du chou, ça se sent plus* ». « *Tu prendras une caillette pour ce soir* ». Globalement connu mais usuel au Chambon et à Yssingeaux.
Du latin *coagulum* « présure, lait caillé » (s.d. *calhèta*).

CAISSE (ÊTRE EN -, SE METTRE EN -), loc. verb.

Etre, se mettre en arrêt de travail pour cause de maladie. « *Il s'est encore mis en caisse, pourtant il se promène avec sa femme* ».
Usuel. Dans ces locutions *caisse* désigne la Caisse d'Assurance Maladie.

CALCUL DE TÊTE, loc. nom.

Calcul mental. « *Pour le certificat, il fallait être bon en calcul de tête* ». Globalement bien connu.

CALE (À FOND DE -), loc. adv.

À toute vitesse (s'emploie avec les verbes de mouvement). « *Il est parti à fond de cale* ».
Globalement usuel.

CALEND(R)ES, n. f. pl.

Ensemble des six derniers jours de l'année qui finit et des six premiers jours de l'année suivante (d'après lesquels on peut établir la prévision du temps de l'année nouvelle).
« *Les gens savent plus ce que c'est les calendes. Moi je les regarde toujours* ».
Globalement connu, sauf au Chambon où l'on emploie *tempoures**.

CANARI, n. m.

1. Russule jaune.
2. Tricholome équestre. « *Depuis la pluie, les canaris sont sortis* ».
Nom usuel de ces champignons.

CANCORNE, n. f.

Femme qui radote. « *Quelle cancorne ! Elle m'a dit que des balivernes* ».

Inconnu au Monastier et au Puy, ce mot est vivant dans l'est. *Cancorne*, qui signifie « hanneton » dans certain patois, est classé comme mot d'origine inconnue par FEW, comme formation d'origine onomatopéique par ALLy V, p. 370.

CANE, n. f.

Cal, callosité. « *Il a tellement bêché qu'il a pris de la cane* ».
Globalement attesté mais inconnu au Puy.
Continuateur de la forme dialectale *cana*.

CANLHE [kɑ̃j], n. f.

Caille. « *En fauchant le trèfle, j'ai levé une canlhe* ».
Globalement attesté mais conservant une connotation dialectale.
Du latin *quacula* « caille » (s.d. *canlha*).

CANOU, n. m.

Enfant chéri. « *Viens vite manger, mon canou* ».
Globalement connu. En dialecte, ce mot désigne le caneton.

CANQUE, CLANQUE, n. f.

Commère. « *Ces canques sont toujours sur le trottoir* ».
Globalement attesté, mais usuel à Yssingeaux et à Valprivas (sous la forme *clanque*).
Continuateurs des formes dialectales *canca, clanca* (de la même famille que *cancorne**).

CANQUER, CLANQUER, v. intr.

Faire des commérages. « *Elles ont canqué jusqu'à minuit sous la fenêtre* ».
Cf. *canque, clanque.*

CANTINE, n. f.

Boîte en fer blanc dans laquelle on porte de la nourriture. « *En hiver, les enfants portaient leur cantine à l'école* ».
Usuel chez les plus de 60 ans, globalement connu au-dessous.
Signalé par Robert 89 avec la mention « régional Suisse ».

CAQUER, v. intr.

Déféquer. « *Il a caqué sa pleine culotte* ».
Globalement connu. Il est plus vivant chez les hommes que chez les femmes.
Du latin *cacare* « évacuer des excréments ».
Signalé par Robert 89 avec la mention « régional (Est, Bourgogne, Wallonie, Suisse) ».

CAQUEUX, -EUSE, adj.

Plein de caca (en parlant d'un enfant). « *Il est tout caqueux ; on sait pas par où l'attraper* ». Globalement connu.
Cf. *caquer*.

CARAQUE, n. m. ou f.

Romanichel. « *Les caraques sont en route pour les Saintes-Maries* ». Connu à partir de 20 ans, attesté au-dessous (inconnu à Valprivas). Continuateur de la forme dialectale *caraca*, d'origine obscure.
Synonyme : *boumian**.

CARAVIRER, v. tr.

Mettre en désordre. « *Elle a tout caraviré dans ce tiroir* ».
Mot de l'est conservant une connotation dialectale.
Du latin *cara* « visage » et *vibrare* « osciller, vibrer » (s.d. *caravirar*).

CARCAN, n. m.

Crottes ou boue collées aux poils des animaux. « *S'il empaillait*plus souvent ses bêtes, elles auraient moins de carcans* ». Globalement attesté. C'est un mot du vocabulaire rural, ce qui explique qu'il soit inconnu au Puy et des plus jeunes.
Continue le sens de la forme dialectale *carcan*.

CARCANDOU, -OUSE, adj.

Crotté. « *Cette vache est bien carcandouse, on n'arrive pas à l'étriller* ». Globalement peu attesté.
Dérivé de *carcan** (s.d. *carcandós*).

CARCAVÉ, n. m.,
CARCAVELLE, n. f.

Personne hésitante. « *Cette carcavelle est toujours en train de ravauder* ». Attesté à partir de 40 ans, peu attesté au-dessous.
Du latin populaire **cascabellus* « cloche » (s.d. *carcavèl*).

CARCAVELER, v. intr.

1. Tousser. « *Quand je sens que je vais carcaveler, je suce des cachous* ».
2. Hésiter. « *Tous les matins il carcavèle pour choisir une cravate* ». Attesté à partir de 60 ans, peu attesté au-dessous.
Cf. *carcavé* (s.d. *carcavelar*).

CAROTTE, n. f.

1. Carotte, carotte jaune. Betterave fourragère. « *Les carottes c'est bon pour les vaches* ».
2. Carotte rouge. Betterave rouge. « *Les carottes rouges se mangent surtout cuites* ».

Usuel à partir de 60 ans, connu au-dessous. Il est plus vivant chez les femmes que chez les hommes. Continue les sens de la forme dialectale *caròta*.
2. signalé par Robert 89 avec la mention « régional (Suisse, Savoie) ».

CARRÉ, n. m.

Maison d'habitation (carrée) attenante à l'étable. « *Le carré est en bon état, mais le mur de l'étable fait ventre* ».
Globalement connu (usuel -> connu --> attesté).

CASTOU, n. m.

Box des veaux, chèvres... « *Le castou des veaux est au fond de l'écurie* ». Connu à partir de 40 ans, attesté au-dessous.
Du latin *castrum* « forteresse » (s.d. *caston*).

CATON, n. m.

1. Grumeau, agrégat. « *Tu l'as pas assez tournée cette sauce, y a des catons* ».
2. Caillou, projectile. « *Ils vont arriver à casser un carreau avec leurs catons* ».
Ce mot, globalement attesté mais plus vivant dans l'est, semble emprunté à la région stéphanoise. Du latin populaire **coactitare* « comprimer ».

CAVALER, v. intr. ou pron.

Se chevaucher (en parlant des vaches, en particulier lorsqu'elles sont en chaleur). « *Les vaches sortent pour la première fois ; elles cavalent toutes* ». Usuel à partir de 60 ans, connu au-dessous.
Du latin *caballa* « jument » (s.d. *cavalar*).

CAVALOU (À -), loc. adv.

À cheval (en parlant, par exemple, d'un enfant placé sur le dos ou sur les genoux de quelqu'un). « *Prends-moi à cavalou sur ton dos* ».
Connu à partir de 40 ans, attesté au-dessous.
Cf. *cavaler* (s.d. a *cavalon*).

CAYE, n. f.

1. Truie. « *La caye mange parfois ses petits* ».
2. Défaut de labour ou dans un travail. « *En labourant il a attrapé une pierre, ça a fait une caye* ».
Globalement connu (usuel -> bien connu --> attesté). Il est plus vivant chez les hommes que chez les femmes.
D'origine inconnue (s.d. *caia*).

CAYOU, n. m.

Cochon. « *Les cayous se vendent mal cette année* ».
Globalement bien connu

(usuel -> bien connu --> connu). Cf. caye (s.d. *caion*).

CAYOUNÉE, n. f.

Variante : cayounade. Portée de porcelets. « *Elle est mauvaise la caye* quand elle vient de faire sa cayounée, surtout quand on lui enlève ses petits à mesure* ».
Globalement attesté (connu --> attesté -> peu attesté).
Cf. *caye* (s.d. *caiona (d)a*).

CAYOUNET, n. m.

Porcelet. « *Les cayounets sont en train de téter la caye** ».
Globalement connu (bien connu -> attesté -> peu attesté).
Diminutif de *cayou** (s.d. *caionet*).

CÈBE, n. f.

Oignon. « *J'aime mieux les échalottes que les cèbes* ».
Globalement connu mais en déclin régulier (bien connu -> connu -> attesté -> peu attesté) et conservant une forte connotation dialectale.
Du latin *cepa* « oignon » (s.d. *ceba*).

CÉLÈBRE, n. m.

Filou, fripon. « *C'est un célèbre, il faut toujours qu'il fasse quelque chose de plus que les autres* ».
Usuel à partir de 60 ans, connu au-dessous. Il est plus vivant chez les hommes que chez les femmes. Synonyme : *marlou**.

CEMPOTE, n. f.

Tonneau de 110 l. environ. « *On achète encore le vin par cempote dans les fermes* ».
Globalement attesté, mais plus vivant dans l'est du domaine.
Du latin *pottus* « pot » (s.d. *cempòta*).

CENT DU CENT (ÊTRE AU -), loc. verb.

Etre pris en charge à cent pour cent par l'assurance maladie.
« *Depuis qu'il a un cancer, il est au cent du cent* ».
Globalement connu (usuel -> connu --> attesté).

CHA (À - PEU), loc. adv.

Peu à peu. « *Il faut le faire à cha peu, sinon c'est crevant* ».
Globalement attesté, mais inconnu au Puy.
Du latin *cata* « chaque » (s.d. *a cha pauc*).

CHABISSE, CHABUSSE, n. f.

Fane (betterave, carotte, chou).
« *Laissez-moi les chabisses ! Je les donne à mes lapins* ».
Bien connu dans l'est (dans l'ouest on dit *rabisse*).

Dérivé du latin *caput* « tête » (s.d. *chabissa, chabussa*).

CHABRI, n. m.

Chevreau. « *Ça fait pitié de voir ces petits chabris dans les caisses des marchands* ».
Globalement bien connu (usuel -> bien connu -> connu).
Du latin *capra* « chèvre » (s.d. *chabrit*).

CHAGNOTE, n. f.

Petite dent (langage enfantin). « *Il a perdu de jolies chagnotes, les prochaines auront bien vite fait de pousser* ».
Attesté à partir de 20 ans, inconnu au-dessous (ainsi qu'au Monastier).
Ce dérivé du latin *ascalonia* « sorte d'oignon » a probalement été emprunté aux parlers stéphanois et lyonnais (cf. aussi argot *chailles* « dents »).

CHAILLE, CHAILLOU, -OUNE, adj.

Bigarré. « *Ce chat est tout chaillou ; il a les couleurs de son père et de sa mère* ».
Globalement attesté (connu -> attesté --> peu attesté). Il est bien connu au Chambon et au Monastier, mais inconnu à Valprivas.
Continuateurs des formes dialectales *chalha, chalhon.* FEW fait remonter ces formes au latin *quacula* « caille ». On peut les rattacher au thème gaulois **kalio-* qui a donné le français commun (mais d'origine dialectale) *caillou* (cf. ALMC IV, p. 127).

CHAISE, n. f.

1. Tabouret à trois pieds utilisé pour la traite. « *Cette chaise a un pied cassé* ».
2. Selle de vélo. « *La chaise de son vélo est trop haute, il peut pas s'asseoir ; il faut la baisser* ».
Globalement connu (il est peu attesté au Puy, mais usuel à Yssingeaux).

CHALADE, CHALÉE, n. f.

Trace dans la neige. « *C'est plus commode de marcher dans une chalée que d'en tracer une* ».
Chalée est assez vivant dans l'est. *Chalade* est moins vivant dans l'ouest.
Continuateurs des formes dialectales *chalaa* (est), *chalada* (ouest), remontant au latin *callis* « sentier ».

CHALAYE, n. f.

Fougère. « *Dans certains coins les chalayes arrivent à hauteur d'homme* ».
Mot seulement vivant dans l'est du Velay.

Continuateur de la forme dialectale *chalaia* (forme de l'est) d'origine inconnue.

CHALÉ, CHALEIL, n. m.

Lampe à huile. « *Avant l'électricité on s'éclairait qu'avec les chalés* ». Globalement connu (bien connu --> connu -> peu attesté). Du latin *caliculus* « petit calice » (s.d. *chalelh*).
Signalé par Robert 89 avec la mention « régional » et par TLF avec la mention « vieux ou régional ».

CHALILLOU, n. m.

Variante : *chavillou*. Petite lampe à huile ou à pétrole. « *Avec ces chalillous on voyait pas grand chose* ». Moins vivant que *chalé* et conservant une connotation dialectale.
Diminutif de *chaleil* (s.d. *chalilhon*).

CHAMBA, CHAMBADE, CHAMBÉE, n. f.

Champ étroit en terrasse retenu par des murettes. « *Dans les Boutières, il y a presque que des chambas tant les terrains sont en pente* ». Formes globalement connues, mais plus vivantes chez les hommes que chez les femmes. (*Chambade* est la forme de l'ouest, *chambée, chamba* sont les formes de l'est).
Du latin *camba* « paturon du cheval » (s.d. *chamba (d) a)*.

CHANFORGNE, n. f.

Mauvaise musique. « *Baisse ton poste, tu nous casses les oreilles avec cette chanforgne* ».
C'est un mot de l'est du domaine. Même origine que le français *symphonie* (s.d. *chanfòrnha*).

CHANI, adj.

Dur. « *Ta viande est chanie, c'est de la gorre** ».
Globalement attesté, plus vivant chez les hommes que chez les femmes, ce mot est usuel à Yssingeaux et à Valprivas, mais inconnu au Monastier. Du latin *caninus* « de chien » (s.d. *chanin*).

CHANTER, v.

Voir *Manon, vie*.

CHANTOU, n. m.

Pierre d'angle. « *En reculant, il a butté le chantou* ».
Connu à partir de 60 ans, attesté au-dessous (mais inconnu au Monastier). Il est plus vivant chez les hommes que chez les femmes. Du latin *canthus* « cercle de fer, coin de l'œil » (s.d. *chanton*).

CHAPE, n. f.

Appentis. « *Quand le bois est fendu, on le range dans la chape* ».
Mot globalement attesté, mais à vitalité très variable : il est inconnu au Chambon et à Valprivas mais usuel à Yssingeaux.
Du latin *cappa* « capuchon » (s.d. *chapa*).

CHAPIR, v. tr.

Voir *eschupir*.

CHAPLER, v. tr.

Couper, mettre en morceaux. « *On chaple les pommes de terre avant de les semer* ».
Globalement attesté (connu --> attesté -> peu attesté).
Du latin populaire **cappulare* dérivé de **cappare* « châtrer » (s.d. *chaplar*).

CHAPOTER, CHAPUTER, v. tr.

Tailler en menus morceaux. « *Il chapote un morceau de bois pour faire des cure-dents* ».
Mots bien connus dans l'est (dans l'ouest on dit *chapuser**).
Dérivés du latin **cappare*, cf. *chapler* (s.d. *chapotar, chaputar*).

CHAPUSER. v. tr.

Tailler en menus morceaux.
Forme de l'ouest.
Même origine que *chapoter**, *chaputer** qui sont les formes de l'est (s.d. chapusar).

CHAPUTOR, n. m.

Éclat de bois ou d'autre matière que l'on coupe. « *Il faudra ramasser ces chaputors pour allumer le feu* ». Surtout vivant à Yssingeaux et à Rosières (peu attesté ailleurs).
Dérivé de *chaputer** (s.d. *chaputòr*).

CHAR, n. m.

Charrette. « *Un char de foin vient de passer* ».
Usuel. Comme en dialecte, *char* désigne la charrette.

CHARBONNIER, n. m.

Tricholome prétentieux. « *Les charbonniers sont des champignons noirs* ».
Globalement usuel (usuel -> bien connu -> connu -> attesté).

CHARBONNIÈRE, n. f.

Caisse à bois ou à charbon. « *La charbonnière est pleine ; je peux me chauffer quelques jours* ».
Globalement usuel (usuel --> connu -> attesté).

Signalé par Robert 89 avec la mention « régional (Belgique) ».

CHARBONNILLE, n. f.

Variante : *charbonnaille.*
Charbon de bois, braise non consumée. « *Si on rapproche les charbonnilles, la flamme s'élève de retour** ». Globalement connu (usuel --> attesté -> inconnu).
De la même famille que le français *charbon* (s.d. *charbonillia*).

CHARNIER, n. m.

Saloir. « *On met les rosettes* au charnier* ». « *Le charnier est un meuble en bois* ».
Globalement bien connu.
Signalé dans ce sens par Robert 89 et TLF avec la mention « vieux ». C'est également le sens de la forme dialectale *charnier.*

CHARRADE, CHARRÉE, n. f.

Charretée. « *J'ai ramassé une bonne charrée de mais ; les chèvres et les vaches en sont friandes* ». Globalement connu.
Charrade est utilisé dans l'ouest, *charrée* dans l'est.
Dérivés de *char** (s.d. *chara (a)a*).

CHARRÈÏRE, n. f.

1. Chemin à char. « *Il vaut mieux pas que tu t'essayes à passer en voiture dans cette charrèïre, c'est bon que pour nous autres* paysans* ».
2. Terrain abandonné. « *Il était joli ce jardin ; depuis qu'il s'en occupe plus, c'est une charrèïre* ».
3. Cour de ferme. « *On a fait paver la charrèïre* ».
1. Globalement connu (bien connu -> connu --> peu attesté), mais usuel à Yssingeaux. Les 2e et 3e sens sont moins vivants (globalement attestés). Du latin populaire **carraria* « voie carrossable » (s.d. *charreira*).

CHARRETTE, n. f.

Personne bavarde que l'on rencontre et avec qui on fait la causette. « *Tu es bien resté longtemps, tu as rencontré une charrette* ».
Connu à partir de 20 ans, attesté au-dessous (mais usuel au Chambon).
A rapprocher de la locution française être, se mettre en *charrette* « être en retard ».

CHASÈÏRE, CHASIÈRE, n. f.

Cage grillagée ou endroit où l'on fait sécher les fromages. « *En revenant elle est allée mettre ses tommes à la chasèïre, elles*

finiront de se faire ». Attesté à partir de 20 ans, inconnu au-dessous (usuel à Rosières, mais inconnu au Chambon). La forme à suffixe occitan (*chasèïre*) est plus fréquente que la forme à suffixe français (*chasière*).
Du latin *caseus* « fromage » (s.d. *chaseira*).

CHAT, n.m.

1. Loc. verb. *Faire les chats*. Vomir. « *Il est en train de faire les chats, il avait pas assez bu* ».
2. *Queue du chat*, cf. *queue*.
3. *Les chiens font pas des chats*, cf. *chien*.
Globalement connu.
Synonyme : 1. *faire les chiens**.

CHAUCHER, CHOUCHER, v. tr.

Fouler. « *Chouche bien le foin sur le char* pour qu'on puisse en mettre un peu plus* ».
Connu à partir de 20 ans, attesté au-dessous.
Du latin *calcare* « fouler aux pieds » (s.d. *chauchar*).

CHAUD

Voir *mouillé de chaud.*

CHAUDIÈRE, n. f.

1. Chaudron utilisé habituellement pour faire cuire la nourriture des cochons. « *Je fais stériliser mes bocaux de haricots dans la chaudière, quand j'en ai au moins une dizaine* ».
2. Petit bâtiment où l'on fait cuire la nourriture des cochons. « *Avant on faisait la soupe des cochons à la chaudière, maintenant on la loue aux touristes* ».
3. Loc. verb. *Faire cuire la chaudière.* Faire cuire la nourriture des cochons. « *On faisait cuire la chaudière tous les deux jours* ».
Usuel à partir de 40 ans, connu au-dessous. C'est naturellement au Puy que ce terme du vocabulaire agricole traditionnel est le moins vivant. Continue le sens de la forme dialectale *chaudiera*.

CHAUSSINETTE, n. f.

Socquette. « *Il fait meilleur, tu peux mettre tes chaussinettes* ».
Attesté à partir de 20 ans, il est inconnu au-dessous. Il est plus vivant chez les femmes que chez les hommes.

CHAVAGNOT, n. m.

Voir *javagnot*.

CHENEAU, n. f.

Chéneau (n. m.) « *La cheneau est tombée et maintenant l'eau va sur le mur* ». Usuel.
Robert 89 signale *chenau* avec la mention « régional (Suisse) » (cf. aussi TLF en remarque de chéneau).

CHERCHE-ROGNE, n. m. et f.

Personne cherchant noise. « *Elle, y a pas besoin de la voir longtemps pour s'apercevoir qu'elle est une chercherogne* ». Connu à partir de 20 ans, attesté au-dessous.

CHERCHER ROGNE, loc. verb.

Chercher noise. « *Quand il a bu, il cherche rogne après tout le monde* ». Bien connu à partir de 40 ans, connu au-dessous. Locution signalée par Robert 89 dans la rubrique étymologique de *Rogne* 2 avec indication « région de Lyon et de Genève ». TLF signale *chercher des rognes* (populaire).

CHÉVRETON, n. m.

Fromage de lait de chèvre. « *Ils sont bien bons les chévretons de nos voisins* ».
Usuel.

CHIBOTTE, n. f.

Cabane en pierres. « *Les chibottes de Vals sont célèbres* ». Bien connu dans l'ouest du domaine. Peut-être du latin *capanna* « hutte » (s.d. *chibòta*).

CHICOTER, v. tr.

Traire à fond. « *Tu chicoteras bien les chèvres avant de les sortir* ». Mot du vocabulaire rural en usage dans l'ouest et le sud du domaine (ailleurs on dit *sirgotter**).
De la racine expressive *tšikk-* « petit » (s.d. *chicotar*).

CHIÉE, n. f.

1. Chiure (de mouche). « *Il faudra laver ces vitres : elles sont pleines de chiées de mouches* ».
2. Loc. nom. *Chiée de neige*. Epaisse couche de neige. « *Cette nuit il est tombé une bonne chiée de neige ; y en avait presqu'un mètre* ». Globalement bien connu (usuel --> connu -> attesté). Continue le sens de la forme dialectale *chia (d)a*.

CHIEN, n. m.

1. Cliquet d'un treuil. « *Depuis que les tours* des chars ont un chien, on se sert que d'une bille** ».
2. Capitule de la bardane. « *Les chiens se sont accrochés à mon pull* ».

3. Loc. verb. *Faire les chiens.* Vomir. « *Il a trop bu, il fait les chiens* ».
4. Expr. *Les chiens font pas des chats.* C'est impossible. « *Allez, allez, les chiens font pas des chats !* »
Usuel à partir de 60 ans, attesté au-dessous.
Synonyme : 3. *faire les chats**.

CHIER, CHIÈRE, n. m.

Gros tas de pierres. « *C'est tout juste si les framboises poussent pas dans le chier* ».
Globalement connu (bien connu -> connu --> peu attesté).
De **kariu*, variante de la racine pré-indo-européenne **karr-* « pierre » (s.d. *chier*).
TLF signale *cheire* (f.) avec la mention « régional ».

CHIGNON, n. m.

Pimbêche. « *Espèce de petit chignon, tu as pas fini de me regarder comme ça* ».
Bien connu à partir de 20 ans, attesté au-dessous.

CHIMISTRER, v. tr.

Construire avec des moyens de fortune. « *Je ne sais pas ce qu'il a chimistré là-dedans mais ça marche pas* ».
Bien connu à partir de 20 ans, attesté au-dessous.
De l'arabe *al-kimiya* « alchimie » (s.d. *chimistrar*).

CHIORE, n. f.

Chèvre (en emploi péjoratif). « *Si tu veux aller garder cette chiore, surveille-la bien* ».
Mot de l'est du domaine.
Continuateur de la forme dialectale *chiòra* de l'extrémité nord-est du Velay (cf. ALMC 507), du latin *capra* « *chèvre* ».

CHIRON, CHIROU, n. m.

1. Vrillette du bois. « *Mes poutres sont chirounées*, pourtant j'ai jamais vu de chirou* ».
2. Ciron (acarien du fromage). « *Les chirons des fromages font comme de la poudre* ».
1. Globalement attesté (connu --> attesté -> inconnu).
2. Plus rare.
Du francique **seuro* « ver, mite » (s.d. *chiron*).
Synonyme : *artison**.

CHIRONNÉ, CHIROUGNÉ, CHIROUNÉ, adj.

Vermoulu. « *Y en a qui croient que les antiquités sont toujours chirounées ; alors j'ai pris la fraiseuse de mon frère qui est dentiste et j'ai fait des trous à mes meubles* ». Globalement attesté (connu --> attesté -> peu attesté). C'est dans l'est du

domaine qu'il est le plus vivant.
Cf. *chiron* (s.d. *chironat*).

CHIRONNER (SE), SE CHIROUGNER, SE CHIROUNER, v. pron.

1. Devenir vermoulu. « *Il faut traiter ces portes ; elles se chirounent* ».
2. Avoir des rhumatismes. « *Avec l'âge on se chiroune* ».
Cf. *chironné* (s.d. *chironar*).

CHISTRA, n. f.

Voir sistra.

CHOGNER, v. tr.

Mâcher, mastiquer. « *J'arrive plus à chogner la viande quand elle est dure* ».
Globalement attesté.
De la base onomatopéique *ťsun-* (s.d. *chaunhar*).

CHÔMER, v. intr.

1. Se mettre en tas et rester sur place par temps de chaleur (en parlant des moutons). « *Les brebis* chôment plus au mois d'août qu'au mois de mai* ».
2. Se reposer. « *Au lieu de chômer, viens boire un coup avec nous* ».
Globalement connu. Il est plus vivant chez les hommes que chez les femmes.
Continue le sens de la forme dialectale *chaumar*.

CHOU (HUILE DE -), loc. nom.

Huile de colza. « *Elle rajoute toujours un peu d'huile de chou à la vinaigrette* ».
Globalement attesté (usuel -> connu -> attesté -> peu attesté).
C'est dans l'est du domaine qu'il est le plus vivant.

CHOUCHER, v. tr.

Voir *chaucher*.

CHO(U)GNER, v. intr.

Pleurnicher. « *Depuis qu'il a commencé l'école, il n'arrête pas de chogner* ».
Globalement attesté.
Formé sur la base onomatopéique *win-*, ce mot vient probablement de la région stéphanoise.

CHOUNE, adj. f. et n. f.

Mignonne. « *Elle est choune avec ses deux petites couettes* ».
Globalement peu attesté, mais usuel à Yssingeaux.
Probablement de la même famille que *chou*.

CIME, n. f.

Partie supérieure (d'une chose qui n'est pas forcément pointue). « *J'ai mis les tomates à mûrir à la cime du placard* ». Usuel.

CINQ SOUS (FAIRE -), loc. verb.

Serrer la main (en parlant d'un enfant). « *Il m'a fait cinq sous, il est déjà grand* ».
Bien connu.
Dans Le Français Parlé à Poncins en 1984 (p. 165), M. Gonon explique cette locution par le fait qu'au Moyen Age on donnait cinq sous par testament aux personnes apparentées et que ce geste a, par la suite, été perçu comme une marque de parenté ou d'amitié.

CLAFI, adj.

Voir *cafi*.

CLANQUE, n. f.

Voir *canque*.

CLÈDE, n. f.

Barrière. « *N'oublie pas de fermer la clède, sinon les vaches sortiront* ». Globalement connu (bien connu -> connu --> peu attesté) et conservant une connotation dialectale.
Du gaulois **cleta* « claie » (s.d. *cleda*).

CLEDOU, CLIDOU, n. m.

Portillon à claire-voie. « *Il faudrait réparer le cledou du jardin* ». Globalement connu (usuel -> connu --> attesté).
Cf. *clède* (s.d. *cledon*).

CLOCHE, n. f.

Marmite en fonte. « *On fait cuire le rôti dans la cloche* ».
Connu à partir de 40 ans, peu attesté au-dessous. Il est inconnu au Chambon où l'on emploie seulement *coquelle**.
Continue le sens de la forme dialectale *clòcha*.
Synonyme : *coquelle**.

CLOUSSE, n f.

Variante : *cluche*.
1. Poule qui couve. « *La clousse est toujours dans la grange* ».
2. Mère poule. « *Cette clousse, elle a pas encore marié ses enfants* ».
Globalement connu (usuel --> connu -> attesté). *Cluche* est employé au Monastier.
Du latin *glocire* « glousser » (s.d. *clossa, clucha*).

COCHON DE MER, n. m.

Cobaye. « *Les touristes nous ont laissé leur cochon de mer pendant les vacances* ».
Connu à partir de 20 ans, attesté au-dessous.

COCOU, COCU, n. m.

Primevère des prés, coucou. « *Elle m'a ramassé un bouquet de cocous, je les mettrai dans un verre parce que ça n'a pas de longues queues* ». Globalement usuel (usuel --> bien connu -> attesté).
Du latin *cuculus* « coucou » (s.d. *cocut*).

COILEVER, COLEVER, CULEVER, v. tr. ou intr.

1. Basculer (une charrette, un tombereau). « *Le char* a coilevé, on l'avait trop chargé à l'avant* ».
2. Loc. verb. *Colever un canon.* Boire d'un trait un verre de vin. « *Il est à peine midi. On a le temps d'aller colever une paire de canons avant de partir manger* ».
Connu à partir de 40 ans, attesté au-dessous (inconnu au Puy).
Du latin *cauda* « queue » et *levare* « lever » (s.d. *coalevar, còlevar* mot à mot « lever la queue »). *Culever* provient probablement d'un rapprochement avec *cul.*

COIN-COIN-SOUCHE, POING-POING-SOUCHE, n. m.

Jeu consistant à prendre le poing d'une personne comme souche et ses propres poings comme coin et hache (alors que la hache frappe, le coin s'en va et la souche doit être assez rapide pour éviter la hache). « *Y a que les mamies qui savent bien jouer à coin-coin-souche avec leurs petits* ». Connu à partir de 40 ans, peu attesté au-dessous. C'est dans l'est du domaine qu'il est le plus vivant.

COINCHE, n. f.

Jeu de cartes apparenté à la belote et à la manille (le joueur ou l'équipe qui a la main annonce le nombre de points qu'il prévoit de faire). « *La coinche c'est un peu comme la belote* ».
Usuel à partir de 20 ans, connu au-dessous.
Sans doute de la même famille que le français *coincer.*

COINCHER, v. intr.

Surenchérir sur l'annonce faite par l'adversaire en pensant qu'on fera plus de points que lui (au jeu de la *coinche**). « *Alors tu coinches !* »
Cf. *coinche.*

COLÈRE, en loc. verb.

1. *Etre colère*. Etre en colère. « *Il est colère, tu ferais mieux de remettre ta visite* ».
2. *(Se) prendre de colère*. Cf. prendre. Usuel à partir de 40 ans, bien connu au-dessous.
1. signalé comme « vieux ou régional » par Robert 89, sans mention par TLF.

COLLERETTE, n. f.

Epiploon du porc. « *Avec la collerette on fait du gratton*. »
Globalement attesté. C'est dans l'est du domaine qu'il est le plus vivant. Du latin *collare* « collier » (s.d. colereta).

COLEVER, v. tr.

Voir *coilever*.

COLVERT, n. m.

Carotte fourragère. « *On donne des colverts aux vaches en hiver* ». Globalement attesté (connu -> attesté --> peu attesté) mais usuel à Valprivas.
Du latin *caulis* « chou » et *viridis* « vert ».

COMBESSINE, CO(U)RBEC(H)INE, CO(U)RBEBÉC(H)INE, n. f.

Culbute. « *Si tu continues à faire la combessine, tu vas vomir ton souper** ».
Globalement connu, mais en déclin (usuel -> bien connu -> connu -> attesté).
Continuateurs des formes dialectales correspondantes (littéralement courbe + échine).

COMBLER, v. tr.

Enterrer (un animal ou des déchets). « *Le chien est crevé, il faudra le combler* ».
Connu à partir de 20 ans, attesté au-dessous.
Continue le sens de la forme dialectale *comblar*.
Synonyme : *encrouser**.

COMMERCE, n. m.

Démarches. « *Quel commerce j'ai dû faire pour avoir ce papier !* »
Bien connu à partir de 20 ans, connu au-dessous.

COMPASSION (FAIRE -), loc. verb.

Faire de la peine. « *Il fait compassion depuis la mort de sa femme* ». Globalement connu (bien connu -> connu --> peu attesté). C'est au Chambon et à Valprivas qu'il est le plus vivant.

COMPRENOTTE, n. f.

Comprenette. « *J'ai la comprenotte un peu dure, il faut m'expliquer longtemps* ». Globalement connu. Sa vitalité décroît régulièrement (usuel -> bien connu -> connu -> attesté).

COMPTER, v. tr.

Dans l'expression *(ne) plus compter quelqu'un*. Considérer quelqu'un comme moribond. « *On le comptait plus* ». Globalement connu.

CONNAÎTRE, v. tr.

Reconnaître. « *Tu le connais, c'était notre voisin quand on était en vacances* ».
Usuel.

CONSULTE, n. f.

Ordonnance. « *J'ai porté ma consulte au pharmacien* ».
Usuel à partir de 20 ans, peu attesté au-dessous.

COQUELLE, n. f.

Marmite en fonte. « *La viande est bien meilleure cuite dans une coquelle* ».
Globalement connu (usuel --> connu -> attesté).
Dérivé du latin *cucuma* « marmite », ce mot vient de la région stéphanoise. Signalé par Robert 89 et TLF avec la mention « régional, Centre, Franche-Comté, francoprovençal ».
Synonyme : *cloche**.

CORBECHINE (FAIRE LA -), loc. verb.

Voir *combessine*.

CORDE, n. f.

Rouleau de foin. « *Il est allé mettre son foin en cordes, cette après-midi* ». Forme de l'ouest comme en dialecte (s.d. còrda).
La forme de l'est est *roule**.

COTILLON, n. m.

Jupon. « *Je vais prendre un cotillon, j'aurai plus chaud !* »
Globalement bien connu. Sa vitalité décroît régulièrement (usuel -> bien connu -> *connu*).

COUCOUNÉ, adj.

Cajolé, blotti contre. « *Il n'est pas à plaindre ce petit, il est bien coucouné* ».
Bien connu à partir de 20 ans, attesté au-dessous.
Du latin *coccum* « excroissance d'une plante » (s.d. *(a) coconat*).

COUCOURDE, COUGOURLE, n. f.

Courge. « *J'ai acheté une coucourde pour faire de la*

soupe ». « *Tu es bien un peu coucourde de lui dire ça* ». Globalement bien connu (surtout employé au figuré). Du latin *cucurbita* « citrouille, courge » (s.d. *cocorda, cogorla*).

COUDERT, n. m.

Pré communal. « *Le coudert va être vendu pour en faire un lotissement* ». Mot de l'ouest du domaine (la forme dialectale *cuèrc* de l'est n'est pas passée en français régional).
Du gaulois **cotericum* « pré communal » (s.d. *codèrc*).

COUÈÏRE, n. f.

Voir *gouèïre*.

COUFI, adj.

Ridé, desséché (en parlant de légumes ou de fruits). « *Ces pommes de terre sont toutes coufies, on dirait des petites vieilles* ».
Connu à partir de 20 ans, peu attesté au-dessous.
Du latin *conficere* « apprêter » (s.d. *cofit*).

COUFLE, adj.

1. Repu. « *Elle est coufle, elle s'est rempli l'estomac* ».
2. Ivre. « *Il est coufle, il a pas assez bu !* »
On entend aussi le diminutif *couflette*.
Usuel à partir de 20 ans, connu au-dessous.
Comme en dialecte (*cofle* m., *cofla* f.), adjectif déverbal (appelé aussi participe tronqué).
Cf. *coufler*. Synonyme : *fioule**.

COUFLER, v.

1. Saouler, fatiguer. « *Arrête de dire des sottises ! Tu me coufles* ».
2. Empl. pron. S'enivrer. « *Il se coufle à la bière* ».
Globalement connu. Sa vitalité décroît régulièrement (usuel -> bien connu -> connu -> attesté).
Du latin *conflare* « souffler » (s.d. *coflar*).
Synonymes : 2. *s'enfiouler*, se fiouler**.

COUFLEUR, n. m.

Bonimenteur. « *Mais qu'il est coufleur ! Je me demande s'il pense qu'on croit tout ce qu'il raconte* ». Connu à partir de 20 ans, attesté au-dessous.
Cf. *coufler*.

COUGNÈRE, n f.

Congère. « *On ne peut plus sortir la voiture, il y a des cougnères de deux mètres de haut* ».
Globalement attesté mais inconnu au Puy et conservant

une connotation dialectale.
Du latin *congeries* « tas, amas » (s.d. *conheira*).

COUITER (SE), v. pron.

Voir *s'acouiter*.

COULADOU, COULO(I)R, COUVAÏRE, n. m.

Filtre à lait. « *Je mets toujours un peu de coton au fond du couloir pour que mon lait soit bien propre* ».
Globalement connus, mais en déclin régulier.
Coulo(i)r est la forme de l'est (s.d. *colòr*), *couladou, couvaïre* sont les formes de l'ouest (invariants patois).
Couloir est signalé par TLF avec la mention « spéc. ».

COULER, v. tr.

Passer (le lait). « *Il faut couler le lait dès qu'il est trait pour que les microbes ne puissent pas se développer* ».
Globalement connu (bien connu -> connu --> peu attesté).
Signalé par Robert 89 avec la mention « rare et techn. en fr. de Suisse » et par TLF avec la mention « vieux ».

COUP (FAIRE -), loc. verb.

Placer un objet au-dessous de celui qui sera martelé afin de maintenir ce dernier en place. « *Il a mis son marteau par-dessous pour faire coup* ».
Globalement connu, mais en déclin régulier (usuel -> bien connu -> connu -> attesté).

COUP (TOUT PAR UN -), loc. adv.

Tout à coup, brusquement. « *Il est arrivé tout par un coup, sans prévenir* ».
Connu à partir de 20 ans, peu attesté au-dessous.

COUPER (PAS EN - UNE), loc. verb.

Ne pas travailler. « *Y a pas moyen de lui faire faire quelque chose, il veut pas en couper une* ».
Attesté à partir de 20 ans, inconnu au-dessous ainsi qu'à Valprivas.

COUQUEMELLE, n. f.

Coulemelle. « *Avec cette pluie les couquemelles ont poussé même dans le jardin* ».
Mot de l'extrémité est du domaine ; ailleurs on emploie *bergère**.
Du latin *cucuma* « marmite » (s.d. *cocamèla*).
Synonyme : *bergère**.

COUQUETTE (FAIRE -), loc. verb.

Apparaître et se cacher aussitôt (dans les jeux enfantins). « *Viens faire couquette* ».
Globalement attesté (connu --> peu attesté -> inconnu) et plus vivant dans l'ouest du domaine.
De la même famille que le français *coucou* (s.d. faire *coqueta*).

COURA, COURADE, n. f.

1. Poumon du porc. « *La courade, c'est spongieux* ».
2. Saucisse à base de poumon. « *Oh ! On a fait aussi quelques courades. Ça ramasse la mauvaise viande* ».
Coura est la forme de l'est (s.d. *couraa*), *courade* celle de l'ouest (s.d. *corada*).
Du latin *coratum* « fraise (boucherie) ».

COURATE (AVOIR LA -), loc. verb.

Ne pas rester en place. « *Tu as la courate, tu n'es jamais chez toi* ».
Connu à partir de 20 ans, attesté au-dessous (mais inconnu au Monastier). Cf. *courater*.

COURATER, v. intr.

1. Se déplacer souvent. « *C'est souvent qu'il courate* ».
2. Courir les filles ou les garçons (en parlant de l'un ou l'autre sexe). « *Il est toujours à courater après quelques jupons* ».
Usuel à partir de 20 ans, connu au-dessous.
De la même famille que le français *courir* (s.d. *corratar*).

COURATIER, -IÈRE, n.

Personne qui court après l'autre sexe. « *Ça en fait déjà trois que tu laisses tomber ! T'es un couratier* ».
Connu à partir de 40 ans, attesté au-dessous. C'est dans l'est du domaine qu'il est le plus vivant (s.d. *corratier*).

COURBEBECHINE (FAIRE LA), loc. verb.

Voir *combessine*.

CO(U)RGNOLE, CO(U)RGNOVE, n f.

Trachée artère. « *Il a coupé la corgnole du cochon en le saignant* ». Globalement connu (usuel --> connu -> attesté).
Courgnove est la forme de l'ouest.
Du latin *corneolus* « cartilagineux » (s.d. *cornhòla, cornhòva*).

COURS DE VENTRE, loc. nom.

Diarrhée. « *Ces prunes m'avaient donné la cours de ventre* ».

Connu à partir de 60 ans, peu attesté au-dessous. Il est plus vivant chez les hommes que chez les femmes.
Du latin *cursus* « cours, course ».
Le français régional a gardé à *cours* le genre féminin de la forme dialectale (le français a employé cette locution mais avec le genre masculin).
Synonyme : *fouire**.

COURSIÈRE, n. f.

Raccourci. « *Quand je suis à pied, je prends toujours la coursière* ».
Usuel à partir de 20 ans, connu au-dessous.
Du latin *cursus* « course » (s.d. *corseira*).

COURT (ÊTRE - DE), loc. verb.

Etre à court de. « *Cette année on risque d'être court de foin ; ou il faudra en acheter ou il faudra vendre une vache* ».
Usuel à partir de 20 ans, inconnu au-dessous.

COURTISSOU, adj. m.

Légèrement trop court. « *C'est un peu courtissou, mais la mode s'est raccourcie, alors ça pourra faire* ». Globalement peu attesté.

COUSU, adj.

Qui n'a plus de ressource (s'emploie particulièrement dans les jeux de société). « *Tu as trois dames, j'ai plus qu'un pion ; je suis cousu* ».
Usuel à partir de 20 ans, attesté au-dessous.

COUTEAU, n. m.

1. Coutre de la charrue. « *Le vieux brabant* traîne dans la chape* ; les versoirs et les couteaux sont tout rouillés* ».
2. Couteau à deux manches. Plane. « *Avec les scies sauteuses, maintenant on n'a plus besoin des couteaux à deux manches* ».
Globalement connu, mais en déclin régulier (usuel -> connu --> peu attesté). Il est plus vivant chez les hommes que chez les femmes.

COUTIER, n. m.

Coffin. « *On met la meule dans le coutier* ».
Mot de l'ouest (le mot correspondant de l'est est *gouèïre**).
Du latin *cotarium* « coffin » (s.d. *cotier*).

COUTILLÈRE, n f.

Couteau à grande lame. « *Pour ramasser les barabans*, je prends une vieille coutillère* ».

Surtout vivant au Chambon et à Yssingeaux.
De la famille de *couteau* (s.d. *codlheira*).

COUVAÏRE, n. m.

Voir *couladou*.

COUVERT, n. m.

Couvercle. « *Mets un couvert à la casserole* ».
Connu à partir de 20 ans, attesté au-dessous.

COUVIGE, n. m.

Réunion de femmes se rassemblant pour discuter et travailler manuellement (elles faisaient autrefois de la dentelle, maintenant elles tricotent, ravaudent...). « *Il n'y a plus grand monde au couvige, je n'y ai vu que deux ou trois commères* ».
Mot en déclin comme la réalité (usuel -> connu --> peu attesté) et plus vivant dans l'ouest du domaine où l'on connaît aussi le mot *trabailladou* (peu attesté).
Du latin populaire **convitare* « convier » (s.d. *covige*).

CRA (ÊTRE À -), loc. verb.

Etre harassé. « *Je suis à cra, je ferai pas un kilomètre de plus* ».
Connu à partir de 20 ans, peu attesté au-dessous.
Du moyen anglais (to) *crasen* « briser, écraser » (même famille que le français *écraser*).

CRAINDRE, v.

1. V. tr. Ne pas supporter. « *Je crains le lard, c'est trop gras pour moi* ».
2. V. intr. Etre délicat. « *Il faut pas craindre pour s'occuper du troisième âge* ».
3. *(Ça) craint pas que*. C'est impossible que. « *Craint pas que j'y aille, j'ai autre chose à faire* ».
Usuel.

CRAINTE (PORTER -), loc. verb.

Voir *porter*.

CRAPADOU (À -), À CRAPAU(O)DOU, loc. adv.

À quatre pattes. « *Il sait pas encore marcher mais à crapaudou, il a vite fait du chemin* ».
Globalement connu (bien connu -> connu --> attesté) et conservant une connotation dialectale.
De la famille de *crapaud* (s.d. *a crapaudon*).

CRAPOU, n. m.

Croupion, coccis. « *Je suis tombé sur le crapou et j'ai mal aux reins maintenant* ».

Attesté à partir de 60 ans, peu attesté au-dessous (bien connu cependant au Monastier et au Puy). Continuateur de la forme dialectale *crapon*.

CRÉQUER, CRIQUER, v. tr.

1. Coiffer. « *Je te créquerai mais à ton âge tu pourrais le faire seule* ».
2. Empl. pron. Se coiffer. « *Viens te créquer que tu ressembles à une graille** ».
Globalement attesté mais bien connu au Chambon.
De la base onomatopéique *krikk-* (s.d. *crecar*).

CRÊTE DE COQ, n. m.

Clavaire (*Sparasis crispa*).
« *Les crêtes de coq sont des champignons peu réputés* ».
Globalement connu. Sa vitalité décroît régulièrement (bien connu -> connu -> attesté -> peu attesté).

CRÊTER, v. tr.

Côcher. « *Ce coq est encore jeune. Il commence juste à crêter les poules* ». Ce mot de vocabulaire rural (de la famille de *crête*, s.d. *crestar*) est attesté à partir de 20 ans, inconnu au-dessous ainsi qu'au Puy.

CREVER, v. intr.

S'éteindre. « *Mets encore une bûche, puis on laissera le feu crever* ».
Bien connu à partir de 60 ans, connu au-dessous.
Continue le sens de la forme dialectale *crebar*.

CRIMER, v. intr., SE CRIMER, v. pron.

Brûler. « *Ma casserole s'est toute crimée pendant que je téléphonais* ». Globalement attesté (connu --> attesté -> inconnu). Du latin *cremare* « brûler » avec influence possible de *rimare* « fendre, creuser » (s.d. *crimar, cremar*).

CRIQUE, n. f.

Préparation culinaire à base de pommes de terre râpées et d'œufs battus. « *Avec ce reste de patates tu feras une crique* ».
Mot de l'extrémité est du domaine et plus vivant chez les femmes que chez les hommes.
De la base onomatopéique *krikk-* (s.d. *crica*).
Synonymes : *râpée**, *tourteau**.

CRIQUER, v. tr.

Voir *créquer*.

CROS, n. m.

Silo. « *Tu mettras les carottes dans le cros, elles se conserveront mieux* ». Globalement connu, mais en déclin régulier.
Du gaulois **krosu-* « creux » (s.d. *cròs*).
Synonyme : *crousa(de)**.

CROUEIL, adj.

Chétif. « *Il est pas bien portant cet enfant, il est croueil à faire peur* ».
Diminutif : *crouillet*.
Globalement attesté mais très vivant dans l'est du domaine.
Du gaulois **crodios* « dur » (s.d. *croèi*).

CROUSA, CROUSADE, n. f.

Silo. « *On a fait deux crousades de patates* ».
Globalement connu, mais en déclin régulier. *Crousa* est utilisé dans l'est, *crousade* dans l'ouest.
Du gaulois **krosu-* « creux » (s.d. *crosa(a)a)*.
Synonyme : *cros**.

CUCHOU, n. m.

Variante : *cuchon* (on rencontre plus rarement le féminin *cuche*).
Tas. « *Il a fait des cuchous de fumier dans ses prés* ».
Connu à partir de 20 ans, attesté au-dessous, mais inconnu au Monastier. Il est plus vivant chez les hommes que chez les femmes et conserve une connotation dialectale.
Du gaulois **kukka* « sommet » (s.d. *cuchon*).

CUEUILLÈRE, n. f.

Cuillère. « *Il commence à manger à la cueuillère* ».
Globalement bien connu (usuel -> bien connu -> connu).

CUILLER, n. m.

Cuillère. « *Passe un cuiller, on se servira de confiture* ».
Bien connu à partir de 40 ans, connu au-dessous.
A conservé le genre (masculin) de la forme dialectale *culhier*.

CUISINER (SE), v. pron.
Cuisiner pour soi (utilisé par des personnes vivant seules). « *Je me néglige pas, je me cuisine* ».
Globalement attesté.

CUL-BLANC (FAIRE -), loc. verb.

Faire cul-sec. « *Il a levé son verre et fait cul-blanc* ».
Globalement attesté (inconnu au Chambon et à Rosières).

CULEVER, v. tr.

Voir *coilever*.

CULOTTES, n. f. pl.

1. Culotte. « *Il en a fait les pleines culottes* ».
2. Pantalon. « *Depuis que les femmes ont pris les culottes, il leur manque que la barbe* ».
Usuel.
Est utilisé avec le nombre (pluriel) de la forme dialectale correspondante (*braias*).

CULTIVATEUR, n. m.

Extirpateur. « *Le cultivateur servait surtout pour se débarrasser du grame** ».
Connu à partir de 20 ans, peu attesté au-dessous (inconnu au Puy). Il est plus vivant chez les hommes que chez les femmes.

CURER, v. tr.

Enlever le fumier. « *On cure les vaches trois fois par jour* ». « *Il est allé curer aux vaches* ».
Connu à partir de 20 ans, attesté au-dessous.

DAILLE, n. f.

Faux. « *Devant la maison c'est trop pentu pour passer la tondeuse, aussi on y va à la daille* ».
Bien connu à partir de 20 ans, attesté au-dessous, ce mot conserve une connotation dialectale.
Du latin populaire **dacula* « faux » (s.d. *dalha*).
Signalé par Robert 89 et TLF avec la mention « régional ».

DARBON, DARBOU, DERBOU, n. m.

Taupe. « *Les darbous font du joli travail dans les prés !* »
Connu à partir de 40 ans, attesté au-dessous et gardant une connotation dialectale. *Darbon* est la forme de l'extrémité est (Valprivas notamment).
De la base préromane **darbo* « taupe » (s.d. *darbon*).

DARBOUNIER, DERBOUNIER, n. m., **DARBOUNIÈRE, DERBOUNIÈRE,** n. f.

Taupinière. « *Les darbounières esquintent les lames de la tondeuse* ». Dérivés de *darbou** ou *derbou** (s.d. *darbonier, darboneira*).

DAROCHER (SE), SE DÉRO(U)CHER, v. pron.

Tomber. « *Ce garagnas* s'est encore daroché* ».
Globalement attesté, ce mot est surtout vivant dans l'ouest et conserve une connotation dialectale.
Du latin **rocca* « roche » (s.d. *deirochar*).

DE

Voir parents (de -), autrement (d'-), reste (de -), trop (de -), vers (de -).

DEBADE, conj.

Cependant. « *L'assurance a remboursé une bonne partie de ce qui a été détruit par l'incendie, debade ça rend pas les photos et tous les souvenirs de famille qu'on peut avoir dans une maison* ». Globalement attesté (connu --> attesté -> inconnu) et conservant une forte connotation dialectale. De l'arabe *batil* « oisif, faux » (s.d. *debada*).

DÉBALLER (SE), v. pron.

Tomber. « *Elle s'est déballée dans la rue* ». Mot de l'ouest du domaine (s.d. *se desbalar*).

DÉBAR(O)ULER, v. tr. ou intr.

Tomber en roulant. « *Regarde-le ! Il débaroule vers la route* ». « *Le petit a débarulé les escaliers* mais il ne s'est pas fait mal* ». Bien connu à partir de 20 ans, connu au-dessous. Régionalisme emprunté aux régions stéphanoise et lyonnaise. De même origine que les formes autochtones et synonymes *barionler**, *bar (o) uler**. Signalé par Robert 89 avec la mention « régional ».

DÉBARRASSER (SE), v. pron.

1. Vomir. « *Si tu sens que tu vas te débarrasser, prends une bassine* ».
2. Aller à la selle. « *Je me suis bien débarrassé* ».
Surtout vivant au Chambon, il est globalement attesté (connu -> attesté --> peu attesté).

DÉBÉLOISE, DÉMÉLOISE, n. f.

Cafetière. « *Maintenant elle se sert plus de sa débéloise ; mais elle l'a mise sur son buffet pour faire joli* ». Globalement attesté (connu -> attesté -> peu attesté -> inconnu). Du nom de l'inventeur (du Belloy) (cf. TLF *débéloire*).

DÉCABALER, v. intr.

Quitter une ferme, déménager. « *Ils décabaleront dans le courant du mois* ». Mot de l'est du domaine gardant une connotation dialectale (s.d. *deicabalar*). Cf. *caba* (s.d. *deicabalar*).

DÉCROCHER, v. tr. ou intr.

1. Provoquer des maux de ventre. « *Les escargots ça me décroche toujours* ».
2. Provoquer une expectoration. « *Ton rhume mûrit : quand tu tousses, ça décroche* ».

Globalement peu attesté (attesté -> peu attesté).
TLF signale les locutions avoir, se sentir l'estomac tout décroché avec la mention « régional ».

DEDANS, prép.

Dans. « *L'aiguille est tombée dedans le trou, on la retrouvera pas* ».
Globalement bien connu (usuel -> bien connu --> connu).
Signalé par TLF et Robert 89 en ce sens et avec la mention « vieux ».

DÉDITE, n. f.

Congé (en parlant d'un logement). « *Le propriétaire demande trois mois de dédite* ».
Globalement connu (bien connu --> connu -> inconnu).
Signalé par Robert 89 avec la mention « régional Suisse ».
Ce mot, qui a la même origine que le français *dédit*, continue la forme dialectale *deidita* (f.).

DÉFAIRE, v. tr.

1. Ecosser. « *On va défaire les pois pour ce soir* ».
2. Empl. pron. Se déshabiller. « *Le médecin m'a dit : « Défaites-vous, je vous ausculterai* ».
Connu à partir de 20 ans, attesté au-dessous. C'est dans l'est du domaine qu'il est le plus vivant.
2. signalé par TLF avec la mention « vieilli ».

DÉFILER, v. tr.

Effiler. « *Il faut défiler ces haricots* ». Connu à partir de 60 ans, attesté au-dessous.

DÉFORTUNÉ, adj.

Qui n'a pas de chance. « *Ces gens sont défortunés* ».
Globalement attesté (connu -> attesté -> peu attesté) et conservant une connotation dialectale.

DÉGRAISSAGE, n. m.

Nettoyage à sec. « *J'ai porté mon costume au dégraissage* ».
Usuel.

DÉGRAISSER, v. tr.

Nettoyer à sec. « *Elle a fait dégraisser ses rideaux* ».
Usuel.
Signalé par TLF avec la mention « régional (Lyonnais) ».

DÉGRENÉS (POIS -), n. m.

Petits pois. « *Avec des lardons, les pois dégrenés sont fameux* ».
Globalement connu (usuel -> bien connu -> attesté).

DÉJEUNER, v. intr.

Prendre le repas du matin. « *On déjeune vers huit heures, on n'est pas vaillant pendant les vacances* ». Usuel.
Signalé par Robert 89 avec la mention « vieilli ou régional (Nord, Belgique, Canada) » et par TLF avec la mention « vieux, régional ».

DÉJEUNER, n. m.

Petit déjeuner, repas pris vers 8 h. « *Quand elle se lève, elle n'a pas faim ; elle ne prend rien pour son déjeuner* ». « *Pour le déjeuner, on mange généralement du lard, de la charcuterie et de la soupe* ». Usuel.

DÉLIÉE, n. f.

1. Séance de labourage avec l'attelage. « *Après une bonne déliée, les vaches étaient fatiguées* ».
2. Demi-journée de travaux aux champs. « *En une déliée on aura fini et on pourra aller à la vogue* ce soir* ».
Globalement attesté et conservant une connotation dialectale. Il est surtout vivant dans l'est du domaine et chez les hommes.
Du latin *ligare* « lier » (s.d. *deliaa*).

DÉMÉLOISE, n. f.

Voir *débéloise*.

DEMI-HEURE, n. f

Une demi-heure (l'article indéfini n'est pas exprimé). « *On se retrouve là dans demi-heure* ». « *J'ai planté* demi-heure et quand j'en ai eu assez de faire le poireau, je suis parti* ». Usuel.
Signalé par TLF avec la mention « vieilli ».

D'EN-BAS, loc. nom.

Bas. « *On fauchera d'abord le d'en-bas et on fera le d'en-haut* qu'à la fin* ».
Bien connu à partir de 40 ans, connu au-dessous et conservant une connotation dialectale. Continue la forme dialectale le *d'en-bas*.

D'EN-HAUT, loc. nom.

Haut.

DÉPARLER, v. intr.

1. Parler à tort et à travers. « *Tu sais même pas ce que tu racontes, tu déparles sans arrêt* ».
2. Délirer. « *Pendant sa fièvre, elle déparlait complètement* ».
Globalement connu (usuel -> bien connu -> attesté -> peu attesté).
1. signalé par Robert 89 avec la

mention « vieilli ou régional » et par TLF avec la mention « régional ».

DÉPIEUTER, DÉPIOTER, v. tr.

1. Enlever la peau. « *Quand je tue les lapins, je les dépieute et je laisse la peau pour le pataire** ».
2. (Emploi métaphorique) dépouiller, faire le compte de. « *Avant de faire ce gâteau, il faut que je dépieute la recette* ».
Surtout vivant dans l'est, en particulier au Chambon.
Dérivé du latin *pellis* « peau ».

DÉPITRONÉ, DÉPITROUGNÉ, adj.

Qui a la chemise ouverte (sur torse nu) ou un décolleté profond (en parlant d'une femme). « *Tu vas prendre froid, tu es toute dépitrougnée* ».
Globalement attesté (connu --> attesté -> inconnu) mais usuel à Rosières.
Probablement de la famille de *pitre* « poitrine », du latin *pectus* avec influence de *pitrogner** (voir ce mot) (s.d. *despitronhat*).

DÉPROFITER, v. tr.

Gâcher, gaspiller. « *Vos haricots avaient des fils, mais on les a pas déprofités* ». Usuel à partir de 20 ans, connu au-dessous.
Continuateur de la forme dialectale *desprofitar*.

DÉRAMER, v. tr. ou intr.

Défaire et étaler les andains. « *Pour que le foin sèche bien, il fallait déramer* ».
Globalement connu (usuel -> connu -> attesté), surtout vivant dans l'est du domaine.
Dérivé du latin *ramus* « rameau, branche » (s.d. *deiramar*).

DÉRANGEMENT, n. m.

Fait de s'être dérangé. « *Merci d'avoir apporter les œufs et excusez le dérangement : vous avez eu toute la peine* ».
Usuel.

DÉRO(U)CHER (SE), v. pron.

Voir *darocher*.

DÉRUCHER, v. tr.

Écorcer, ôter l'écorce d'un arbre abattu. « *On déruche les buttes* avec un racloir ou avec une hache* ». Globalement attesté, mais bien connu à Yssingeaux.
Cf. ruche.

DÉSHABILLER (SE), v. pron.

Distribuer son bien (avant sa mort). « *Il ne faut pas se déshabiller avant de se coucher* ».

Globalement connu (bien connu -> connu --> peu attesté).

DESSOUS, prép.

Sous. « *Les petits s'amusent avec le chien dessous la table* ».
Bien connu.
Signalé par Robert 89 et TLF avec la mention « vieux ».

DESSUS, prép.

Sur. « *Quand le soleil est dessus le feu rouge, on le voit pas* ».
Bien connu.
Cf. *dessous*.

DÉTRIER, v. tr.

Sevrer (un animal). « *Quand on les détrie, il faut soigner et la mère et le petit* ».
Ce mot du vocabulaire rural est globalement attesté (connu -> attesté -> inconnu). Il conserve une connotation dialectale et il est inconnu au Puy.
De la même famille que le français *trier* (s.d. *destriar*).

DEVINER, v. tr.

Annoncer. « *Ces nuages devinent la pluie* ».
Bien connu à partir de 20 ans, connu au-dessous.

DÉVORER, v. tr.

Gratter sans arrêt. « *Cet eczéma a empiré, ça me dévore, je me fais saigner tout le corps* ».
Globalement connu, inconnu au-dessous de 20 ans.

DIÈNE, DINE.

Voir *nom*.

DÎNER, v. intr.

Prendre le repas de midi. « *C'est midi, c'est l'heure d'aller dîner* ».
Usuel.
Signalé par Robert 89 avec la mention « vieux ou régional (France exceptionnellement ; Belgique, Canada) » et par TLF avec la mention « vieux ou régional ».

DÎNER, n. m.

1. Repas de midi. « *Il est déjà onze heures, j'ai rien de prêt pour le dîner* ».
2. Loc. verb. *Etre de dîner.* Etre invité à un repas. « *Ne compte pas sur moi ce soir ; je suis de dîner* ». Globalement bien connu.

DISTRIBUTION, n. f.

Correction. « *Les enfants ne savent plus ce que c'est qu'une distribution, il leur manque bien quelques volées de bois vert* ».

Bien connu à partir de 60 ans, connu au-dessous.

DIT, n. m.

1. Loc. adv. *Pour le dit*. Pour cette raison. « *Il a fait une bêtise, c'est pour le dit qu'il viendra pas* ».
2. Loc. verb. *Etre le dit*. Etre affirmé, connu. « *Il fréquente*, mais il ne veut pas que ce soit le dit* ».
3. Loc. verb. *Etre pour dit*. Etre d'accord. « *C'est pour dit, vous viendrez manger à la maison* ».
Globalement connu (usuel -> connu --> peu attesté) surtout vivant dans l'est du domaine. Le 3e sens est le moins vivant.

DONDE, adj.

1. Dressé, dompté (en parlant d'un animal de trait). « *On ne pouvait labourer qu'avec les vaches dondes* ».
2. Las. « *Je suis donde, je crois que je vais aller me coucher sans manger* ». Globalement attesté (bien connu -> connu -> attesté -> inconnu).
Du latin *domitus* « dompté, apprivoisé » (s.d. *donde*).

DONDER, v.tr.

Dresser, dompter. « *C'est difficile de donder un jeune poulain* ». Globalement attesté (connu --> attesté -> inconnu) et conservant une connotation dialectale.
Du latin *domitare* « dompter, apprivoiser » (s.d. *dondar*).

DONNER, v. intr.

1. Suppurer. « *Ma plaie donne trop pour que je puisse sortir de l'hôpital* ».
2. Se laisser traire. « *La Barda donne bien* ».
3. Donner à manger (au bétail). « *Il est allé donner aux poules* ».
4. Loc. verb. *Donner la charrée** Tendre le foin sur la charrette avec la fourche. « *En général on donne la charrée* à plusieurs* ».
5. Loc. verb. *Donner des traits*. Voir *traits*.
6. V. imp. Y avoir du mouvement. « *Ça va donner pour sa fête* ».
Usuel. Synonyme : 1. *ramasser**.

DORYPHORE, n. m.

Touriste. « *Les doryphores viennent se reposer quand nous on est en plein boulot* ».
Bien connu à partir de 20 ans, connu au-dessous.

DOUBLE, n. m.

Double décalitre. « *J'ai semé un double de pelouse* ».
Globalement connu (bien connu -> connu --> peu attesté). Il est plus vivant chez les hommes que chez les femmes.

DOUCETTE, n. f.

Mâche. « *Je sème la doucette à la raie* ».
Usuel à partir de 20 ans, attesté au-dessous.
Signalé par Robert 89 avec la mention « régional » et par TLF avec la mention « botanique, usuel ».

DOUIROU, n. m.

Grand récipient en grès (pour le lait). « *Le lait qu'on veut garder pour nous, on le met toujours dans le douirou* ». Mot de l'est du domaine.
Du latin *uter* « outre » avec, pour l'initiale, influence des représentants de *dolium* « cuve à vin » (s.d. *doiron*).

DOURGNE, n. f.

Morceau de bois noueux. « *Tu mettras cette dourgne dans la chaudière : ça tiendra le feu* ».
Globalement attesté (connu -> peu attesté --> inconnu). Il est inconnu au Chambon et plus vivant chez les hommes que chez les femmes.
Du gaulois **durnos* « poing » (s.d. *dornha*).

DRACHE, n. f.

Pulpe dont on a extrait le jus. « *Des oranges je suce le jus et je jette la drache* ».
Globalement connu (usuel -> attesté --> inconnu).
Du gaulois **drasca* « résidu du malt » (s.d. *dracha*).

DRAPÉ, adj.

Rêche, feutré (en parlant d'un lainage). « *Ce tissu est drapé, on ne peut rien en faire* ».
Connu à partir de 20 ans, inconnu au-dessous.

DRAPER, v. intr., **SE DRAPER,** v. pron.

Devenir rêche, se feutrer (en parlant d'un lainage). « *Ce pull a drapé ; il m'est un peu juste* ».
Globalement connu (usuel --> connu -> attesté).
De la famille de *drap* (s.d. *(se) drapar)*.

DRINGOULOU, n. m.

Grelot. « *Depuis qu'il a mis un dringoulou à son chien, on l'entend passer* ».
Globalement attesté, plus vivant dans l'est.
De la base onomatopéique *drin-* (s.d. *dringolon*).

DRISSADOU, n. m.

Dressoir, buffet de cuisine. « *Range l'assiette dans le drissadou* ». Régionalisme phonétique utilisé dans la partie ouest du domaine et conservant une connotation dialectale. Invariant patois correspondant au français *dressoir*.

DRÔLE, n. m. ou f.

1. Jeune homme ou jeune fille. « *La drôle est partie travailler à l'usine* ».
2. M. pl. Jeunes gens. « *Je suis trop vieux, je comprends plus les drôles d'aujourd'hui* ».
Bien connu à partir de 20 ans, attesté au-dessous.
Signalé par Robert 89 avec la mention « moderne et régional (Midi de la France) » et par TLF avec la mention « moderne et régional, ouest et sud ».

DRUGE, n. f.

1. Fumure, engrais. « *Il est allé mettre un peu de druge à son jardin* ».
2. Forme, entrain. « *J'ai la druge chaque fois que j'ai un voyage en perspective* ».
Attesté à partir de 60 ans, peu attesté au-dessous (mais bien connu à Valprivas).
Du gaulois **druto-* « fort » (s.d. druja).

DUELLE, n. f.

Douve, douelle. « *Il faudrait resserrer les duelles du tonneau* ».
Globalement attesté (connu --> peu attesté -> inconnu).
Du latin *doga* « sorte de vase » (s.d. *duèla*).

EAU, n.f.

Voir *tomber*.

EAU BOUILLIE, n. f.

Soupe à base d'eau bouillie. « *Quand on est pressé, une eau bouillie c'est vite prêt : tu fais bouillir de l'eau avec une pincée de sel, tu y ajoutes du pain ou des biscottes et du lait* ».
Usuel à partir de 40 ans, connu au-dessous.
Continuateur de la forme dialectale *aiga bilha*.

ÉBERCHER, v. tr.

Ébrécher. « *J'ai attrapé une pierre et j'ai éberché ma faux* ».
Globalement connu (bien connu --> attesté -> peu attesté). C'est dans l'est du domaine qu'il est le plus vivant.
Du francique **breka* « cassure » (s.d. *esberchar*) (cf. *berche*).

ÉBERGEMENT, n. m.

Voir *abergement*.

ÉBOUILLÉ, adj.

Au corps déformé ou peu svelte (en parlant surtout d'une femme). « *Cette femme n'a pas un joli corps, elle est toute ébouillée* ».
Connu à partir de 40 ans, attesté au-dessous.
Cf. *s'ébouiller*.

ÉBOUILLER (S'), v. pron.

S'écrouler. « *Dans le village, y a beaucoup de maisons qui se sont ébouillées, y avait plus personne pour les entretenir* ».
Connu à partir de 40 ans, attesté au-dessous.
Du latin *botulus* « boyau » (s.d. *s'esbolhar*).

ÉCARPIR, v. tr.

Variante : *écherpir*. Carder, démêler (la laine). « *Quand on refaisait les matelas, il fallait laver la laine puis l'écarpir* ».
Globalement attesté. *Echerpir* est la forme de Valprivas.
De la même famille que le français commun *charpie*, du

latin *carpere* « cueillir, arracher, déchirer » (s.d. *escarpir*).

ÉCARTER, v. tr.

Épandre, étendre. « *Il est allé écarter le fumier ans les prés* ». « *Elle a écarté son linge : elle a dû faire une bonne lavée** ».
Usuel au-dessus de 20 ans, connu au-dessous. Il est plus vivant chez les hommes que chez les femmes. Continue le sens de la forme dialectale *escartar*.

ÉCAVARCHER, ÉCAVARTER, v. tr.

Voir *escavarcher, escavarter.*

ÉCHABISSER, ÉCHABUSSER, v. tr.

Couper la fane. « *Echabisse-moi mes carottes* ».
Connu à partir de 20 ans, attesté au-dessous.
Cf. *chabisse*.

ÉCHALAS, ÉCHARAS, ÉCHARABÉ, n. m.

Longue échelle à un seul montant. « *Pour ramasser les cerises, les échalas sont plus commodes que les échelles* ».
Globalement connus.
Invariants patois dérivés du latin *charax* « echalas ».

ÉCHAMBER, v. tr.

Casser une patte. « *La barre du perchoir est tombée et a échambé une poule* ».
Globalement attesté (connu -> attesté --> inconnu). C'est dans l'est du domaine qu'il est le plus vivant.
Du latin *camba* « paturon du cheval » (s.d. *eschambar*).

ÉCHAMOUSSÉ, adj.

Arrondi, ébréché (en parlant d'un objet pointu ou coupant). « *Si on prend une pointe échamoussée, ça fera pas du bon travail* ».
Cf. *échamousser*.

ÉCHAMOUSSER, v. intr.

Riper, glisser en frottant. « *Je voudrais percer ce carreau, mais ça échamousse* ».
Globalement attesté (connu -> attesté --> peu attesté), mais bien connu à Yssingeaux et à Rosières. Du latin *squama* « écaille » (s.d. *eschamossar*).

ÉCHAPPER, v. tr.

Lâcher, laisser tomber. « *Il a échappé son verre* ».
Globalement connu (usuel --> connu -> attesté).
Signalé comme « régional » par Robert 89, comme « vieux » par TLF.

ÉCHIFF(R)E, n. f.

Écharde. « *En rabotant cette planche je me suis enfoncé une échiffre dans la main* ». Globalement attesté (connu -> attesté --> inconnu).
Du germanique **skifra* « éclat, écharde » (s.d. *eschifra*).

ÉCLAIRER, v. tr.

Allumer (le feu, le poêle...). « *On est fin novembre et on n'a pas encore éclairé le chauffage* ». Globalement connu (bien connu --> connu -> attesté).

ÉCLOP, n. m.

Voir *esclop*.

ÉCLUSE, n. f.

Réservoir d'eau d'un moulin. « *Dans le temps, si l'écluse était vide, on pouvait pas faire moudre son blé* ».
Usuel au-dessus de 20 ans, attesté au-dessous.

ÉCOIN, ESCOUDIN, n. m.

Dosse. « *On fait souvent les clôtures avec les écoins* ». Globalement connu (usuel -> connu --> attesté). *Ecoin* est la forme de l'est, *escoudin* celle de l'ouest.
Du latin populaire **cutina* « peau » (s.d. *escoin, escodin*).

ÉCOLES (ALLER AUX -), loc. verb.

Poursuivre des études secondaires ou supérieures, être instruit. « *Ça fait un moment qu'elle va aux écoles* ».
Bien connu au-dessus de 40 ans, connu au-dessous.

ÉCONOMISER (S'), v. pron.

Epargner sa peine, travailler modérément. « *Te fais pas de souci pour lui ; il s'économise, il prendra pas une hernie* ».
Connu.
Synonyme : *s'épargner**.

ÉCONOMISEUR, n. m.

Éplucheur. « *Avec un économiseur, c'est pas désagréable d'éplucher les salsifis* ». *Econome* est parfois employé dans le même sens.
Connu.

ÉCOULANCHER, v. intr.

Variante : *écouvancher*.
Tomber en glissant. « *Je me suis écoulanché l'autre jour en descendant la côte ; heureusement je me suis pas trop fait mal* ». Globalement attesté (connu --> attesté -> inconnu). C'est dans l'est du domaine qu'il est le plus vivant. Dérivé du latin *colare* « passer, filtrer » (s.d. *escolanchar*).

ÉCOULÉ, adj.

Egoutté. « *Ces tommes sont bien écoulées, je peux les sortir de la faisselle* ». « *J'étends ma lessive quand le linge est bien écoulé* ». Globalement bien connu (usuel -> bien connu --> attesté).

ÉCURIE, n. f.

Étable. « *Les vaches rentrent à l'écurie* ». Usuel.
Signalé dans ce sens comme régional par Robert 89 et TLF.
Synonyme : *étable** (m.).

EFFORT, n. m.

Tour de rein. « *Je peux pas me lever, je me suis fait un effort* ». Connu au-dessus de 60 ans, attesté au-dessous. Bien connu à Yssingeaux, il est plus vivant chez les hommes que chez les femmes. Continue le sens de la forme dialectale *esfòrç*.

ÉGALEMENT, adv.

De toute façon. « *Egalement, le mal suivra son cours même si on l'opère* ». Connu à partir de 60 ans, attesté au-dessous.

ÉJEILLER, v. tr.

Rendre méfiant par suite d'une expérience désagréable. « *Il a eu un accident sur le verglas ; ça l'a bien éjeillé. Maintenant il est prudent sur la route l'hiver* ».
Globalement attesté (connu --> attesté -> peu attesté).
Probablement emprunté à la région stéphanoise.

ÉLANCÉE, n. f.

Douleur aiguë et intermittente. « *J'ai mal à la tête, ça me fait des élancées* ».
Usuel à partir de 20 ans, peu attesté au-dessous.
Synonyme : *piquée**.

ÉLÉVATION, n. f.

Amélioration du temps. « *L'élévation du mercredi soir va jusqu'au jeudi midi* ».
Globalement attesté (connu -> attesté --> peu attesté), surtout vivant dans l'est du domaine.

ÉLEVER (S'), v. pron.

S'éclaircir, se lever (en parlant du temps). « *Ça a commencé à s'élever vers 10 heures et à midi, le soleil brillait* ».
Globalement connu (bien connu --> connu -> attesté).

ÉMASELER (S'), v. pron.

Se fracasser la tête. « *Il va bien s'émaseler avec cette grosse moto* ».
Attesté à partir de 60 ans, peu attesté au-dessous et

conservant une connotation dialectale.
Du latin populaire **macellare* « abattre » (s.d. *s'eimaselar*).

EMBABIOLER, v. tr.

Enjôler. « *Elle s'est laissée embabioler et m'a presque pris toute ma marchandise* ».
Globalement attesté (connu --> attesté -> peu attesté).
Du radical expressif *bab-* (s.d. *embabiaular*).

EMBABIOLEUR, n. m.

Menteur, beau parleur. « *Il faut se méfier de M. Duchamp : c'est un embabioleur de premier ordre !* »
Globalement connu.
Cf. *embabioler*.

EMBACONNER, EMBACOUNER, v. intr.

Sentir mauvais. « *Ils embaconnent avec leur fumée*».
Mot de l'ouest (dans l'est on emploie e*mbo(u) conner**).
Dérivé de *bacon** « lard ».

EMBARGAILLER, v. tr.

1. Barbouiller. « *Il a embargaillé sa sœur de peinture* ».
2. Empl. pron. Se barbouiller.
« *Il s'est tout embargaillé de chocolat* ». Voir *bargailler* (s.d. *embargalhar*).

EMBARGAILLOUSER, v. tr.

Dérivé et synonyme (peu vivant) *d'embargailler**.

EMBARRAS (S'ENLEVER DE L'-), loc. verb.

Éviter d'embarrasser, ne pas rester sur le passage de quelqu'un. « *Enlève-toi de l'embarras, je suis pressée* ».
Bien connu à partir de 60 ans, connu au-dessous.
Calque de la tournure dialectale *se garar de l'empeita* (mot à mot « s'enlever de l'embarras »).

EMBOUCONNER, v. intr.

Sentir mauvais. « *Ça embouconne, ils ont dû écraser des boules puantes* ». Mot de l'est (dans l'ouest on dit *embaconner**).
Du latin *bucca* « bouche » (avec peut-être l'influence de *bouc*) (s.d. *emboconar*).

EMBRAILLER (S'), v. pron.

1. Mettre un (son) pantalon. « *Embraille-toi vite, tes cousins sont déjà là* ».
2. Rentrer le pan de la chemise ou du chemisier dans le pantalon ou la jupe. « *Embraille-toi un peu que tu as l'air tout dépenaillé* ».
Usuel.
Dérivé de *braille** (s.d.

s'embraiar). Synonyme : *se brailler**.

EMBUGNER, v.

1. V. tr. Heurter, cabosser. « *Il a encore embugné sa voiture* ».
2. V. intr., v. pron. Avoir un accident de voiture. « *Ils ont rien trouvé de mieux que de s'embugner* ».

Usuel à partir de 20 ans, connu au-dessous.
Cf. *bugner* (dont c'est le dérivé et le synonyme).

ÈME, n. m.

Variante : *ime*. Jugeotte. « *Quoi que tu lui demandes, il ne sait jamais comment faire, il a point* d'ème* ».
Globalement connu et conservant une connotation dialectale.
Du latin *aestimare* « estimer, faire attention » (s.d. *èime*).

EMOURER (S'), v. pron.

Voir *s'amourer*.

EMPAILLER, v. tr.

Faire la litière. « *Tu vas empailler les vaches puis on mange* ».
Globalement connu (usuel -> connu --> attesté). Il est plus vivant chez les hommes que chez les femmes.
Continue le sens de la forme dialectale *empalhar*.

EMPÊCHER, v. tr. ind.

Empêcher. « *Il faut leur empêcher de passer* ».
Cette tournure, qui était en usage en français classique, est encore bien vivante (usuelle à partir de 20 ans, connu au-dessous).

EMPEGUER (S'), v. pron.

1. S'engluer. « *La mouche s'est empeguée dans la confiture* ».
2. Loc. verb. *Se laisser empeguer. Se laisser prendre.* « *Tu t'es laissé empeguer par ce beau parleur* ».

Globalement connu (bien connu -> connu --> attesté), il est usuel au Chambon et au Puy, et plus vivant chez les hommes que chez les femmes.
Cette forme, qui vient du latin *picare* « poisser », a été empruntée aux parlers du sud (les formes vellaves sont *empejar* et *empegolar*, cf. ALMC 259).

EMPÈÏTADOU, EMPÈÏTOR, n.m.

Personne ou chose embarrassante. « *Pour la fête des mères, elles m'ont apporté un robot : comme je sais pas m'en servir, ça fait un empèïtor de plus* ».
Invariants patois globalement connus et conservant une connotation dialectale :

empèïtadou est la forme de l'ouest, *empèïtor* celle de l'est.

EMPÈÏTE (À L'-), loc. adv.

Sur le passage, de façon gênante, à l'embarras. « *Pour ramasser ses cerises, il se met à l'empèïte ; son char* est sur la route et il met une échelle dessus et quand une voiture arrive il se déplace* ».
Bien connu à partir de 40 ans, attesté au-dessous et conservant une connotation dialectale.
Continuateur de la locution dialectale *a l'empaita* (déverbal *d'empaitar*).

EMPÈÏTER, v. tr.

1. Embarrasser. « *Il faudra brûler tous ces cartons qui nous empèïtent* ».
2. Empl. pron. « *Je m'étais empèïtée dans toutes ces cordes* ».
Globalement connu (usuel -> bien connu -> connu -> attesté) et conservant une connotation dialectale. Du latin populaire **impactare* « empêcher, gêner » (s.d. *empaitar*).

EMPLASTRE, n. m.

1. Emplâtre. « *Pour les rhumatismes, un emplastre soulage de suite* ».
2. Gifle. « *Tu veux un emplastre* ».
Forme du sud et de l'ouest, plus vivante chez les hommes que chez les femmes et gardant une connotation dialectale (s.d. *emplastre*).

EMPLASTRER, v. tr.

Giffler. « *Ce gamin s'est fait emplastrer par sa mère* ».
Forme du sud et de l'ouest conservant une connotation dialectale (s.d. *emplastrar*).

ENALLER (S'), v. pron.

Partir. « *Enallez-vous vite !* »
« *Quand ils ont vu que j'étais malade, ils se sont enallés aussitôt* ».
Globalement connu (bien connu --> connu -> attesté).
Calque de la forme dialectale *s'enanar.*

EN-BAS, n. m.

Rez-de-chaussée. « *C'est l'en-bas qui est humide dans une maison* ». Globalement connu (bien connu --> connu -> attesté).

ENCABALER, v. intr.

Emménager dans une nouvelle ferme. « *On encabale au 25 mars* ».
Mot connu dans l'est du domaine.
Cf. *caba* (s.d. *encabalar*).

ENCABANER, v. tr.

Mettre en prison. « *On se fait pas encabaner pour trois pommes volées à l'étalage* ».
Connu à partir de 60 ans, attesté au-dessous.
Probablement plus populaire ou argotique que régional (cf. en français populaire ou argotique *cabane* « prison »).

ENCAFOURNER (S'), v. pron.

Se cacher, se blottir. « *Je ne trouve pas mon chien. Où est-ce qu'il est allé s'encafourner ?* »
Globalement attesté (connu -> attesté -> peu attesté) et gardant une connotation dialectale.
Du latin *furnus* « four » (s.d. *encafornar*).

ENCANAILLER (S'), v. pron.

Se dérégler, dysfonctionner. « *Ça s'est encanaillé à un point qu'au lieu d'avoir des belles planches bien rabotées, cette machine a sorti que des planches bonnes pour une charpente* ».
Connu à partir de 20 ans, attesté au-dessous.

ENCHAP(L)E, n. f.
Coupant, fil (de la faux). « *Pour enchapler* une faux il faut avoir le coup de main, l'enchaple est difficile à attraper* ».
Surtout vivant dans l'est du domaine.
Déverbal d'*enchap(l)er** (s.d. *enchap(l)a)*.

ENCHAP(L)ER, v. tr.

Battre (la faux). « *Pour enchapler une faux il faut avoir le coup de main, l'enchaple* est difficile à attraper* ». Mot de l'est (le mot correspondant de l'ouest est piquer*). Du latin populaire **cappulare* dérivé de **cappare* « châtrer » (s.d. *enchap(l)ar)*.

ENCROUSER, v. tr.

Mettre en terre (un animal). « *Il est parti encrouser la poule* ».
Globalement attesté, ce mot présente une forte variation sur le plan géographique : usuel à Yssingeaux, il est inconnu à Valprivas et au Puy.
Voir *cros, crousa* (s.d. *encrosar*).
Synonyme : *combler**.

ENFERRER, v. tr.

Mettre l'abot. « *On enferre la jument lorsqu'on la met au pré* ».
Attesté à partir de 20 ans, inconnu au-dessous et surtout vivant dans l'est du domaine.
Du latin *ferrum* « fer » (s.d. *enferrar*).

ENFERRES, n. f. pl.

Abot. « *Pour tenir cette vache, il faudrait lui mettre des enferres comme aux chevaux* ».
Cf. *enferrer* (s.d. *enferras*).

ENFIO(U)LER, v. tr.

Variante : *enfiouver*.
1. Enivrer. « *Vous l'avez enfiolé, il n'aurait pas bu tout seul* ».
2. Fatiguer, ennuyer. « *Elle m'a enfiolé avec son histoire, j'avais pas fini de comprendre le commencement qu'elle en était à la fin* ».
3. Empl. pron. S'enivrer. « *Il s'enfioule tous les dimanches* ».
Bien connu à partir de 60 ans, connu au-dessous. Le 2e sens est moins vivant. Voir *fiouler*.
Du latin *phiala* « coupe servant à boire » (s.d. *enfiolar*).
Synonymes : *coufler*, fiouler**.

ENFLE, adj.

Enflé. « *Mes doigts sont enfles quand je porte mon cartable en hiver* ». Usuel.
Comme en dialecte (*enfle* m., *enfla* f.), adjectif déverbal.

ENGELÉ, adj.

Qui a des engelures. « *Il travaille dehors l'hiver et il a les doigts engelés* ».
Connu.
Signalé par TLF sous engelure (avec une citation de Pomier).

ENLEVER DE DEVANT (S'), loc. verb.

Distancer rapidement. « *Avec sa bagnole il s'enlève de devant, il t'aura vite semé* ».
Connu à partir de 20 ans, peu attesté au-dessous.

ENLEVER DU PAS, loc. verb.

Enlever du passage, débarrasser. « *Enlève-moi ça du pas* ».
Connu.
Calque de la locution dialectale *garar dou pas*.
Synonyme : *garer du pas**.

ENNOGER (S'), S'ÉNOUGER, S'INOUGER, v. pron.

Avaler de travers, s'engouer. « *Je me suis énougé en buvant trop vite* ». Globalement attesté (connu -> attesté -> peu attesté), il a une connotation dialectale.
Du latin populaire **nodicare* « nouer » (s.d. *s'ennojar*).

ENRHUMER À (ou DE) LA TÊTE (S'), loc. verb.
Avoir un rhume de cerveau. « *Elle n'a pas pris son bonnet et elle s'est enrhumée à la tête* ».
Connu.

ENSAUVER (S'), v. pron.

Se sauver, s'en aller. « *Le chien qu'on m'a donné s'est ensauvé* ». Connu à partir de 40 ans, peu attesté au-dessous.
Signalé par Robert 89 avec la mention « régional (emploi rural ou plaisant) » et par TLF avec la mention « vieux, régional ».

ENSUQUÉ, adj.

Voir *assuqué*.

ENTAMER (S'), v. pron.

Prendre des escarres. « *Malgré le matelas anti-escarres, il commence à s'entamer* ». Globalement attesté (connu -> attesté --> peu attesté).

ENTENDU (AVOIR - PETER LE LOUP DANS UNE SONNAILLE), loc. verb.

Avoir tout vu et tout entendu, tout savoir... « *Ne crois pas le surpendre ! Il a entendu peter le loup dans une sonnaille* ». Globalement attesté (connu -> attesté -> peu attesté), surtout vivant au Chambon (bien connu).

ENTER, v. tr.

Refaire le pied (des chaussettes). « *Il faut souvent enter ses chaussettes, elle court toujours sans pantoufle* ». *Ré enter* est également utilisé dans le même sens. Mot en déclin, comme la pratique elle-même (bien connu -> connu -> peu attesté -> inconnu), et conservant une connotation dialectale. Du latin populaire **imputare* « boucher » (s.d. *entar*).

ENTOURNER (S'), v. pron.

S'en retourner, revenir chez soi. « *Quand j'ai vu qu'il commençait à pleuvoir, je me suis entourné* ». Attesté et conservant une connotation dialectale (s.d. *s'entornar*). Synonymes : *se rendre*, se rentourner**.

ENTRABLE, n. m.

1. Entrave mise à un animal. « *On peut pas tenir cette vache : il faudrait lui mettre un entrable* ».
2. Personne qui empêche d'aller de l'avant et, ce faisant, constitue une entrave. « *Avec lui, y a toujours quelque chose qui fait pas : c'est un véritable entrable*». Cf. *entrabler*.

ENTRABLER, v. tr.

1. Entraver (un animal). « *J'ai entrablé ma chèvre* ».
2. Empl. pron. Se prendre les pieds, s'entraver. « *Je me suis entrablée dans ma laine* ».

Globalement attesté, inconnu au-dessous de 20 ans mais usuel à Rosières. Du latin *trabs* « poutre » (s.d. *entrablar*).

ENTRAVERSÉ, adj.

De mauvaise humeur. « *Depuis qu'elle s'est levée, elle est entraversée : pas moyen de la faire obéir* ». Globalement attesté et conservant une connotation dialectale, mais usuel à Rosières.

ENTRE, prép.

Avec, en faisant le total de. « *J'ai acheté un lot de chaussettes et de collants et entre les deux j'ai gagné cent francs* ».
Bien connu à partir de 60 ans, connu au-dessous.

ENTREMI, adv.

Au milieu, dans l'intervalle (ou les intervalles). « *J'ai des rendez-vous, mais on peut se voir entremi* ». Connu à partir de 20 ans, attesté au-dessous et surtout vivant dans l'est du domaine.
Du latin *intermedius* « intermédiaire » (s.d. *entremèi*).

ENTREPRIS, -ISE, adj.

Embarrassé, peu dégourdi. « *Il est trop entrepris pour se présenter seul* ». Connu à partir de 60 ans, attesté au-dessous et plus vivant chez les femmes que chez les hommes.

ÉPARGNER (S'), v. pron.

Ménager sa peine, travailler modérément. « *Te fais pas de souci pour elle, elle sait s'épargner* ».
Bien connu à partir de 20 ans, connu au-dessous.
Synonyme : *s'économiser**.

ÉPARPAILLER, v. tr.

Eparpiller. « *Il ne faut pas tout éparpailler, mais ranger ses affaires comme il faut* ».
Connu à partir de 40 ans, peu attesté au-dessous.
Continuateur de la forme dialectale *esparpalhar*.

ÉPELÉ, adj.

Voir *espelé*.

ÉPIPIOUNER, v. intr.

Voir *pepiouner*.

ÉPOUSSES, n. f. pl.

Voir *apous*.

ÉQUERRE (ÊTRE D'-), loc. verb.

Etre en forme (surtout employé négativement). « *Je pensais*

aller à la piscine mais je suis pas d'équerre ». Globalement attesté et plus vivant chez les hommes que chez les femmes.
Cette locution est signalée par TLF avec la mention « régional (Canada) ».

ERGNE (FAIRE L'-), loc. verb.

Exciter, provoquer (une bête). « *Ce chien aime pas qu'on lui fasse l'ergne* ».
Connu à partir de 40 ans, peu attesté au-dessous (inconnu au Puy) et conservant une connotation dialectale.
Du francique **harmjan* « insulter » (s.d. *far l'èrnha*).

ESCACHI(G)NER, v. tr.

Écraser. « *Ne mets pas les tomates au fond du sac ; elles seraient escachinées* ».
Globalement attesté, il est inconnu dans le nord-est et garde une connotation dialectale.
Du latin populaire **coacticare* « comprimer » (s.d. *escachinar*), comme le français commun écacher.

ESCAGASSER, v. tr.

Détériorer gravement. « *Je lui ai prêté mon vélo ; il l'a tout escagassé* ».
Connu à partir de 20 ans, attesté au-dessous (mais usuel au Chambon et à Rosières).
Cette forme issue du latin *cacare* « évacuer des excréments » a été empruntée aux parlers occitans du sud.

ESCALIER, n. m.

Marche d'escalier. L'escalier (ensemble des marches) est désigné par le pluriel les escaliers souvent prononcé les escaillers. « *J'avais ciré les escaliers et elle est tombée* ».
Usuel.
Probablement plus populaire que régional. Signalé cependant par Robert 89 avec la mention « régional (Belgique) ».

E(S)CAVARCHER, E(S)CAVARTER, v. tr.

Éparpiller. « *Ce gamin m'a écavarté mes balayures* ».
Globalement attesté, mais inconnu au Puy et conservant une connotation dialectale.
Continuateurs des formes dialectales *escavarchar* et *escavartar* qui proviennent de la rencontre de *ecartar* (du latin **exquartare* « partager en quatre ») avec *evarchar* (du latin populaire **verticare* « tourner ») ou *evartar* (du latin *vertere* « tourner »).

ESCHUPI, n. m.

Variantes : *escupi, eschapi.*
Crachat. « *Ces drogues m'ont pas mieux fait qu'un eschupi* ».
Connu à partir de 40 ans, peu attesté au-dessous et plus vivant chez les hommes que chez les femmes.
Voir *eschupir*.

ESCHUPIR, v. intr.

Variantes : *escupir, chapir.*
Cracher. « *Tu peux escupir en l'air, ça fera le même effet* ».
Globalement attesté (connu -> attesté -> peu attesté). Il garde une connotation dialectale.
Mot d'origine inconnue (s.d. *escupir*).

E(S)CLOP, ICLOP, n. m.

Sabot. « *Y a que les vieux qui portent encore des esclops ou ceux qui veulent faire du folklore* ».
Bien connu au-dessus de 20 ans, connu au-dessous. *Eclop, iclop* sont employés dans le nord-est, *esclop* ailleurs.
Du latin *cloppus* qui est probablement une formation onomatopéique évoquant la marche lourde des boiteux (s.d. esclop, eiclop).

E(S)CLO(U)PIER, n. m.

Sabotier. « *L'esclopier a fait de jolis sabots pour la petite Julie* ». Globalement connu mais conservant une forte connotation dialectale.
Cf. *esclop* (s.d. *esclopier, eiclopier*).

ESCO(U)FINE, n. f.

Égoïne. « *L'escofine est bien pratique pour éclaircir les branches* ». Globalement attesté mais surtout vivant dans l'est du domaine.
Du latin *scobina* « râpe » (s.d. escofina).

ESCOUDIN, n. m.

Voir *écoin*.

ESKI, n. m.

Ski. « *L'eski dans les bois c'est venu* à la mode* ».
Régionalisme phonétique surtout en usage chez les plus âgés dans l'ouest du domaine.

E(S)PELÉ, adj.

Déchiré. « *Je sais pas comment il en a pas vergogne* : courir tout espelé, tout de même ça se fait pas !* »
Bien connu à partir de 40 ans, attesté au-dessous et conservant une connotation dialectale.
Cf. *e(s) peler*.

E(S)PELER, v. tr.

1. Ecorcher, dépouiller (un animal) de sa peau. « *Le lapin était difficile à espeler* ».
2. Déchirer. « *Fais attention de pas espeler ta chemise* ».
Globalement attesté (bien connu -> connu --> inconnu), conservant une connotation dialectale.
Du latin *pellis* « peau » (s.d. *espelar*).

ESPENAILLÉ, adj.

Qui est en lambeaux. « *Ces habits sont tout espenaillés* ».
Globalement attesté (bien connu -> connu -> attesté -> inconnu).
Même origine que le français *dépenaillé*, avec préfixe différent (s.d. *espenalhat*).

ESPINGUER, v. intr.

Courir, sauter (en parlant surtout d'un jeune animal ou d'un enfant). « *Ce gamin est insupportable : il arrête pas d'espinguer à droite à gauche* ».
Globalement attesté et conservant une connotation dialectale. Du francique **springan* « sauter » (s.d. *espingar*).

ESPORT, n. m.

Sport. « *Les jeunes font de l'esport pour se détendre, ils en ont bien besoin* ».
Régionalisme phonétique surtout en usage chez les plus âgés dans l'ouest du domaine.

ESPOUPI, adj.

Qui a bonne mine. « *Ce matin j'ai vu ton père, il était bien espoupi* ».
Attesté à partir de 20 ans, inconnu au-dessous. C'est dans l'ouest du domaine qu'il est le plus vivant.
Du latin populaire **puppa* « petite fille » (s.d. *espopit*).

ESPOUTIR, v. tr.

Écraser. « *Espoutissez ces pommes de terre pendant que je termine mon ménage* ».
Mot de l'est du domaine conservant une forte connotation dialectale.
Du latin *puls* « bouillie » (s.d. *espotir).*

ESSOLENTER, v. tr.

Variantes : *essouventer, essulenter, insolenter.* Insulter, injurier. « *Il a essolenté sa femme devant tout le monde : c'est bien un comble !* » Globalement attesté et conservant une connotation dialectale.
De la même famille que le

français *insolent* (s.d. *eissolentar, essulentar, ensolentar*).

ESTAFIER, n. m.

Vaurien. « *Méfie-toi ! Ne t'occupes pas trop de ce grand estafier si tu veux pas recevoir un mauvais coup* ». Globalement connu (bien connu -> connu -> attesté -> peu attesté).

E(S)TELLE, n. f., E(S)TELOU, n. m.

Bûche. « *Ce frêne fera de bonnes estelles* ». « *Va me chercher une brassée d'ételous pour le feu* ». Bien connu à partir de 20 ans, connu au-dessous ; *ételle, ételou* sont les formes du nord-est. Du latin *astella* « petit éclat de bois » (s.d. *estèla, estelon*).

ESTENAILLES, n. f. pl.

Tenailles. « *Il faut de bonnes estenailles pour férer les vaches* ». Régionalisme de l'ouest conservant une connotation dialectale (s.d. *estenalhas*).

E(S)TENDADOU, n. m.

Fil d'étendage. « *J'étendais ma lessive à l'étendadou quand il est arrivé* ». Régionalisme de l'ouest attesté chez les informateurs de plus de 20 ans, inconnu au-dessous (s.d. *estendador*).

ESTESTER, v. tr. et pron.

Assommer. « *Attention de ne pas t'estester dans cette porte basse* ». Régionalisme du sud et de l'ouest. Du latin *testa* « tête » (s.d. estestar).

ESTIRAILLER (S'), v. pron.

Se disputer en s'accrochant aux vêtements de l'adversaire. « *Vous avez pas fini de vous estirailler* ». Globalement attesté. Continuateur de la forme dialectale *s'estiralhar* (cf. français tirailler).

ESTOUFFADE, ESTOUFFE, n. f.

Plat de pommes de terre cuites à l'étouffée. « *Une estouffe, ça tient l'estomac au chaud* ». *Estouffade* est la forme de l'ouest, *estouffe* celle de l'est (surtout vivante au Chambon).

ESTOUILLES, E(S) T(R)OUBLES, n. f. pl.

Eteule. « *Les chiens de Paris se blessent les pattes quand ils vont dans les étoubles* ». Globalement attesté (connu --> attesté -> inconnu), conservant une connotation dialectale. *E(s) t(r)oubles* est la forme de l'est, estouilles celle de l'ouest. Voir rastouilles.
Du latin *stipula* « tige des céréales » (s.d. *estolha, estobla*).

ESTRAPANER (S'), v. pron.

Se blesser assez gravement. « *En tombant de moto, il s'est estrapané* ». Bien connu à Yssingeaux, moins vivant ailleurs.
Comme le français trépaner, du latin *trepanum* « tarière » (s.d. *s'estrapanar*).

ESTRIPER, v. tr.

1. Etriper. « *Mais il faut l'estriper ce mec* ».
2. Empl. pron. Se battre. « *Vous allez bien arriver à vous estriper* ». Globalement attesté et conservant une connotation dialectale (s.d. *estripar*).

ESTRON, n. m.

Étron. « *Leur maison n'est pas très propre, il y a des estrons de poule jusque dans la cuisine* ».
Attesté à partir de 20 ans, inconnu au-dessous et conservant une connotation dialectale (s.d. *estron*).

ÉTABLE, n. m.

Étable (n.f.). « *Son étable est trop petit pour quinze vaches* ».
A conservé en français régional le genre masculin du dialecte (emploi usuel à partir de 60 ans, connu au-dessous).
Synonyme : *écurie**.

ÉTALOCHER, v. tr.

1. Supprimer le tronçon qui reste à la souche ou à la base d'un arbre abattu. « *Il étaloche si bien ses souches qu'on dirait qu'il a coupé en une fois* ».
2. Faire tomber la neige agglomérée sous les chaussures (en particulier les sabots). « *Etaloche bien tes chaussures avant d'entrer sinon tu mettras de l'eau partout* ».
Attesté à partir de 20 ans, inconnu au-dessous. C'est dans l'est du domaine qu'il est le plus vivant.
Cf. *taloche* (s.d. *estalochar*).

ÉTELLE, ÉTELOU, n. f.

Voir *estelle, estelou.*

ÉTENDADOU, n. m.

Voir *estendadou.*

ÊTRE, v.

1. Etre se conjugue avec lui-même. « *Il aurait mieux plu, ce serait pas été plus mal pour la terre* ».
2. *Etre d'amis,* loc. verb. Voir *amis (être d' -)* ; être au *boeuf*, loc. verb. Voir *boeuf* (être au -).
Globalement bien connu.

ÉTRICITÉ, n. f.

Électricité. « *Depuis une heure l'étricité est coupée* ».
Globalement connu (bien connu --> connu -> peu attesté).
Altération du français électricité.

ÉT(R)OUBLES, n. f. pl.

Voir *estouilles*.

ÉVANLÉ, adj.

Vautré. « *T'as vu comme il est évanlé dans ce fauteuil* ».
Cf. *évanler*.

ÉVANLER (S'), v. pron.

Se vautrer, s'étaler. « *Tiens-toi droit au lieu de t'évanler comme ça* ». « *Il s'est évanlé de tout son long sur la route* ».
Usuel à Yssingeaux, Valprivas et Rosières, mais inconnu dans les autres communes.
Du latin *vannus* « van » (s.d. *s'evanlar*).

ÉVIER, n. m.

Petite pièce attenante à la cuisine où se trouve l'évier. « *J'ai laissé mes faisselles à l'évier* ».
Globalement peu attesté, mais usuel à Yssingeaux.
Continue le sens de la forme dialectale *evier*.
Synonyme : *souillarde**.

EXPRÈS (À L'-), loc. adv.

Exprès. « *Tu l'as fait à l'exprès pour m'embêter* ».
Connu à partir de 20 ans, peu attesté au-dessous.

FACILEMENT, adv.

Probablement, vraisemblablement. « *Facilement ils ne viendront pas* ». Bien connu.

FACILITER, v. tr.

Accorder des facilités (à qqn). « *On l'a facilité dans son travail* ». Globalement connu (bien connu -> connu -> attesté) mais inconnu à Valprivas.
Ce sens n'est pas mentionné par Robert 89, mais figure dans TLF.

FAÇON (AVOIR BONNE -, AVOIR MAUVAISE -), loc. verb.

Avoir bonne ou mauvaise apparence. « *Elle a bien bonne façon* ». Globalement usuel. Signalé par Robert 89 avec la mention « vieux » et par TLF avec la mention « vieilli (ou régional) ».

FAGOTIER, n. m.

Tas de fagots. « *Dans le temps* presque toutes les maisons avaient leur fagotier* ».
Connu au-dessus de 20 ans, attesté au-dessous.

FAIRE, v.

1. V. intr. Marcher, fonctionner. « *J'essaye bien de mettre ma voiture en route mais ça veut pas faire* ».
2. *Faire avec qqn*. S'entendre avec qqn. « *Vous feriez pas avec nous parce qu'on est des lève-tôt* ».
3. *Il fait pas bon faire de*. Il n'est pas facile de. « *Il fait pas bon faire d'élever ses enfants maintenant* ».
4. Loc. *Ça fait des moments*. Il y a des moments, parfois. « *Ça fait des moments où il est bien* ».
5. *Ça fait que* (utilisé en début de phrase ou de proposition). Ainsi, donc (calque de la locution dialectale *quò fai que*). « *Il est arrivé à midi. Ça fait qu'il a pu manger avec nous* ».
6. Lorsque le verbe faire est

employé à un temps composé et suivi d'un infinitif, le participe s'accorde avec le sujet ou avec le complément pronominal antéposé. « *Elle s'est faite prendre bêtement* ». « *Ces tomates ont fait de l'abonde*. On les a faites réchauffer et on en a eu pour deux jours* ». Usuel.

FARASSE, n. f.

Variante : *farousse*.
1. Brandon, torche de paille ou de papier (dont on pouvait se servir comme lanterne, notamment l'hiver pour aller à la veillée). « *On fait encore des farasses pour la retraite aux flambeaux* ».
2. Femme sans goût, mal habillée. « *Cette forasse a bien rencontré* avec son peland** ».
Connu à partir de 20 ans, attesté au-dessous. C'est dans l'est du domaine qu'il est le plus vivant. Du grec *pharos* « phare » (s.d. *farassa*).

FARASSER, v. tr.

Variante : *farousser*.
1. Mal habiller. « *Elle farasse sa petite comme une grand-mère* ».
2. Empl. pron. Mal s'habiller. « *Viens voir comme elle s'est farassée, on la connaît* plus* ».
Globalement attesté (connu -> attesté --> peu attesté).
Cf. *farasse*.

FATAÏRE, n. m.

Chiffonnier. « *Il faut donner ça au fataïre* ».
Mot de l'ouest (s.d. *fataire*), la forme correspondante de l'est est *pataire**. Cf. *fate*.

FATARASSE, n. f.

Bardane. « *Les fatarasses, ça pousse tout seul* ».
Mot de l'ouest (s.d. fatarassa), la forme correspondante de l'est est *patarasse**.
Cf. fate.

FATE, n. f.

1. Mauvaise étoffe, chiffon. « *Passe un coup de fate sur la table pour l'essuyer* ».
2. Loc. verb. *Avoir des mains de fate*. Etre maladroit. « *Quand j'ai froid, j'ai des mains de fate* ».
Mot de l'ouest du domaine conservant une connotation dialectale. La forme correspondante de l'est est *patte**. Du gotique **fatt-* « habits » (s.d. *fata*).

FAUTE (FAIRE -), loc. verb.

Manquer. « *Je lui ai prêté ma coquelle* et ça me fait faute* ».
Usuel.
Cette locution, signalée par Robert 89 et TLF avec la mention « vieilli », est également usuelle en dialecte.

FAUX-NOM, n. m.

Surnom. « *On t'appelle pas toujours Anne-Sophie, tu as bien un fauxnom* ».
Globalement connu (bien connu -> connu --> peu attesté).

FAVE, n. f. (en général au pl.)

Haricot. « *Dans son jardin y a beaucoup de faves* ».
Globalement attesté (bien connu -> connu -> peu attesté).
Du latin *faba* « fève » (s.d. *fava*).

FAYARD, n. m.

Hêtre. « *C'est plein de fayards au pays ; y a des arbres et des gens* ».
Usuel.
Ce dérivé du latin *fagus* « hêtre » ne continue pas la forme dialectale locale qui est *fau*. Il a rayonné à partir du Lyonnais (cf. ALLy V, p. 310). On constate donc que l'extension est plus grande en français régional qu'en dialecte.
Signalé par Robert 89 avec la mention « régional » et par TLF avec la mention « régional (notamment dans le Massif central, le Lyonnais, la Savoie) ».

FÈDES, n. f. pl.

Moutons (= espèce). « *Elle rentre son troupeau de fèdes à la tombée de la nuit* ».
Globalement connu (bien connu -> connu -> attesté) mais conservant une forte connotation dialectale.
Du latin *feta* « (femelle) qui a mis bas » (s.d. fedas). Cf. brebis.

FENÈÏRE, FENIÈRE, n. f.

1. Tas de foin dans la grange. « *Autrefois, on couchait parfois dans la fenèïre* ».
2. Meule de foin restant à l'extérieur. « *La grange était pleine, il a fallu faire une fenière* ».
Globalement connu (usuel -> connu --> attesté).
Fenière est signalé sous « fenil » par Robert 89 qui précise « on dit aussi dans certaines régions *fenière* » et par TLF qui, en remarque, ajoute « fenière, subst. fém. régional ». *Fenèïre* continue la forme dialectale *feneira*.

FENE(S)TROU, FENÊTRON, n. m.

Petite fenêtre. « *Ouvre ce fenestrou, ça donnera un peu d'air* ». Globalement usuel.
Continuateurs du dialecte fene(s)-tron.
Robert 89 signale fenestron avec la mention « régional (Sud de la France) ».

FERMER, v. tr.

1. Serrer. « *Il est bon ce saucisson parce que je les ferme bien quand je les ficelle* ».
2. Enfermer dans le poulailler ou l'étable. « *Va fermer les poules, la nuit tombe* ».
3. Loc. verb. *En fermer une*. Geler fortement. « *Ça en a fermé une cette nuit ! A dix heures c'était encore blanc* ».
Usuel à partir de 60 ans, attesté au-dessous.
Synonyme : 3. *en serrer une**.

FESSOU, n. m.

Fossoir. « *Le Gustou part avec son fessou pour faire des rases** ».
Connu à partir de 20 ans, peu attesté au-dessous.
Du latin *fossorium* « instrument pour creuser, bêcher, piocher » (s.d. *fessor*).

FEU (FAIRE -), loc. verb.

Faire du feu, allumer le feu. « *Va chercher des balais* pour faire feu à la chaudière** ».
Connu à partir de 20 ans, attesté au-dessous.
Continuateur de la locution dialectale *faire fiòc*.

FEUILLE (FAIRE LA -), loc. verb.

Couper des branches avec leurs feuilles ; ramasser des feuilles pour divers usages (autrefois confection de paillasses, nourriture des chèvres...). « *En général on fait la feuille l'après-midi et c'est surtout pour les chèvres* ».
Globalement connu (usuel -> connu -> attesté).

FICELLE (FAIRE -), loc verb.

Faire vite, se hâter. « *Si on veut finir avant la nuit, il faut faire ficelle* ». Usuel à partir de 20 ans, connu au-dessous.

FIÉVREUSE, adj.

(Viande) provenant d'une bête abattue en mauvaise santé. « *Cette bête était tuberculeuse, sa viande est fiévreuse* ».
Globalement attesté (connu --> attesté -> inconnu), mais inconnu au Puy.

FIL, n. m.

Filet ou frein (de la langue). « *On lui a pas coupé le fil à la naissance et elle peut pas tirer la langue* ».
Globalement connu (usuel -> connu --> peu attesté).
Continue le sens de la forme dialectale *fial* (de la *linga*).

FILLADE, n. f.

Bru. « *La fillade n'est pas au mieux avec sa belle-mère* ».

Mot de l'ouest globalement connu mais conservant une connotation dialectale.
Dérivé du latin *filia* « fille » (s.d. *filhada*).

FILLAT, n. m.

Gendre. « *Oh ! ce n'est pas son fils, ce n'est que son fillat*».
Globalement connu mais conservant une connotation dialectale.
Dérivé du latin *filius* « fils » (s.d. *filhat*).

FILLOU, -OUNE, n.

Enfant chéri. « *Mon fillou est parti, je m'ennuie* ».
Bien connu à partir de 60 ans, connu au-dessous. Dérivé du latin *filius* « fils » (s.d. *filhon*).

FILOCHE, n. f.

Filet à provisions. « *Ne mets pas ces carottes dans la filoche, tu vas les perdre* ».
Globalement usuel.
Ce dérivé du latin *filum* « fil » a probablement été emprunté à la région stéphanoise et au Lyonnais.
Signalé par Robert 89 avec la mention « régional » et par TLF avec la mention « régional (Centre-Est) ».

FIN, adj.

Voir *lune*.

FIN (FAIRE -), loc. verb.

Grandir, grossir, profiter. « *J'ai payé cette vache bien cher mais je ne le regrette pas ; elle fait fin, elle a eu des jumeaux et elle a 20 litres de lait par jour* ».
Globalement attesté et conservant une connotation dialectale (s.d. *faire fin*).

FINETTE, n. f.

Pointe, petit clou. « *Prends des finettes pour poser les tableaux* ».
Attesté à partir de 20 ans, inconnu au-dessous.
Du latin *finis* « fin » (s.d. *fineta*).

FINIR LE PLAT, loc. verb.

Rendre la situation plus difficile, compléter une série de malheurs. « *Il manquait plus que ça pour finir le plat, je l'aurais jamais cru aussi mauvais* ».
« *Ça finit le plat, la vie était pas gaie mais maintenant c'est le pompon* ».
Connu à partir de 20 ans, inconnu au-dessous ainsi qu'au Monastier.

FINTE CIME (À LA -), loc. adv.

Variante : *à la fin de cime*.
Au point le plus élevé. « *Le*

pigeon s'est posé à la finte cime de l'arbre ». Globalement attesté (connu -> attesté -> peu attesté). Il est plus vivant chez les hommes que chez les femmes.
Du latin *finis* « fin » (s.d. *a la finta cima*).

FION, n. m.

Remarque blessante. « *Les fions ont l'air de glisser sur lui comme l'eau sur une pierre* ».
Connu à partir de 20 ans, attesté au-dessous.
Ce mot, qui est peut-être un continuateur du latin *finis* « fin », semble emprunté à la région stéphanoise et au Lyonnais. Signalé par Robert 89 et par TLF avec la mention « régional (Suisse, est) ».

FIO(U)LE, adj.

Ivre. « *A neuf heures il est fioule à pas tenir debout* ».
Bien connu à partir de 60 ans, connu au-dessous et conservant une connotation dialectale.
Du latin *phiala* « coupe (servant à boire) » (s.d. *fiole*).
Synonyme : *coufle**.

FIO(U)LER, v. tr.

Variante : *fiouver*.
1. Enivrer. « *Il faut se méfier du pastis, ça fioule vite* ».
2. Empl. pron. S'enivrer. « *Il faut pas se fiouler comme ça* ».
Cf. *fioule*. Synonymes : 2. *se coufler*, s'enfiouler**.

FIOULET, FIOULOT, n. m.

Sifflet. « *Ça t'a coupé le fioulet* ».
Globalement attesté.
Du latin *sibilare* « siffler » (s.d. *fiolòt*).

FISSELLE, n. f.

Faisselle. « *Donne-moi des caillés frais, je te rapporterai les fisselles demain* ».
Globalement connu (bien connu --> attesté -> inconnu).

FIVELLE, FUVELLE, n. f.

Nœud formant une double boucle. « *Mes souliers sont défaits, fais-moi une fivelle* ».
Bien connu à partir de 40 ans, attesté au-dessous. Il est plus vivant chez les femmes que chez les hommes.
Du latin **fibella* « petite épingle » (s.d.. *fivèla, fuvèla*).

FLEURETTE, n. f.

Lie de vin. « *Le tonneau se finit : y a de la fleurette dans le vin* ».
Globalement connu (bien connu -> connu -> attesté -> peu attesté).
Du latin *flos* « fleur » (s.d. *floreta*).

FLIQUE, excl.

1. Zut. « *Flique alors ! Il est toujours là* ».
2. Loc. verb. *Faire flique*. Agacer, importuner. « *Tu me fais flique ! Je veux plus te voir* ».
Usuel.
Ce mot d'origine onomatopéique (base *flisk-*) a probablement été emprunté à la région stéphanoise.

FLOT, n. m.

Ruban, nœud de ruban. « *Elle a un flot dans les cheveux* ».
Globalement connu, il est en déclin régulier (bien connu -> connu -> attesté -> peu attesté). Il est plus vivant chez les hommes que chez les femmes.
Du latin *floccus* « flocon » (s.d. *flòc*).

FLOURIER, n. m.

Grand carré de toile. « *J'ai ramassé un plein flourier de luzerne pour mes lapins* ».
Globalement attesté et conservant une connotation dialectale.
Du latin *flos* « fleur » (s.d. *florier*).

FOIRA(I)L, n. m.

Champ de foire, place où se tenait autrefois la foire. « *On se retrouve sur le foiral vers la fontaine* ». Globalement connu (usuel -> connu --> attesté).
Signalé comme régional par Robert 89 et TLF.

FOIRE, n f.

Voir *fouire*.

FOIS, n. f.

1. Loc. adv. *Une fois*. Un jour (à venir). « *Tu viendras me voir une fois* ».
2. Loc. adv. *Des fois*. Peut-être (dans un contexte de futur et en ambiance positive). « *Des fois il viendra demain* ».
Usuel. Le 2e sens est moins vivant.
1. signalé par Robert 89 avec la mention « vieux ou régional ».

FORCER, v. intr.

S'annoncer, donner les premiers signes (en parlant surtout du vent du sud). « *Le vent* force, ça va souffler demain* ».
Globalement attesté (connu -> peu attesté --> inconnu).
Continue le sens de la forme dialectale *forçar*.

FOUÉRATER, v. intr.

Voir *fouirater*.

FOUGA, n. m.

Variante : *fougaou*.
1. Feu de carnaval. « *On faisait le*

fouga le dimanche avant Mardi~gras ».
2. Feu allumé dehors. « *Quelle joie pour les enfants de faire un fouga et de faire cuire des pommes de terre* ». Globalement connu, en déclin régulier (usuel -> bien connu -> connu -> attesté).
Dérivé du latin *focus* « feu » (s.d. *fogal*).

FOUGER, v. tr.

Fouir. « *Regarde-le fouger ! J'ai enterré la carcasse du poulet, il l'a bien sentie* ».
Connu à partir de 40 ans, peu attesté au-dessous et conservant une connotation dialectale.
Du latin *fodicare* « fouiller » (s.d. fojar).

FO(U)GNE (AVOIR LA -), loc. verb.

Pleurnicher, grogner. « *Quand il couve la grippe, il a toujours la fogne* ».
Synonyme : *fo(u)gner** (dont *fo(u)gne* est le déverbal).

FO(U)GNER, v. intr.

Pleurnicher, grogner. « *Arrête de fougner, tu nous fatigues* ».
Attesté à partir de 60 ans, peu attesté au-dessous (mais bien connu au Chambon).
Du latin populaire **fundiare* « fureter » (s.d. *fonhar*).
Synonyme : *avoir la fougne**.

FOUINATER, v. intr.

Fureter. « *Qu'est-ce que vous fouinatez dans ce placard ?* »
Globalement attesté (connu -> attesté --> peu attesté).
De la même famille que le français *fouiner*.

FOUIRATER, v. intr.

Variante : *fouérater*. Avoir la diarrhée, foirer (en parlant surtout des bovins). « *C'est souvent que les vaches fouiratent* ».
Globalement attesté (connu --> attesté -> inconnu). C'est dans l'est du domaine qu'il est le plus vivant. Cf. *fouire*.
Synonyme : *fouirer**.

FOUIRATIER, n. m.

Animal (plus rarement personne) qui a souvent la diarrhée. « *Ce taureau a toujours la fouire* au moment du regain, c'est un fouiratier* ».
Cf. *fouire*.

FOUIRE, n. f.

Variante : *foire*. Diarrhée. « *Mange pas trop de cerises, ça te donnera la fouire !* » Globalement

connu mais en déclin régulier et conservant une connotation dialectale.
Du latin *foria* « diarrhée » (s.d. *foeira*).
Synonyme : *cours de ventre**.

FOUIRER, v. intr.

Avoir la diarrhée, foirer (en parlant surtout des bovins). « *Quand elles mangent de l'herbe mouillée, les vaches fouirent* ».
Cf. *fouire*.
Synonyme : *fouirater**.

FOUIROU, -OUSE, adj.

Foireux, pâle. « *Qu'est-ce que tu as ? Tu as bien une figure fouirouse ce matin* ». « *Le soleil est bien fouirou. Le beau temps va pas durer longtemps* ».
Globalement attesté et conservant une connotation dialectale.
Cf. *fouire* (s.d. *foeirós*).

FOULË, n. m.

Tourbillon de vent d'été. « *Le foulë emporte le foin* ».
Attesté à partir de 20 ans, inconnu au-dessous et conservant une connotation dialectale. Il est cependant plus vivant dans le nord-est (usuel à Yssingeaux et à Valprivas).
Du latin *follis* « soufflet, sac, ballon » (s.d .*folet*).

FOUMOURAS, n. m.

1. Gros tas de fumier près de la maison. « *Dans le temps* on voyait la richesse de la famille au foumouras qu'il y avait devant la porte* ».
2. Personne sale. « *Cette fille quand elle passe, les mouches tombent raides ; c'est un vrai foumouras* ». Bien connu à partir de 40 ans, attesté au-dessous et conservant une connotation dialectale.
Du latin *fimus* « fumier » (s.d.. *fomoras*).

FOUMOURASSE, n. f.

Tas de fumier (dans l'étable ou près de la maison). « *Les poules sont après* gratter dans la foumourasse* ».
Connu à partir de 40 ans, peu attesté au-dessous.
Cf. *foumouras*.

FOUMOURGER, v. tr.

Nettoyer l'étable, enlever la litière souillée. « *Il a une trentaine de bêtes, il a besoin de la matinée pour foumourger* ».
Globalement attesté (connu --> attesté -> inconnu). Il est plus vivant chez les hommes que chez les femmes. Continuateur de *fimora*, de la famille de *fimus* « fumier » (s.d. *fomorjar*).

FOUR, n. m.

Fournil, four banal. « *Dans beaucoup de villages* on répare le four et l'assemblée** ».
Usuel à partir de 20 ans, connu au-dessous.

FOURER, v.

1. V. tr. Traverser. « *L'orage était tellement violent que l'eau a fouré mon imperméable* ».
2. V. intr. Passer difficilement (en franchissant des obstacles). « *Pour venir vous voir, il nous a fallu fourer dans la neige* ».
Globalement attesté.
Du latin *forare* « forer, percer » (s.d. *forar*).

FOURME, n. f.

Fromage de forme cylindrique qui bleuit avec le temps. « *Les fourmes d'Araules ou d'Ambert sont les plus réputées* ».
Usuel. Du latin *forma* « forme » (s.d. *forma*). Signalé par Robert 89 avec la mention « régional » et par TLF sans mention (les deux dictionnaires donnent comme exemple de fromage qui bleuit la fourme d'Ambert que TLF définit comme variété de fromage de « petit format, contenant des moisissures (bleu), fabriquée dans le Forez »).

FOURMETTE, n. f.

Petite fourme. « *Les fourmettes font guère plus de dix centimètres de haut alors que les fourmes* en font le double* ».
Connu à partir de 20 ans, peu attesté au-dessous.
Cf. *fourme*.

FOUTRARDISE, FOUTRAUDISE, n. f.

Bêtise. « *Tu inventes toujours quelques foutrardises* ».
Connu.
Cf. *foutraud*.

FOUTRAUD, n. m. et adj. m.

Bête, fou. « *Il est tout foutraud mon chien. Aujourd'hui il court tout le temps après sa queue* ».
Globalement connu (usuel -> connu --> attesté).
Même origine que le français populaire *foutre*, du latin *futuere* « avoir des rapports avec une femme » (s.d. *fotraud*).

FRAISSE, n. m.

Frêne. « *Il paraît que l'ombre des fraisses est mauvaise* ».
Globalement connu (bien connu -> connu --> attesté) mais conservant une connotation dialectale.
Du latin *fraxinus* « frêne » (s.d. *froisse*).

FRANC, adv.

Tout à fait, complètement. « *C'est franc son père, il est franc fou comme lui* ». Globalement usuel. Continuateur de la forme dialectale *franc*.

FRANCE (MARCHER EN ou SUR LA -), loc. verb.

Marcher pieds nus ou avec des semelles trouées. « *Il préfère marcher en France plutôt que de mettre des pantoufles* ». « *Tu aurais pu dire que tu marchais en France. J'aurais porté tes chaussures chez le cordonnier* ». Globalement connu (bien connu --> connu -> attesté).

FRÉQUENTER, v. tr. et empl. pron.

Avoir des relations sentimentales avec une personne de l'autre sexe. « *La fille de la voisine fréquente un type qui a pas bonne presse* ». « *Depuis le temps qu'ils se fréquentent, ils pourraient se marier* ».
Usuel.
Signalé par Robert 89 avec la mention « régional ou par plais. » et, pour l'emploi pron., par TLF qui indique « familier, vieilli ou régional ».

FRÉSILLE, n. f.

Copeaux. « *La frésille fait comme les cheveux des petits ; elle boucle* ».
Globalement connu (usuel --> attesté -> peu attesté).
Du latin *fresum, supin de frendere* « déchirer » (s.d. *fresilha*).

FRICASSÉE, n. f.

1. Mets constitué de boudin ou d'abats de porc frits. « *Au moment de la tuaille*, on commence souvent le repas par une fricassée* ».
2. Pommes de terre cuites à la poêle avec des œufs et des oignons. « *Avec ce reste de pommes de terre tu feras bien une fricassée* ».
Usuel.
Signalé par Robert 89 avec la mention « régional dans le Nord de la France, ragoût de pommes de terre au lard. - En Belgique, Œufs sur le plat cuits avec des tranches de lard » et par TLF avec la mention « régional (Belgique) omelette au lard ».
Synonyme : *padelade**.

FROID (PRENDRE UN -, ATTRAPER UN -), loc. verb.

Prendre un refroidissement. « *Je suis trop resté dehors j'ai dû prendre un froid* ».

Usuel à partir de 20 ans, attesté au-dessous.
Signalé par Robert 89 avec la mention « vieux ou régional ».

FUMÉ, n. m.

Odeur de fumée ou de feu. « *Ça sent le fumé ; ton tuyau est mal branché* ». Globalement connu (usuel -> connu --> peu attesté).

FUSÉ, adj.

Qui se déchire ou casse facilement parce que trop vieux (en parlant du tissu ou du bois). « *Le col de la chemise est fusé, on peut la mettre aux pattes** ».
Usuel à partir de 20 ans, attesté au-dessous.
Du latin *fusus* « qui s'étend, qui se déploie » (s.d. *fusat*).

FUSER (SE), v. pron.

Devenir peu solide par suite d'usure ou de vieillissement (en parlant du tissu). « *Ma jupe s'est fusée et elle a craqué quand je me suis assise* ».
Cf. *fusé* (s.d. se fusar).

FUSTIER, n. m.

Menuisier. « *Cette belle armoire chevillée a été faite par le fustier de Langeac* ».
Globalement attesté (usuel -> connu -> attesté -> inconnu). Il est plus vivant chez les hommes que chez les femmes.
Du latin *fustis* « rondin, bâton » (s.d. *fustier*).

FUVELLE, n. f.

Voir *fivelle*.

GABOUILLE, n f.

Neige fondante, boue liquide. « *C'est que de la gabouille avec le redoux* ». Connu.
Ce mot, qui continue le latin *bullare* « bouillonner » (avec le préfixe péjoratif *ga-*), a été emprunté aux parlers des régions stéphanoise et lyonnaise.
Synonyme : *gafe**.

GAFE, GAFOGNE, GAFOUILLE, n. f.

Neige fondante, boue liquide. « *La neige commence à fondre, les rues sont pleines de gafe* ».
Globalement attestés, surtout vivants dans l'est du domaine.
Du francique **wad* « endroit où l'eau est peu profonde » (s.d. *gafa, gafônha, gafolha*).
Synonyme : *gabouille**.

GAGA, n. m.

1. Stéphanois. « *Les Gagas habitent Saint-Etienne ou les environs* ».
2. Parler stéphanois. « *Le gaga a un accent particulier* ».
Usuel à partir de 20 ans, peu attesté au-dessous.
De la base onomatopéique *gag-* (le sens premier de *gaga* est « sot »).

GALAMPINE, GARAMPINE, n. f.

Terrain en pente, rocailleux, inculte. « *Il pousse rien dans ces galampines* ».
Globalement attesté (connu --> attesté -> inconnu), mais usuel à Yssingeaux.
De la racine pré-indo-européenne **karr-* « pierre » (s.d. *galampina*).

GALAPIAN, n. m.

Galapiat. « *Ce galapian a encore trouvé le moyen de faire un autre vol* ». Globalement connu, vitalité décroissant régulièrement (bien connu -> connu -> attesté -> peu attesté). Comme le français *galapiat*, du francique *wala* « bon » (s.d. *galapian*).

GALETAS, n. m.

Combles d'un bâtiment, grenier. « *Le galetas est plein de vieilleries* ». Usuel.
Signalé comme « régional (Suisse) » par Robert 89, sans mention par TLF.

GALOCHE, n. f.

Petit train peu rapide (qui desservait autrefois certaines localités). « *La galoche arrivait même à passer l'hiver* ».
Globalement connu (usuel -> connu --> attesté).
Emploi métaphorique (les *galoches* ne permettent pas de courir vite).

GALOPE (À LA -), loc. adv.

Vite et mal. « *Ç'a été fait à la galope, il faudra recommencer* ».
Globalement attesté (usuel -> connu -> attesté -> inconnu).
Signalé par Robert 89 avec la mention « familier et vieilli » et sans mention par TLF.

GAMBEL, adj.

Boiteux. « *Il est gambel depuis son accident* ».
Globalement attesté (connu -> attesté -> peu attesté).
Du latin *camba* « jambe » (s.d. gambel).

GAMBELER, v. intr.

Boiter. « *Ils sont tous les deux à gambeler avec leurs cannes* ».
Connu à partir de 60 ans, peu connu au-dessous.
Cf. *gambel* (s.d. *gambelar*).

GAMELER (SE), v. pron.

Tomber. « *Je me suis gamelé sur le gravier, y a même des cailloux qui sont restés dans mon genou* ».
Globalement attesté.
Probablement plus familier que régional (cf. en français commun la locution *prendre une gamelle*).

GANDO, n. m., GANDOLE, n. f.

Boîte métallique. « *A la kermesse, y avait un stand où il fallait faire tomber des gandoles* ».
Globalement connu (bien connu --> connu -> attesté), surtout vivant dans l'est du domaine. Du grec *kondy* « vase à boire » (s.d. *gandòl, gandòla*).

GANDOUSE, n. f.

1. Produit de la vidange d'une fosse d'aisance. « *C'était formidable la gandouse pour le jardin* ».
2. Décharge publique. « *En fouillant la gandouse, il a trouvé une vieille boite pleine de bons du Trésor* ».
1. Connu à partir de 20 ans,

attesté au-dessous, mais usuel au Chambon et à Yssingeaux.
2. Globalement usuel.
Du gotique **wandjan* « tourner » (s.d. *gandosa*).

GARAGNAS, n. m.

Garnement. « *Il faut pas laisser cette petite avec ces grands garagnas* ». Usuel à partir de 20 ans, attesté au-dessous. Ce mot, qui vient du francique **wrainjo* « étalon », a été emprunté à la région stéphanoise.

GARAGNASSE, n. f.

Fille qui a des allures de garçon. « *Cette garagnasse monte dans les arbres comme les garçons* ». Globalement connu (bien connu --> attesté -> peu attesté).
Cf. garagnas.

GARDER, v. intr.

Surveiller un troupeau. « *Elle est allée garder dans le bois, il n'y a pas de clôture* ».
Usuel.

GARER DU PAS, loc. verb.

Enlever du passage, débarrasser. « *Je suis content d'avoir terminé ce travail. Ça me l'aura garé du pas* ». Globalement connu (usuel -> connu --> attesté). Continuateur de la locution dialectale *garar dou pas*.
Synonyme : *enlever du pas**.

GARGALETTE (À LA -), À LA GARGOULETTE, loc. adv.

À la régalade. « *Elle veut pas boire à la gargalette après quelqu'un* ». Globalement bien connu (usuel --> bien connu -> connu). De la base onomatopéique **garg-*(s.d. *a la gargaleta, a la gargoleta*).

GARNE, n. f.

Branche de conifère avec les aiguilles. « *Les garnes servent de bois d'allumage* ».
Globalement usuel (usuel --> connu -> attesté).
Du gaulois **warna* « sapin » (s.d. *garna*).

GÂTEAU DE FOIE, loc. nom.

Soufflé à base de foie et assez consistant pour être démoulé. « *Quand maman nous fait un gâteau de foie, elle nous le sert avec de la sauce tomate et c'est le plat unique* ». Globalement connu (bien connu -> connu -> attesté).

GAUGNE (FAIRE LA -), loc. verb.

Faire la moue, bouder. « *Pour le moment, ce n'est pas la peine de leur parler. On pourra peut-être s'y hasarder quand ils feront plus la gaugne* ».
Globalement connu (usuel -> bien connu -> peu attesté).
Du latin populaire **gabonia*, dérivé de **gaba* « gosier d'oiseau » (s.d. *faire la gaunha*).
Synonymes : *faire la bèbe*, faire la trogne**.

GAVER (SE), v. pron.

Se régaler. « *Qu'est-ce qu'il est bon ce petit gâteau : je me gave !* »
Surtout vivant dans l'ouest où, par suite de l'évolution du L intervocalique en v, *se galar* « s'amuser, se régaler, faire bombance », est devenu *se gavar,* rendu en français régional par se gaver. Du germanique *wala* « bon » (s.d. *se gavar*).

GAZER, v. tr.

Marcher dans (la neige). « *J'en ai assez de gazer la neige* ». On entend aussi parfois *gazouiller*.
Globalement connu (usuel --> connu -> attesté).
Du francique **wad* « endroit où l'eau est peu profonde » (s.d. gasar).

GAZON, n. m.

Petite motte de terre (sans herbe). « *Quand on bêche, il faut bien casser les gazons* ».
Connu à partir de 40 ans, attesté au-dessous et gardant une connotation dialectale.
Continue le sens de la forme dialectale *gason*.

GAZONNER, v. tr.

Faire des mottes de terre.
« *C'est trop sec, ça gazonne en labourant*».
Cf. *gazon*.

GEIN, n. m.

Gémissement. « *Je sais pas s'il rêve ou s'il est malade : il pousse des geins !* »
Globalement attesté et gardant une connotation dialectale.
De la même famille que le français commun *geindre* (s.d. *gem*).

GENÈBRE, n. f.

Genevrier. « *Il pousse pas grand chose sur le suc* : quelques pins et des genèbres* ».
Globalement attesté (bien connu -> connu -> peu attesté) et conservant une connotation dialectale (s.d. *janebre*).

GIBER (SE), v. pron.

Se disputer. « *Je me demande comment ils peuvent vivre ensemble, ils sont toujours en train de se giber* ». Connu à partir de 40 ans, peu attesté au-dessous ; surtout vivant dans l'est du domaine et gardant une connotation dialectale.
D'un radical *gib-* comme dans le français commun regimber (s.d. *se gibar*).

GICLE, n. m.

Rafale de vent et de pluie. « *Quand on reçoit un gicle pareil, on est trempé* ». Connu à partir de 40 ans, inconnu au-dessous (ainsi qu'au Puy) et conservant une connotation dialectale. Continuateur de la forme dialectale *giscle* (déverbal de *gisclar* « gicler »).

GIGO(U)GNER, v. intr.

1. Remuer. « *Ce gamin arrête pas de gigogner. Il me met la lourde** ».
2. Bouger (en parlant d'un meuble instable). « *La table gigogne, il faut la caler* ».
Globalement attesté (connu -> attesté --> inconnu), mais usuel à Rosières. Du latin *ciconia* « cigogne » (s.d. *gigonhar*).

GINSE, n. m.

Mal aux gencives. « *Ces pommes sauvages me donnent le ginse* ». Attesté à partir de 20 ans, peu attesté au-dessous, mais bien connu à Yssingeaux.
Du latin *gingiva* « gencive » (s.d. *ginse*).

GITER, v. tr.

Mener les bêtes au pâturage. « *C'est l'heure d'aller giter, les bêtes ont faim* ».
Globalement connu (bien connu -> connu -> attesté -> peu attesté).
Du latin *jactare* « jeter » (s.d. *jitar*).

GNEUGNEU, adj. et n.

Niais. « *C'est pas facile de parler avec lui ; il est tellement gneugneu* ». Connu, c'est dans les deux plus grandes villes qu'il est le plus vivant. D'origine onomatopéique (cf. le français *gnangnan*).

GOBILLE, n. f.

Variante : *goubille*.
1. Bille. « *Quand on était gamin, on jouait aux gobilles* ».
2. Loc. verb. *Valoir la gobille*. Valoir le coup. « *Le jeu en vaut pas la gobille* ».
Globalement attesté (connu --> attesté -> inconnu). Il est plus

vivant chez les hommes que chez les femmes.
Du francique *bikkil « dé » (s.d. *gobilha*).

GOB(Y)E (AVOIR -) [gɔb, gɔbj], loc. verb.

Avoir l'onglée. « *Quand on a gobe, on écrit mal* ».
Globalement attesté et conservant une connotation dialectale ; usuel cependant à Rosières.
Du latin populaire *gubbus « bosselé, raboteux » (s.d. *aver gòbi*).

GONFLE, adj.

Gonflé, ayant trop mangé. « *J'ai trop mangé, je suis gonfle* ».
Usuel à partir de 20 ans, connu au-dessous.
Adjectif déverbal emprunté à la région stéphanoise (la forme autochtone est *coufle*).
Signalé comme régional par TLF, en remarque, sous *gonfler*.

GONFLE, n. f.

1. Enflure, cloque. « *J'ai une gonfle ; ce doit être un moustique qui m'a piqué* ».
2. Loc. verb. *Avoir la gonfle*. Avoir envie de pleurer. « *Quand ils ont perdu leur mère, ils avaient la gonfle* ».
Bien connu à partir de 20 ans, attesté au-dessous.
Ce déverbal de *gonfler* est, lui aussi, emprunté à la région stéphanoise.

GONGONNER, v. intr.

Maugréer, ronchonner. « *Il est mauvais comme la peste, toujours il gongonne* ».
Mot de l'extrémité est du domaine, probablement emprunté à la région stéphanoise.
De la base onomatopéique *gong-*. Synonyme : *bombouner**.

GORRE, n. f.

Vieille vache. « *Ta viande est cha~nie*, c'est de la gorre* ».
Globalement usuel (usuel --> connu -> attesté).
De la base onomatopéique *gorr-* (s.d. *gòra*).

GOUÈÏRE, n. f.

Variante : *couèïre*. Coffin. « *Il faut mettre de l'eau dans la gouèïre, ça aiguise mieux* ».
Mot de l'est (le Chambon et Yssingeaux notamment ; le mot correspondant de l'ouest est *coutier*).
Du latin *cotarium* « coffin » (s.d. *goeira*).

GOUILLAS, n. m.

Flaque d'eau. « *Ne marche pas dans les gouillas* ».
Globalement connu (usuel --> connu -> attesté).
Du francique **gullja* « flaque d'eau, bourbier » (s.d. *golhas*).
TLF signale *gouillas* sous la vedette *gouille* avec la mention « régional (notamment Centre-Est, Suisse) ». Robert 89 cite seulement *gouille* avec la mention « régional (Suisse) ».

GOULAILLOU, n. m.

Variante : *gouvaillou*. Cou. « *Il a un goulaillou de poule* ».
Globalement connu (bien connu --> connu -> attesté).
Du latin *gula* « gosier, gorge » (s.d. *golalhon*).

GOUR, n. m.

1. Lac profond. « *On disait que dans ce gour les Résistants jetaient les bennes et qu'elles disparaissaient* ».
2. Trou d'eau dans une rivière ou dans un fleuve. « *On allait pêcher de la friture dans le gour de la Monette* ».
3. Expr. *Goutte fait gour*. Les petits ruisseaux font les grandes rivières. « *Si chacun donne un peu, on y arrivera : goutte fait gour* ». Globalement connu (le 2e sens est plus vivant).
Du latin *gurges* « tourbillon d'eau » (s.d. *gorg*).
Signalé comme régional par Robert 89 et TLF.

GOURGOUILLOU, n. m.

Têtard. « *Quand il était jeune, il s'amusait à attraper des gourgouillous dans le bassin* ».
Mot du nord-est (s.d. *gorgolhon*).
De la base onomatopéique *garg-* (cf. français *gargouiller*) et/ou du latin *gurgulio* « gorge ».

GOÛT (DE -), loc. adj. ou adv.

En forme. « *Je me sens pas de goût aujourd'hui pour commencer ce nettoyage* ».
Usuel à partir de 20 ans, connu au-dessous.
Continuateur de la locution dialectale de *got*.

GOUTTES (FAIRE DES -), loc. verb.

Pleuviner. « *Il fait des gouttes ; je prends quand même un parapluie* ». Usuel.
Continuateur de la locution dialectale *faire de gotas*.

GOUTTIÈRE, n. f.

Défaut dans la toiture laissant passer l'eau de pluie. « *Y a une gouttière, y a une tache au plafond* ». Usuel. Signalé avec la mention « vieux ou régional (Suisse) » par Robert 89 mais sans mention par TLF.

GRABOTE, n. f.

1. Personne lente dans son travail. « *Tu es une grabote, tu ne pourras pas suivre en classe* ».
2. Petit enfant. « *Grabote, tu restes à table* ».
Déverbal de *graboter**.
Synonyme : *bricoulou**.

GRABOTER, v. intr.

Lambiner au travail. « *Qu'est-ce qu'il grabote, il n'a pas encore fini ses devoirs* ».
Mot bien vivant dans l'est du domaine.
Du moyen néerlandais *crabbelen* « gratter superficiellement » (s.d. *grabotar*).

GRAILLE, n. f.

1. Corbeau. « *Certains disent que la graille devine* le mauvais temps* ».
2. Femme mal coiffée. « *Elle était au coiffeur hier, aujourd'hui c'est déjà une graille* ».
Globalement connu (usuel -> connu --> attesté). Le 2e sens est moins vivant.
Du latin *gracula* « femelle du choucas » (s.d. gralha).

GRAINE, n.f.

Grain (de raisin). « *Elle prend toujours une graine à l'étalage pour goûter le raisin* ».
Globalement attesté (connu -> attesté --> inconnu).

GRAISSE BLANCHE, n. f.

Saindoux. « *C'est bon une fricassée* avec de la graisse blanche* ». Globalement connu (bien connu -> connu --> attesté) mais usuel au Chambon et à Yssingeaux. Continuateur de la forme dialectale *graissa blancha*.

GRAME, n. m. s. ou pl.

Chiendent. « *Tu devrais arracher les grames avant qu'ils gagnent trop* ». Globalement connu, surtout vivant dans l'est du domaine et gardant une connotation dialectale.
Du latin *gramen* « tige d'herbe » (s.d. *grame*).

GRANGER, n. m.

Fermier. « *Ils étaient pas propriétaires ; ils étaient que grangers* ». Globalement connu (bien connu -> connu -> peu attesté).
Continuateur de la forme dialectale *grangier* (cf. français *grange*).

GRANJOU, n. m.

Hangar. « *Il a mis son vélo sous le granjou* ».
Globalement attesté (connu --> attesté -> peu attesté).
Continuateur de la forme dialectale *granjon* (diminutif de *granja* « grange »).

GRATTER, v. intr.

Ne pas avancer dans une activité. « *Qu'est-ce que tu grattes ? On est au fromage et tu n'as pas fini ta salade* ». Usuel à partir de 60 ans, connu au-dessous.
Continue le sens de la forme dialectale *gratar*.

GRATTON, n. m.

(Le plus souvent au pl.) résidus de la fonte de l'épiploon et de morceaux de panne de porc. « *J'aime mieux le gratton que le pâté* ». Cette forme qui vient probablement de la région lyonnaise est globalement bien connue. Du moyen néerlandais *kerte* « incision ».
Signalé par Robert 89 avec la mention « régional » et par TLF en remarque sous *creton*.
Synonyme : *grillaton**.

GRATTOU, n. m.

Personne qui n'avance pas (par exemple dans son travail). « *Tu n'es qu'un grattou, tu n'arriveras à rien* ». Globalement attesté (connu --> attesté -> peu attesté) mais bien connu au Chambon.
Continuateur de la forme dialectale *graton* (dérivé de *gratar* « gratter »).

GRATTOUNER, v. tr.

Gratter. « *Arrête de grattouner ce bobo, tu vas le faire saigner* ».
Globalement connu.
Continuateur de la forme dialectale *gratonar*.

GRAVATE, n. f.

Cravate. « *Aujourd'hui il a pris une gravate, c'est bien étonnant* ».
Bien connu à partir de 40 ans, peu attesté au-dessous.

GREILLE, adj. f.

Châtain (en parlant d'une vache). « *Maintenant ici on voit plus guère de vaches greilles* ».
Globalement attesté (connu --> attesté -> peu attesté).
Du latin *grillus* « grillon » (s.d. *grèlha*).

GRENIER, n. m.

Coffre à grains (dans la grange). « *Cette année, y a peu de grain ; y aura pas besoin de mettre toutes les planches du grenier* ».

Globalement usuel.
Continue le sens de la forme dialectale *grenier*.

GRÉSYL, n. m.

Crésyl. « *Le grésyl fait fuir les mouches en général* ».
Usuel à partir de 20 ans, attesté au-dessous.

GRIBOUILLON, n. m.

Gribouillis. « *Arrête de faire des gribouillons* ».
Globalement connu, surtout vivant dans l'est du domaine.

GRILLATON, n. m. (le plus souvent au pl.)

Variante : *grilloton*. Résidus de la fonte de l'épiploon et de morceaux de panne de porc. « *Les grillatons c'est indigeste mais c'est fameux* ».
Connu à partir de 20 ans, attesté au-dessous et surtout vivant dans l'est du domaine (mot d'origine stéphanoise).
Du moyen néerlandais *kerte* « incision » (avec influence possible de griller).
Synonyme : *gratton**.

GROULE, n. f.

1. Femme sans goût. « *Tu as vu quelle groule il a trouvée, elle ne doit pas lui faire son ménage* ».
2. Personne qui erre sans volonté ou vivant dans la débauche. « *Elle va d'une maison à l'autre, c'est une groule* ».
3. Loc. verb. *Traîner la groule.* Vivre misérablement, traîner la savate. « *Il traîne la groule depuis que sa femme l'a quitté* ».
Usuel à partir de 60 ans, connu au-dessous.
Continuateur de la forme dialectale *grola* (cf. français *grole*). Du latin populaire **grolla*, d'origine obscure.

GROULER, v. intr.

Variante : *gronler*. Aller deci-delà en traînant les pieds. « *Arrête degrouler, il y a des gens au-dessous* ». Attesté à partir de 20 ans, inconnu au-dessous et surtout vivant dans l'est du domaine. Cf. *groule*.

GROUMOULÉ, adj.

Voir *agroumoulé*.

GROUMOULER (SE), v. pron.

Voir *agroumouler*.

GU (NOM DE -), excl.

Voir *nom*.

GUENILLER, v. intr.

1. Peiner, éprouver des difficultés (à faire quelque

chose). « *A force de gueniller, tu y arriveras* ».
2. Etre en mauvaise santé. « *Ils ont guenillé toute leur vie* ».
Globalement connu (usuel --> connu -> peu attesté).
Continuateur de la forme dialectale *ganilhar* (cf. français *guenille*).

GUÈRE, adv.

1. Loc. adv. Pas guère. Ne... guère. « *Y a pas guère de châtaignes cette année, il a fait trop sec* ».
2. Loc. adv. *Guère moins, guère plus.* Ne... pas beaucoup moins, ne... pas beaucoup plus. « *Il pleut guère moins qu'hier* ».
Globalement usuel.

GUETOU (FAIRE -), FAIRE LA GUETTE, loc. verb.

Tomber sur les talons (en parlant des chaussettes). « *Remonte tes chaussettes, elles font guetou* ».
Ces locutions, qui conservent une forte connotation dialectale, sont inconnues dans le sud-ouest du domaine. Ailleurs, elles sont surtout connues des plus de 40 ans .
Comme le français guêtre, du germanique **wrist* « coup-de-pied » (s.d. faire gueton, faire la gueta).

GUILLE, n. f.

Fausset du tonneau. « *Pour tirer un peu de vin, il suffit d'enlever la guille* ».
Mot du nord-est comme la forme dialectale *guilha*.
De l'ancien haut allemand *kegil* « quille ».

GUILLOU, n. m.

Synonyme et dérivé de *guille**.

HABITUER, v. tr.

S'habituer à (qqn). « *Les élèves m'ont habitué maintenant* ». Globalement bien connu (usuel -> bien connu -> connu).

HACHOU, n. m.

Petite hache. « *L'hachou suffit pour couper cette grosse branche* ». Globalement connu (sauf au Puy). Dérivé de *hache* (s.d. *achon*).

HANCHONS (AVOIR LES -), AVOIR LES HANCHOUS, loc. verb.

Avoir mal aux reins, avoir des courbatures de la hanche au genou. « *J'ai ramassé des haricots, aussi j'ai les hanchous* ». Connu à partir de 40 ans, peu attesté au-dessous et surtout vivant dans l'est du domaine. Du germanique **hanka* « hanche » (s.d. aver los anchons).

HERBE À VERRUE, HERBE DES VERRUES, loc. nom.

Chélidoine. « *Quand on a des verrues, il faut y mettre le jus jaune de l'herbe à verrue* ». Globalement connu.

HEURE (À POINT D'-), loc. adv.

A une heure exceptionnelle (très tôt ou très tard). « *Ils sont rentrés à point d'heure ; j'étais déjà couché* ». « *Il faut se lever à point d'heure pour voir le lever du soleil au Mézenc* ».
Usuel.
Le dialecte utilise une locution de même type (*a gis d'ora*).

HIVER (À L'-), loc. adv.

A l'ubac. « *La neige fond plus doucement à l'hiver* ».
Globalement attesté (connu --> attesté -> peu attesté).
Continuateur de la locution dialectale *a l'ivèrn*.

HOMME DROIT (FAIRE L'-), loc. verb.

Faire le poirier. « *C'est dur de faire l'homme droit pendant une minute* ». Usuel à partir de 60 ans, connu au-dessous. Cette locution est également connue en dialecte (*faire l'ôme dreit*).

HORLOGE, n. m.

Horloge (n. f.) « *Il a un bel horloge* ». Globalement connu (bien connu -> connu --> inconnu) et plus vivant chez les hommes que chez les femmes. Garde le genre masculin de la forme dialectale *reloge*, qui était aussi celui de l'ancien et du moyen français.

HOUCHI, HOUSSI, interj.

Interjection employée pour faire fuir un chien. « *Houchi, dehors ! Je veux plus te voir entre mes jambes dans la cuisine !* »
Usuel à partir de 20 ans, connu au-dessous.
De l'allemand *aus* « hors de » (s.d. *aussi*).

ICLOP, n. m.

Voir *esclop*.

IGRAILLASSÉ, adj.

Voir *égraillassé*.

IME, n. f.

Voir *ème*.

INOUGER (S'), v. pron.

Voir *énouger*.

INSOLENTER, v. tr.

Voir *essolenter*.

INSTRUCTIONNÉ, adj.

Instruit. « *Elle est très instructionnée* ».
Bien connu à partir de 20 ans, peu attesté au-dessous.
Probablement plus populaire que régional.

JACOBINE, n. f.

Pièce mansardée. « *Les maisons avec des jacobines ont des fenêtres sur le toit* ».
Connu à partir de 40 ans, attesté au-dessous, mais usuel au Chambon et à Yssingeaux.
Du nom propre Jacobus.
Signalé comme « vieux et dialectal » par le Larousse du xxe siècle.

JAPPILLOU, n. m.

1. Chien qui ne cesse de japper. « *Tu devrais enfermer un peu ce jappillou, ça lui passerait l'envie d'aboyer à longueur de journée* ».
2. Bavard. « Quel jappillou,

ce gamin ! » Connu à partir de 40 ans, attesté au-dessous mais inconnu au Puy. Continuateur de la forme dialectale *japilhon* (dérivé de *japar* « japper »).

JAQUETER, v. intr.

Bavarder, jacasser. « *Il ne faudra pas jaqueter jusqu'à minuit* ». « *Elles jaquettent encore* ». Globalement connu.
Comme le français populaire ou argotique *jacter*, dérivé de *jaquette* « pie » (lui-même populaire et vieilli). Synonymes : *barjaquer**, *bartaveler**, *blaguer**.

JARLOU, n. m.

Grand seau en bois servant à porter la pâtée. « *Le jarlou sert pour porter la pâtée des cochons* ».
Globalement connu (usuel -> connu --> inconnu). Il est plus vivant chez les hommes que chez les femmes. Du latin *gerulus* « porteur » (s.d. *jarlon*).

JARLOUNÉE, n. f.

Contenu du *jarlou**. « *Pour tous ces cochons, il en faut deux jarlounées* ». Attesté à partir de 20 ans, inconnu au-dessous mais usuel à Yssingeaux. Dérivé de *jarlou** (s.d. *jarlona(a)a)*.

JAVAGNOT, n. m.

Variante : *chavagnot*. Chat-huant. « *Y avait un javagnot dans le fond de la grange* ».
Globalement attesté (connu -> attesté --> peu attesté).
Du gaulois *cavannus* « hibou » (s.d. *javanhòl*).

JOUCLE, JUSCLE, n. f.

Courroie du joug. « *Avec les joucles on faisait trois fois le tour de chaque corne* ».
Globalement attesté et conservant une connotation dialectale. Juscle est utilisé dans le sud-ouest, joucle dans le reste du domaine.
Du latin *jungula* « courroie du joug » avec influence de *juxtare* (s.d. *jocla, juscla*).

JOUIR (DE), v. tr.

Etre maître. « *Celte bête est terrible, on n'arrive plus à en jouir* ». Connu à partir de 60 ans, attesté au-dessous.
A conservé ce sens de la forme dialectale *jauvir*.

JUCADOU, JUCOR, n. m.

Perchoir. « *Celte poule va crever, elle arrive plus à monter au jucor* ». Globalement connu mais conservant une connotation dialectale : *jucadou* est la forme de l'ouest, *jucor* celle de l'est.

Continuateurs des formes dialectales *jucador* (ouest), *jucòr* (est), dérivées de *jucar* « se jucher ».

JUQUER, v. intr.

Se jucher, se percher. « *Les poules vont juquer dès qu'il fait nuit* ».
Bien connu à partir de 20 ans, attesté au-dessous.
Du francique **juk* « perchoir » (s.d. *jucar*).

KYSTRE, n. m.

Kyste. « *Elle s'est faite* enlever un kystre*».
Connu à partir de 40 ans, attesté au-dessous mais inconnu au Puy.

LAÏQUIN, n. m., LAÏQUE, n. f.

Instituteur public, institutrice publique. « *Il y a un bon laïquin au village* ». « *La laïque a dit qu'il fallait être poli* ».
Globalement attesté (connu -> attesté --> inconnu) et conservant une connotation dialectale.
Le féminin est un peu plus vivant que le masculin.

LANDRU, n. m.

Personne bonne à rien.
« *Ce landru pourrait t'aider à porter ton sac* ». Connu à partir de 60 ans, peu attesté au-dessous. Il est plus vivant chez les hommes que chez les femmes.
Du nom du célèbre bandit Landru.

LANGUE-BOUINE, LANGUE-BOUYINE, n. f.

Bistorte officinale. « *Il connaît les plantes. Il m'a parlé des languesbouines mais moi j'y connais rien* ». Globalement attesté (connu -> attesté -> peu attesté) mais usuel au Chambon.
Bouine est un continuateur du latin *bovinus* (s.d. *linga boina* = langue de bœuf).

LANGUISSOU, n. m.

Mal du pays, nostalgie, mélancolie. Ce mot est surtout employé dans les locutions verbales *prendre le languissou, avoir le languissou.* « *Les chèvres ne supportent pas la solitude, elles prennent le languissou* ».
Globalement attesté mais bien connu au Chambon et au Monastier.
De la famille de *languir* (s.d. *languisson*).

LANLAIRE, n. f.

1. Personne nonchalante. « *Avec lui on n'avance pas, c'est une lanlaire* ».
2. Loc. verb. *Aller se faire lanlaire.*
a) Se désillusionner. « *Tu peux aller te faire lanlaire ; il ne te remboursera jamais* ».

b) Partir. « *Je ne veux plus vous voir. Allez vous faire lanlaire !* » Globalement attesté mais usuel à Yssingeaux.
2. signalé par Robert 89 avec la mention « vieux (en usage au XIXe) ou régional » et par TLF avec la mention « familier, vieilli ».

LANTERNE, n. f.

Personne lente au travail. « *Une lanterne cette petite et en plus il faut tout ressuivre** ».
Usuel à partir de 20 ans, connu au-dessous.
Déverbal de *lanterner*.

LAUSE, n. f.

Pierre plate, phonolithe. « *On supprime peu à peu les lauses pour les remplacer par des tuiles* ».
Usuel.
Du gaulois **lausa* « dalle de pierre » (s.d. *lausa*).
Signalé par Robert 89 avec la mention « régional (Sud-Est) » et par TLF avec la mention « régional (Sud, Sud-Est) ».

LAVAGNER, v. tr.

Amadouer, caresser, enjôler. « *Elle le lavagne bien ; je me demande si elle cherche pas à tirer profit de lui* ». Globalement attesté et gardant une connotation dialectale.
Du latin *lavare* « laver » (s.d. *lavanhar*).

LAVÉE, n. f.

Lessive. « *Avec ce beau temps, elle a fait une bonne lavée* ».
Globalement connu (usuel -> bien connu -> attesté -> peu attesté).

LAVETTE, n. f.

Gant de toilette. « *Quand elle se réveillait de ses opérations, elle demandait toujours qu'on lui passe la lavette sur le visage* ».
Attesté à partir de 20 ans, inconnu au-dessous, mais bien connu au Chambon.
Signalé par Robert 89 et TLF avec le sens « carré de tissu éponge servant à la toilette » et la mention « régional (Suisse) ».

LE, LA, art.

Employé devant un prénom ou un nom de famille.
« *Le Claude et la Sophie sont malades* ». « *La Guilhot viendra bien nous aider* ».
Globalement usuel.
Ce tour est largement répandu dans les milieux ruraux et dans certaines régions.

LÈÏTA, n. f.

Petit lait. « *La lèïta fait bien pour engraisser les cochons* ».
Ce mot du vocabulaire rural traditionnel est surtout vivant dans l'est du domaine.
Du latin populaire **lactata*, dérivé de *lac* « lait » (s.d. *laitaa*).

LÉQUER, v. tr.

Voir *liquer*.

LEVER, v. tr.

1. Acheter et emporter régulièrement (une production). « *Il lève les tommes deux fois par jour* ».
2. Loc. verb. *Lever un aplat*. Voir *aplat*.
Bien connu à partir de 20 ans, connu au-dessous.

LEVEUR, n. m., **LEVEUSE,** n.f.

Personne qui *lève**. « *Je remplace le leveur ; je viens chercher les œufs* ». Bien connu à partir de 20 ans, attesté au-dessous.

LIÈVRE, n. f.

Lièvre (n. m.). « *Il a tué une lièvre en toute sa journée* ».
Globalement connu et gardant une connotation dialectale, Continue le genre féminin de la forme dialectale *lebre*.

LIPPE (FAIRE LA -), loc. verb.

Variante : *faire la lippre*. Etre gluant (en parlant d'un aliment). « *La soupe de tapioca fait la lippe* ». Globalement attesté, ce régionalisme semble emprunté à la région stéphanoise.
Du gotique **limpan* « glisser ».

LIQUER, v. tr.

Variante : *léquer*. Lécher. « *Lique bien ton assiette* ».
Bien connu à partir de 60 ans, connu au-dessous. Léquer est moins vivant. Du francique **lekkon* « lécher » (s.d. *licar*).

LIT-PLACARD, n. m.

Lit installé dans une cuisine et dissimulé par deux portes de placard. « *Le malade est couché au lit-placard* ». Bien connu à partir de 60 ans, connu au-dessous.

LOCHE, n f.

Morve. « *Il ferait mieux de sécher sa loche* ». « *J'aime pas les huîtres, on dirait de la loche* ».
Connu chez les informateurs de plus de 20 ans, il est attesté au-dessous. Du gaulois **leuka* « blancheur » (s.d. *l(h)òcha*).
Synonyme : *morvelle**.

LOCHEUX, -EUSE, adj. ou n.

Morveux. « *Ce locheux m'agace* ».
Globalement attesté.
Cf. *loche*.
Synonyme : *morveleux**.

LOIN (ALLER CHERCHER -), loc. verb.

Etre cher. « *Le dégraissage* va parfois chercher loin* ».
Usuel à partir de 20 ans, connu au-dessous.

LONG (DE -), loc. adv.

Long, beaucoup (après les verbes savoir, connaître, dire...).
« *Tu en sais de long à ce sujet* ».
Globalement usuel.

LOUBE, n. f.

Passe-partout. « *Avec une loube on peut scier à deux, c'est pas trop pénible* ».
Globalement attesté (usuel -> connu -> attesté -> inconnu) et conservant une connotation dialectale.
Du latin *lupus* « loup » (s.d. *loba*).
Synonyme : *renard**.

LOURDE, n. f.

1. Mal de tête. « *J'ai la lourde, je vais prendre un cachet* ».
2. Vertige. « *Je lui ai fait l'avion mais à la fin il a fallu m'asseoir tellement j'avais la lourde, on aurait dit que j'étais fiole** ».
Usuel.
Continuateur de la forme dialectale *lorda* (n.f.).

LUI LE, LUI LA, LUI LES, pron.

Le lui, la lui, les lui. « *Je lui le rendrai son argent mais il peut bien attendre encore un peu* ».
Tour usuel à partir de 20 ans, bien connu au-dessous.

LUNE, n. f.

1. Loc. nom. *Lune fine*. Nouvelle lune. « *Il faut tomber les bois d'épine* en lune fine si on veut pas que le bois se chironne** ».
2. Loc. nom. *Lune vieille*. Dernier quartier de lune. « *Il faut couper les feuillus en lune vieille* ».
3. Rond de graisse à la surface d'un liquide (yeux du bouillon).
« *La soupe a des lunes, ça me dégoûte* ».
Bien connu à partir de 40 ans, connu au-dessous. Le 2e sens est le plus vivant (usuel --> connu).

MÂCHARER (SE), v. pron.

Se mâchurer. « *Elle s'est mâcharée avec son poêle* ».
Ce régionalisme de l'ouest du domaine est globalement connu mais conserve une connotation dialectale (s.d. *se macharar* correspondant au français *se mâchurer*).

MÂCHURER (SE), v. pron.

Se couvrir (en parlant du temps). « *Le temps se mâchure, il va peut-être pleuvoir* ».
Ce sens est surtout vivant dans l'est (usuel au Chambon et à Valprivas).

MÂCHURON, n. m

Poussière de charbon (déposée sur quelque chose ou quelqu'un). « *Il y a un mâchuron dans cette chantilly* ». Surtout vivant dans l'est et conservant une connotation dialectale (s.d. *machuron*).
Signalé par TLF comme dérivé de *mâchurer* avec la mention « régional (surtout Savoie) ».

MAI (CHANTER LE -), loc. verb.

Passer dans les villages la nuit du premier mai en chantant une chansonnette afin de recueillir des œufs (ou autres produits comestibles) pour faire une petite fête (ce sont des enfants ou des jeunes gens qui chantent le mai). « *En allant chanter le mai on a gagné deux douzaines d'œufs, on va pouvoir faire une bonne omelette* ».
Usuel.

MAITRE (ALLER À -, ÊTRE À -), loc. verb.

Etre placé comme domestique ou petit berger. « *Je suis allé à maître à huit ans* ».
Globalement attesté (bien connu -> attesté --> inconnu).
Continuateurs des locutions dialectales *anar* ou *esser a mestre*.

MAL, n. m.

1. Fièvre aphteuse. « *Avec les vaccins, le mal a pratiquement disparu des écuries** ».
2. Loc. verb. *Tomber du haut mal*. Avoir une crise d'épilepsie. « *On dit que c'est plus souvent des femmes qui tombent du haut mal que des hommes* ».
3. Loc. verb. *Savoir mal*. Cf. *Savoir*.
4. Loc. verb. *Ne pas avoir le mal qui demeure*. Etre impatient, ne pas rester en place. « *Il faut toujours qu'il coure, il n'a pas le mal qui demeure* ».
Globalement connu (bien connu -> connu --> attesté). Ces emplois constituent des permanences du dialecte. *Haut mal* est également un archaïsme du français.

MALADE, adj.

Orageux. « *Le temps est malade* ». Usuel à partir de 20 ans, attesté au-dessous.

MALADIE, n. f.

1. Epidémie, en particulier myxomatose (pour les lapins). « *Les lapins ont attrapé la maladie* ».
2. Mildiou. « *Avec cette pluie les patates ont pris la maladie* ».
Globalement usuel.

MALICE (FAIRE -), loc. verb.

Causer de la peine. « *Ça fait malice de voir comme on gaspille aujourd'hui. De notre temps on n'aurait pas jeté du pain* ». Globalement connu. Sa vitalité décline régulièrement (usuel -> bien connu -> connu -> attesté). Continue la forme dialectale *faire maliça*.

MAME, n. f.

Maman. « *Ce petit est toujours en train d'appeler sa mame* ».
Bien connu à partir de 60 ans, connu au-dessous et conservant une connotation dialectale (s.d. *mama*).

MAN(E)ILLE, n. f.

1. Poignée. « *Prend une maneille ! Je prendrai l'autre et on portera cette biche* ».
2. Anse. « *Les corbeilles à linge ont en général deux manilles* ».
3. Personne maladroite. « *C'est une maneille* ». Bien connu à partir de 40 ans, attesté au-dessous. Du latin *manicula* « petite main, manche de charrue » (s.d. *manilha*). Synonyme : 3. *manillard**.

MANIÈRE (DE LA - QUE), loc. conj.

Comme. « *De la manière qu'il faisait froid hier, on risquait pas de mettre le nez dehors* ».
Usuel.

MANILLARD, -ARDE, n. et adj.

Maladroit. « *C'est un grand manillard* ».
Même vitalité que *maneille**, dont c'est le dérivé et le synonyme (s.d. *manilhard*).

MANON (CHANTER -), loc. verb.

Invectiver. « *Si tu casses ce vase, tu entendras chanter Manon* ».
Globalement connu (bien connu -> connu --> inconnu).
Synonyme : *chanter sa vie**.

MANQUER (SE), v. pron.

Se tromper. « *Je me suis manqué dans mon compte* ».
Bien connu à partir de 20 ans, connu au-dessous.

MANTEAU, n. m.

Lard épais qui se trouve sur le dos du cochon. « *Les cochons ont plus de manteau maintenant, on sait pas les engraisser* ».
Globalement attesté (connu -> attesté --> peu attesté).

MARAIN, n. m.

Variante : *marion*. Déblai. « *On a refait les plâtres, y a eu deux tombereaux de marain* ».
Globalement attesté.
Du latin *materiamen* « bois de construction » (ce mot qui est peu utilisé en dialecte, mais qui est bien vivant dans les parlers francoprovençaux, a peut-être été emprunté à ces derniers).

MARCHER SUR LA FRANCE, loc. verb.

Voir *France*.

MARINE, n. f.

Voir *amarine*.

MARLOU, n. m.

Filou. « *Ce marlou il te payera quand il y pensera* ».
Connu à partir de 60 ans, attesté au-dessous, mais bien connu au Chambon.
Archaïsme du français populaire.
Synonyme : *célèbre**.

MARRE, n. f.

1. Pic. « *Tu y arriveras pas avec ta petite pioche. Prends la marre !* »
2. Loc. verb. *Aller à la marre.*
Aller travailler à la mine (dans le bassin stéphanois). « *Mes deux frères sont allés à la marre à Saint-Etienne* ». Globalement attesté,

mais plus vivant dans l'est du domaine et chez les hommes.
Du latin *marra* « pioche pour extirper les mauvaises herbes » (s.d. *marra*).

MARRER, v. tr.

Piocher avec la marre*. « *Ils ont marré toute l'après-midi sous le soleil. Ils en peuvent plus* ».
Vitalité très variable bien qu'en déclin régulier (connu -> attesté -> peu attesté -> inconnu). Il est inconnu au Puy mais usuel à Valprivas et conserve une connotation dialectale. Cf. *marre* (s.d. *marrar*).

MARTEAU (FAIRE -), loc. verb.

Faire l'angle. « *Notre maison fait marteau. Aussi on est à l'abri sur la terrasse* ».
Globalement attesté (connu --> attesté -> inconnu) et conservant une connotation dialectale.

MARTEAUX, n. m. pl.

Marteau et enclumette pour battre la faux. « *On enchaple* la faux avec les marteaux* ».
Connu à partir de 60 ans, attesté au-dessous mais conservant une connotation dialectale (s.d. *martiaus*).

MATE, adj. f.

Molle (en parlant de la neige).
« *Avec ce temps doux, la neige est devenue mate* ».
Globalement attesté, mais surtout vivant dans l'est du domaine.
Du latin *mattus* « triste, humide » (s.d. *mata*).

MATEFAIM, n. m.

Sorte de crêpe épaisse (à base de farine, lait et œufs).
« *Quand on est pressé, je fais des matefaims pour le repas* ».
Usuel à partir de 40 ans, connu au-dessous.
Le mot (littéralement « mate la faim »), comme la réalité, semble provenir des régions stéphanoise et lyonnaise.
Signalé par TLF avec la mention « régional (Centre-Est) », sans mention par Robert 89.

MATIN (ÊTRE DU -), loc. verb.

Travailler le matin. « *Il est du matin cette semaine, il s'arrête à treize heures* ».
Usuel et, semble-t-il, largement répandu dans le milieu ouvrier.

MATRU, adj.

Chétif. « *Il n'est pas lourd sur la balance : il est matru* ».
Mot bien vivant dans l'est et probablement emprunté à la région stéphanoise.

Du latin populaire **male astrucus* « né sous un mauvais astre » (cf. français *malotru*).

MÉCANIQUE, n. f.

Frein de la charrette ou du tombereau. « *A la descente, on ferme la mécanique* ».
Globalement connu (bien connu --> attesté -> peu attesté) et conservant une connotation dialectale.
Continue le sens de la forme dialectale *mecanica*.

MÉDECINER, v. tr.

1. Donner des médicaments à. « *On a médeciné cette vache, il n'y a rien à faire, elle ne fait plus de veau* ».
2. Empl. pron. Prendre ses médicaments. « *Il se plaint d'être malade, il ne se médecine jamais* ». Globalement attesté mais usuel au Chambon.

MÈDYE [mɛdj], MÈÏDE, MÈYE, n. f.

Sieste. « *Levés tôt, les moissonneurs ont quand même besoin de faire une mèdye* ».
Invariants patois employés dans l'ouest (dans l'est on emploie *pranière**).
Du latin *medius* « au milieu ».

MELÈZE, n. f.

Mélèze (n. m.). « *La melèze a de jolis babets** ».
Connu au-dessus de 40 ans, attesté au-dessous.
Continue le genre féminin de la forme dialectale *meleja*.

MÊME (LA -), loc. adj. ou adv.

1. La même chose. « *C'est toujours la même dans cette maison : on peut rien changer* ».
2. Pareil. « *Vous le reconnaîtrez pas : il est plus la même depuis son accident* ».
3. Affirmation polie après une interrogation. « *Vous prendrez du café ? -La même* ».
Usuel.
Continuateur de la forme dialectale *la mema*.

MENER, v.

1. V. intr. Etre en chaleur (en parlant d'une chatte ou d'une chienne). « *Ma chatte mène. Elle a de ces miaulements !* »
2. Etre agité (en parlant d'une personne). « *C'est pas la peine de discuter avec lui pour le moment. Il mène, il est dans tous ses états !* »
Usuel à partir de 20 ans, attesté au-dessous.
Continue le sens de la forme dialectale *menar*.

MÈRE, n. f.

Matrice. « *Entre le veau et la sortie de la mère, il faut bien compter une heure* ».
Bien connu à partir de 20 ans, peu attesté au-dessous.

MIALER, v. intr.

Pleurnicher. « *T'as fini de mialer !* » Globalement attesté. Du radical onomatopéique *miau-* qui évoque le cri du chat.

MIAULARD, n. m.

Buse, milan. « *Le miaulard a emporté deux poules* ».
Mot surtout vivant à Yssingeaux. Du latin populaire **milvulus*, dérivé de *milvus* « milan » (s.d. *miaulard*).

MICHE, n. f.

1. Petit pain long. « *Quand on part en pique-nique, on achète une miche par participant et on la fourre de jambon ou de pâté ou de ce qu'on veut* ».
2. Pain à base de farine de blé (par opposition au pain fait avec de la farine de seigle). « *Dans le café, je préfère la miche au pain noir* ». Globalement usuel.
Du latin *mica* « miette » (s.d. *micha*).

MICHON, n. m.

Petit pain. « *Pour son quatre-heures, je lui ai acheté un michon* ».
Connu à partir de 20 ans, attesté au-dessous.
Dérivé de *miche**

MIEN,

1. Pron. poss. *Le mien*. Mon mari. « *Le mien est un peu plus vieux que moi* ».
2. *Ça mien*. Voir *ça*.
Globalement bien connu.

MIEUX, adv.

1. Plus, davantage. « *Il aurait mieux plu, ce serait* pas été plus mal pour la terre* ».
2. Loc. adv. *De mieux en mieux*. De plus en plus. « *Il arrive de mieux en mieux de monde* ».
3. Loc. adv. *Des mieux*. Très bien. « *Ça va pas des mieux, mais il fait des progrès* ».
Usuel.

MINGOULET, -ETTE, adj.

Frêle, chétif. « *Cette petite est toute mingoulette, pourtant elle mange bien* ».
Usuel au Chambon, conservant ailleurs une connotation dialectale. Origine inconnue (s.d. *mingolèt*).

MINISTRE, n. m.

Bouc. « *Ils ont mené la chèvre au ministre* ».
Globalement attesté (bien connu -> attesté --> peu attesté) mais usuel à Yssingeaux.
Ministre est l'appellation donnée dans certaines aires au bouc, à l'âne ou au porc.

MINOU, n. m.

Chaton. « *Ils sont en train de caresser les minous* ».
Usuel.
Du radical expressif *min-* (s.d. *minon*).
Synonyme : *miron**.

MIRE, n. f.

1. Chatte. « *La mire a encore fait ses chatons* ».
2. Personne qui embrasse tout le temps. « *C'est une mire ! Un vrai pot de colle !* »
Mot surtout vivant dans l'extrémité est.
De la base *mit-* « chat » (s.d. *mira*).

MIRON, n. m.

Chaton. « *Ce miron est toujours dans les pieds* ».
Mot surtout vivant dans l'extrémité est. Dérivé de *mire** (s.d. *miron*). Synonyme : *minou**.

MITAINE, n. f.

Moufle, gant sans séparation des doigts sauf le pouce. « *J'ai tricoté une paire de mitaines. Il les prendra pour aller à l'école* ».
Usuel.
De la base *mit-* « chat » (s.d. *mitena*). *Mitaine* est signalé par Robert 89 et TLF avec la mention « vieux ou régional (Canada) ».

MOELLON, n. m.

Bloc régulier de ciment servant à la construction des murs. « *On fait plus de maison en dur, on les fait toutes en moellons* ».
Régionalisme sémantique connu à partir de 40 ans, usuel au-dessous.

MOLETTE, n. f.

Motte (de beurre). « *Les vaches n'ont guère de lait, aussi je n'ai fait qu'une molette de beurre* ».
Globalement attesté (bien connu -> attesté -> peu attesté).
Du latin *mola* « meule » (FEW 6/2, 24a) ou *mutulus* « pierre en saillie » (ALLy V, p. 287) (s.d. *moleta*). Synonyme : *pommelle**.

MOMENT, n. m.

1. *Ça fait des moments où.*
Parfois. « *Ça fait des moments où il est pas bien, puis ça lui passe* ».
2. *A un de ces moments.*

A bientôt, à la prochaine fois. « *Alors à un de ces moments peut-être ?* »
Usuel.

MONDE (BON -), loc. nom.

Personnes convenables ou respectables. « *Ils reçoivent du bon monde ; t'as vu la voiture qu'il y a devant chez eux* ».
Usuel à partir de 40 ans, bien connu au-dessous.

MONTADOU DE GRANGE, MONTÉ DE GRANGE, n. m.

Montée de grange, plan incliné permettant d'accéder à la grange. « *Il faut des bœufs costauds pour monter le char* sur le montadou de grange* ». « *Il a garé son auto sur le monté de grange* ». *Montadou* est la forme de l'ouest, monté celle de l'est (sauf au Chambon où l'on emploie *levée de grange*). Ce sont les continuateurs des formes dialectales *montador* m. (ouest), *montat* m. (est), *levaa* f. (Le Chambon).

MONTER, v. tr.

Remonter. « *Monte le réveil pour sept heures* ».
Globalement attesté (bien connu --> attesté -> peu attesté).

MORFONDRE (SE), v. pron.

Variante : *se marfondre*.
1. Se prendre mal (en parlant du beurre). « *Le beurre se morfond, on pourra peut-être pas le vendre* ».
2. Se surmener, s'exténuer. « *J'ai voulu terminer les foins avant la fin juillet mais aussi je me suis morfondu* ».
Globalement bien connu.
Continue les sens des formes dialectales se morfondre, se morfondre.

MORTS (VEILLER LES -), loc. verb.

Etre insuffisamment éclairé. « *Vous allez devenir borgne à force de veiller les morts* ».
Globalement connu.

MORVELEUX, -EUSE, adj. et n.

Morveux. « *Si tu crois que je vais me laisser commander par un morveleux comme toi* ».
Attesté à partir de 40 ans, peu attesté au-dessous.
Dérivé de *morvelle**.
Synonyme : *locheux**.

MORVELLE, n. f.

Morve. « *Il faut le moucher, il a le nez plein de morvelle* ».
Attesté. Ce mot, qui ne repose pas sur le substrat dialectal local,

vient probablement de la région stéphanoise (du francique *worm « pus », cf. français *morve*).
Synonyme : *loche**.

MOUCHADOU, n. m.

Mouchoir. « *Y en a qui se mouchent dans les doigts, mais le Pierrou a un mouchadou* ».
Mot de l'ouest du domaine (s.d. *mochador*).

MOUCHÉÏRER, v. intr.

Prendre la mouche (en parlant des bovins agacés par les mouches et fuyant la queue en l'air). « *Les veaux mouchèïrent bien plus souvent que les vaches* ».
Globalement attesté, mais bien connu au Chambon et au Monastier.
Du latin *musca* « mouche » (s.d. *moscheirar*).

MOUILLANCHER, v. impers.

Bruiner. « *Vraiment, ça mouillanche* ».
Surtout vivant dans l'est du domaine. De la même famille que le français mouiller (s.d. *molhanchar*). Synonyme : *mouiller**.

MOUILLÉ DE CHAUD, loc. adj.

En nage. « *Ils sont allés faire du vélo et sont revenus tout mouillés de chaud* ».
Usuel à partir de 20 ans, connu au-dessous.
Continuateur de la locution dialectale *molhat de chaud.*

MOUILLER, v. imp.

Bruiner. « *Ça mouille juste, c'est pas la peine de prendre un parapluie* ». Globalement bien connu.
Synonyme : *mouillancher**.

MOULÈÏRE, n. f.

Terrain imbibé d'eau, terrain où sourd un peu d'eau. « *En labourant, il s'est embourbé dans la moulèïre* ». Globalement attesté et conservant une connotation dialectale.
Du latin *mollis* « mou, flexible » (s.d. *moleira*).

MOURE, n. m.

1. Museau. « *Les cochons font des trous avec leur moure* ».
2. Visage. « *Il a grossi, il a pris un gros moure* ».
3. Loc. verb. *Fourrer son moure.* Fouiner, fourrer son nez. « *Il fourre son moure partout* ».
Globalement connu (bien connu --> peu attesté) et

conservant une connotation dialectale. Du radical *murr-* « museau » (s.d. *more*).

MOU(S)TIALE, n. f.

Variante : *moustiave*. Belette. « *J'ai jamais vu de moutiale mais j'en ai entendu parler : elles saignent les poules ou les lapins* ». Globalement attesté et conservant une connotation dialectale. Surtout vivant dans l'est du domaine.
Du latin *mustela* « belette » (s.d. *mostiala, mostiava*).

MOUSTIQUAIRE, n. m.

Moustiquaire (n. f.). « *On a réinstallé le moustiquaire avec le beau temps qui est revenu* ». Bien vivant dans l'est du domaine.

MUSEAU, n. m.

Muselière. « *On a mis un museau au veau pour l'empêcher de manger la paille* ». Globalement connu (bien connu -> connu --> attesté). Continue le sens de la forme dialectale musèl.

NARCE, n. f.

1. Marécage, bourbier. « *Pour traverser la narce, il faut des bottes* ».

2. Joncs (collectif). « *C'est que de la narce, les vaches veulent pas la manger* ». Globalement attesté (usuel -> attesté --> peu attesté). Le 2e sens est moins vivant.
Mot d'origine incertaine (s.d. *narsa*).

NARCEUX, adj.

Marécageux. « *Quand c'est narceux, y a point* de foin* ».
Cf. *narce* (s.d. *narsós*).

NATURE, n. f.

Vulve. « *Elle va faire le veau, on le voit à sa nature* ».
Globalement attesté et gardant une connotation dialectale.

NETTOYER (SE), v. pron.

Expulser le placenta (en parlant des animaux). « *Le veau est fait mais elle s'est pas encore nettoyée* ». Connu à partir de 40 ans, attesté au-dessous. Continue le sens des formes dialectales *se neteiar, se netejar*.

NEZ (FAIRE UN -), loc. verb.

Faire toucher la boule au but (jeu de boules). « *Il a fait un nez, on peut pas faire mieux* ».
Globalement attesté et plus vivant chez les hommes que chez les femmes.
Synonyme : *faire un biberon**.

NIA, n. f.

Nichée. « *Cette clousse* a une bonne nia* ».
Mot de l'est du domaine et conservant une connotation dialectale.
Du latin *nidus* « nid » (s.d. *niaa*).

NIA, n. m.

Nichet. « *Il faudrait mettre un nia en plâtre dans ce nid* ».
« *Maman a un nia pour repriser ses chaussettes* ». Mot de l'est du domaine.
Du latin populaire **nidalis* « relatif au nid » (s.d. *nial*).

NIAQUE, n. f.

Dent. « *Tu as des niaques de jeune chien* ».
Globalement peu attesté, mais plus vivant dans l'est. Ce mot provient probablement de la région stéphanoise.
De la base onomatopéique *nak-*.

NIAQUER, v. tr.

Mordre. « *Il n'a encore jamais niaqué personne* ».
Globalement attesté.
Cf. *niaque*.

NIFLE (LEVER LA -), loc. verb.

Rester le nez en l'air. « *Fais attention à ce que tu écris, arrête de lever la nifle* ».
Globalement attesté (connu -> attesté --> inconnu).
De la base onomatopéique *niff-* (s.d. *nifla*).

NOM DEDI(È)NE, NOM DE GU, excl.

Nom de Dieu ! « *Tu vas rentrer, nom de Diène !* »
Globalement attesté.
Ces jurons, qui continuent des formes dialectales, sont sentis comme moins forts que nom de Dieu !

NOUVEAU, n. m.

Nouvelle, fait nouveau.
« *Racontez -nous les nouveaux !* »
Globalement attesté (connu -> attesté -> peu attesté) mais usuel à Valprivas.

NUIT (ÊTRE DE LA -), loc. verb.

Occuper un travail posté de nuit.
« *Il est de la nuit, il faudra qu'il récupère son sommeil* ».
Usuel à partir de 20 ans, attesté au-dessous.

ONGLE, n. f.

Ongle (n. m.). « *Je me suis cassé une ongle* ».
Bien connu à partir de 40 ans, connu au-dessous.
Continue le genre féminin de la forme dialectale *ongla* qui était aussi celui de l'ancien et du moyen français.

OUBLIER (S'), v. pron.

Ne pas se réveiller à temps. « *Je me suis oubliée ce matin, je suis à la bourre maintenant* ».
Usuel.

OULE, n. f.

Variante : ouve. Marmite. « *L'oule s'est toute noircie sur le feu* ». Globalement connu mais conservant une forte connotation dialectale.
Du latin *olla* « pot » (s.d. *ola*).

OURISSE, n. m.

Vent violent. « *Avec un pareil ourisse, on peut s'attendre à un de ces orages ! Gare à la grêle !* »
Connu à partir de 40 ans, peu attesté au-dessous et conservant une connotation dialectale.
Du latin *aura* « souffle d'air » (s.d. *aurisse*).

PACHADE, n. f.

Omelette composée d'œufs, de farine et de pommes de terre. « *Ah ! si vous saviez quel régal c'est une pachade !* »
Mot de l'ouest du domaine, comme la forme dialectale correspondante *pachada* (cf. ALMC 1164).
Du latin *pascha* « Pâques ».

PACHE, n. f.

Marché conclu (lors de la vente d'un animal). « *Après la pache ils vont boire un canon* ».
Usuel à partir de 20 ans, peu attesté au-dessous.
Du latin *pactum* « contrat » (s.d. *pacha*).

PADELADE, n f.

1. Mets constitué de boudin ou d'abats de porc frits. « *Au moment de la tuade*, on fait toujours une padelade avec la courade** ».
2. Pommes de terre cuites à la poêle avec des œufs et des oignons. « *Avec ces pommes de terre, fais-nous une padelade* ».
Mot de l'ouest (s.d. *padelada*). Cf. *padèle*.
Synonyme : *fricassée**.

PADÈLE, n f.

1. Poêle. « *Il est sourd comme une padèle* ».
2. Sot. « *Elle trouve son homme pas dégourdi, mais on n'a pas idée de se marier avec une padèle pareille* ». Connu sauf dans l'extrémité est (inconnu).
Du latin *patella* « poêle » (s.d. *padela*).

PAGNOT, n. m.

1. Homme mal habillé. « *Ce pagnot aurait besoin d'une femme pour s'occuper de ses habits* ».
2. Loc. adj. *Habillé comme un pagnot*. Mal habillé. « *Il est toujours habillé comme un pagnot* ». Globalement attesté, mais surtout vivant dans l'est du domaine. Ce mot, de la même famille que le français *pagne*, est probablement d'origine stéphanoise (cf., dans Le Parler *gaga*, *pagnot* « crocheteur, débardeur, porteur de paniers, de "balles", sur les marchés... Le pagnot est généralement dépenaillé »).

PAILLAS, n. m., PAILLASSE, n. f.

Paneton. « *Les boulangers ont toujours quelques paillasses pleines en attente* ».
Globalement connu (usuel -> connu --> peu attesté).
Du latin *palea* « paille » (s.d. *palhas m., palhassa f.*).

PAIRE DE PANTALONS, loc. nom.

Voir *pantalons*.

PANER, v. tr.

Essuyer. « *Je vais paner la table avant d'y poser dessus l'album de photos* ».
Globalement attesté et conservant une connotation dialectale, il est plus vivant chez les femmes que chez les hommes. Du latin *pannus* « morceau d'étoffe » (s.d. *panar*).

PANIER (FAIRE -), loc. verb.

Quitter son emploi avant l'expiration du terme prévu.

« *Il a pas attendu la fin du mois pour faire panier* ». Globalement attesté (bien connu -> connu -> attesté -> inconnu). Continuateur de la forme dialectale *faire panier* qui est attestée en ancien provençal dans le sens de « tromper, jouer un tour à ».

PANOUSSE, n. f.

Chiffon utilisé pour faire la vaisselle. « *Il faudra chercher une autre panousse pour faire la vaisselle, celle-ci est en trop mauvais état* ». Globalement connu (bien connu --> peu attesté). Du latin *pannucia* « guenille » (s.d. *panossa*).

PANOUSSER, v. tr.

Essuyer grossièrement. « *Elle a quand même panoussé la table avant de nous servir* ». Globalement attesté. Cf. *panousse*.

PANSER, v. tr.

Donner de la nourriture au bétail. « *Il faut panser les bêtes deux fois par jour en hiver* ». Globalement connu (bien connu -> connu --> peu attesté). Signalé par Robert 89 avec la mention « régional (Centre) » et par TLF avec la mention « populaire et régional ».

PANTALONS, n. m. pl., **PAIRE DE PANTALONS,** loc. nom.

Pantalon. « *Il a taché ses pantalons* ». « *Prends une paire de pantalons convenable et sors avec nous* ». Globalement usuel. Signalé par Robert 89 avec la mention « *On dit quelquefois, mais à tort, des pantalons* » et par TLF avec la mention « s'emploie généralement au singulier (sauf au Canada) mais on le rencontre dans les emplois vieillis : *une paire de pantalons, des pantalons* ».

PANTOMINE (FAIRE LA -), loc. verb.

S'agiter d'une manière bruyante. « *Les voisins du dessus font la pantomine* ».
Usuel à partir de 20 ans, connu au-dessous.
Ce régionalisme phonétique semble largement répandu et, comme le français commun *pantomime*, vient du latin *pantomimus* « celui qui mime tout ».

PAQUETÉ (ÊTRE -), loc. verb.

Mourir rapidement. « *Il a pas traîné ; en moins d'une semaine il a été paqueté* ». Connu à partir de 20 ans, attesté au-dessous. Continue la locution dialectale *esser paquetat*.

PAQUETER, v. tr.

1. Langer. « *Dans le temps on paquetait les bébés comme des momies* ».
2. Emmitoufler. « *Je l'ai bien paqueté, il ne craint pas le froid* ».
Connu à partir de 60 ans, attesté au-dessous et surtout vivant dans l'est du domaine.

PARAVINETTES, PERVINETTES, PUREVINETTES, n. f. pl.

Groseilles à grappes rouges ou blanches. « *Venez en ramasser si vous voulez ; mes purevinettes vont se petafiner** ».
Globalement attesté mais bien connu à Rosières.
Continuateurs des formes dialectales *paravinetas, puravinetas,* qui ont peut-être la même origine que le français *épine-vinette* (du latin *spina* « épine » et *vinum* « vin »).

PARENT (ÊTRE DE -), loc. verb.

Etre apparenté. « *On est un peu de parent du côté de ma mère* ».
Globalement bien connu.
Continue la locution dialectale *esser de parent.*

PARPAILLAVE, PARPAILLOLE, PARPAILLOVE, n. f.

1. Insecte volant, espèce de papillon. « *Je vois passer des parpaillaves. Oh ! ça doit être des mouches d'eau* ».
2. Flocon de neige. « *Il tombe des parpailloves* ».
Globalement attesté et conservant une connotation dialectale.
Du latin *papilio* « papillon » (s.d. *parpalhava, parpalhòla, parpalhòva*).

PARPAILLOLER, PARPAILLOTER, v. imp.

Neigeoter. « *Il fait trop froid, la neige arrive pas à tomber ; ça parpaillole juste* ».
Connu à partir de 20 ans, inconnu au-dessous et conservant une connotation dialectale.
Cf. *parpaillave.*

PART (À QUELQUE -), EN QUELQUE PART, loc. adv.

Quelque part. « *Ils sont à quelque part, tu les trouveras bien* ».
Globalement bien connu.

PARTIR APRÈS, loc. verb.

Houspiller (qqn). « *Le petit venait de lancer une pierre dans son jardin, il lui est parti après* ».

Bien connu à partir de 40 ans, connu au-dessous.

PAS RIEN, loc. adv.

Voir *rien*.

PASSADOU, PASSOR, n. m.

Passage dans une haie, un mur. « *On a mis des branches pour boucher le passor* ».
Passadou est la forme de l'ouest, *passor* celle de l'est.
Invariants patois dérivés de *passar* « passer ».

PASSAGE (FAIRE UN -), loc. verb.

Faire de l'usage pendant un certain temps (en parlant d'un vêtement). « *On lui a donné un pantalon. Il est pas neuf mais il fera un passage* ». Globalement attesté mais bien connu au Chambon et à Valprivas.

PASSÉE, n. f.

1. Passage. « *Dans la vie ça fait des passées : il y a des bons moments et des moins bons* ».
2. *Deuxième passée.* Boisson obtenue en rajoutant de l'eau à une infusion ou une décoction. « *C'est la deuxième passée mais on voit pas la différence, ça a autant de goût* ». Globalement peu attesté mais usuel à Yssingeaux.

PASSER, v. intr.

1. *Avoir passé.* Etre mort. « *Il a eu* vite passé, il n'a pas souffert* ».
2. Loc. verb. *Avoir passé la commande.* Attendre un enfant. « *Ils ont passé la commande, c'est pour mi-juin* ».
Connu à partir de 20 ans, attesté au-dessous.
Synonymes : 1. *faire les broches*, petafiner*.*

PASTIER, PÂTIER, n. m.

Pâturage qu'on ne fauche pas. « *Il est allé garder* au pâtier* ».
Connu à partir de 40 ans, peu attesté au-dessous.
Du latin *pascuum* « pâturage » (s.d. pasquier).

PASTRE, n. m.

Pâtre. « *Maintenant, il faut aller dans une école pour être pastre* ». Globalement attesté, mais inconnu dans le nord.
Continue la forme dialectale *pastre*.

PATACLAN, n. m.

Bruit. « *Quel pataclan pour rien !* » Globalement connu (bien connu -> connu -> attesté -> inconnu) et plus vivant chez les hommes que chez les femmes.
Du radical onomatopéique *patt-*.

PATAIRE, n.m

1. Chiffonnier. « *Le pataire passe pour les peaux de lapins surtout* ».
2. Loc. adv. *A pataire*. Sur le dos. « *Je porterai ce sac à pataire* ».
Mots de l'est comme les formes dialectales correspondantes *pataire, a pataire* (la forme correspondante de l'ouest est *fataïre*).
Dérivé de *pat(t)e**. La locution *à pataire* s'explique probablement par le fait que le chiffonnier portait ses faix sur le dos.

PATARASSE, n. f.

Bardane. « *Y a plus que des patarasses dans ce clos abandonné* ».
Mot de l'est (la forme correspondante de l'ouest est *fatarasse*).
Du longobard **paita* « vêtement » (s.d. *patarassa*).

PATARISSE, n. f.

1. Chiffon. « *Cette jupe n'est plus qu'une patarisse* ».
2. Personne dépourvue de goût. « *Elle est habillée comme une patarisse. Elle peut se vanter d'avoir du goût !* » Surtout vivant au Chambon.
Cf. *pat(t)e* (s.d. *patarissa*).

PÂTÉ (TOUT -), loc. adj.

Tout craché, très ressemblant. « *Y a pas besoin de demander qui est son père. C'est lui tout pâté* ».
Connu à partir de 60 ans, peu attesté au-dessous et conservant une connotation dialectale.
Du latin *posta* « pâte (de farine) » (s.d. *tot postat*).

PÂTÉ-CHAUD, n. m.

Vol au vent à la sauce tomate ou en béchamelle. « *Pour Noël nous mangerons un pâté-chaud* ».
Globalement connu (bien connu -> connu --> inconnu).

PATENTAINE (COURIR LA -), loc. verb.

Courir la prétentaine. « *Il est marié mais ça l'empêche pas de courir la patentaine* ».
Connu à partir de 20 ans, peu attesté au-dessous.
Continuateur de la forme dialectale (*corre la*) *patantaina*.

PÂTE-SÈCHE, n. f.

Biscuit. « *Allez ! Prenez une pâte-sèche ! Ça fera descendre le café* ». Globalement attesté et conservant une connotation dialectale (s.d. *posta secha*).

PATIRASSE, n. f.

Souffrance. « *Mes parents étaient très pauvres et nous étions huit enfants. Nous avons connu la patirasse* ». Attesté à partir de 20 ans, inconnu au-dessous. Du latin *pati* « subir » (s.d. *patirassa*).

PAT(T)E, n. f.

Chiffon, guenille. « *Un coup de pat(t)e sur le buffet sera vraiment pas de trop. La poussière a pas perdu son temps !* »
Mot de l'est (usuel). La forme correspondante de l'ouest est *fate*.
Du longobard **paita* « vêtement » (s.d. *pata*).
Signalé par Robert 89 avec la mention « régional (Suisse) ».

PATTOUNE, n. f.

Main (dans le langage enfantin). « *Donne la pattoune à maman* ». Connu à partir de 60 ans, attesté au-dessous. Dérivé de *patte*.

PAYER PINTE, SE PAVER PINTE, loc. verb.

(Se) payer une pinte, un pot. « *Ils se payent pinte après la pache** ». Globalement attesté (bien connu -> attesté --> peu attesté).

PAYSE, n. f.

1. Amoureuse, fiancée. « *Il se promène avec sa payse* ».
2. Femme désagréable. « *C'est une payse cette fille !* »
Globalement connu (usuel -> bien connu -> connu -> peu attesté). Le 2e sens est plus vivant.
Du latin *pagensis* « habitant d'un pagus (= canton) », cf. français familier *pays, payse* « personne du même pays ».

PECHORGNE, adj.

Voir *pichorgne*.

PECHORGNER, v. tr.

Voir *pichorgner*.

PÈGE, PÈGUE, n. f.

1. Poix, colle. « *Cette confiture, c'est une vraie pège* ».
2. Personne collante ou importune. « *Ce gamin on peut pas s'en débarrasser, une vraie pègue* ». Globalement connu. *Pège* est plus vivant dans l'est, *pègue* dans l'ouest. Du latin *picare* « poisser » (s.d. *peja* ; *pega* dans l'extrémité sua). Synonyme : *pegole**.

PEGOLE, n. f.

Poix, colle, résine. « *Il a mis les doigts dans la pegole* ».

Globalement attesté.
Du latin *picula* « poix fluide » (s.d. *pegola*).
Synonymes : *pège**, *pègue**.

PEGOLER, v. intr.

Poisser, coller. « *La résine pegole* ». Globalement attesté.
Cf. *pegole* (s.d. *pegolar*).
Synonyme : *peguer**.

PEGOLEUX, -EUSE, adj.

Collant. « *Va te laver les mains, tu es tout pegoleux* ».
Globalement attesté.
Cf. *pegoler*.

PEGUER, v. intr.

Poisser, coller. « *La confiture pègue* ».
Globalement connu.
Du latin *picare* « poisser » (s.d. *pegar*).
Synonyme : *pegoler**.

PEIGNE, PIGNE, n. f.

Pomme de pin. « *On arrive à la fin des grandes vacances, vous irez chercher un sac de pignes, ce sera la provision pour l'hiver* ».
Mot usuel dans la région du Puy (dans l'est on emploie *babet**).
Du latin *pineus* « de pin » (s.d. *pinha*). Pigne est signalé par Robert 89 avec la mention « régional » et par TLF avec la mention « régional (sud de la Loire) ».

PEIGNER LE CHAR, loc. verb.

Retirer avec un râteau le foin qui dépasse du chargement afin qu'il ne tombe pas au cours du trajet. « *Il peigne te char* pour qu'il ne s'en perde pas en route* ».
Connu à partir de 40 ans, peu attesté au-dessous.

PEILLES, PILLES, n. f. pl.

Robes et jupons. « *Il faudrait brûler la moitié de ces pilles ! Y a plus de place dans le placard* ».
Globalement peu attesté et conservant une connotation dialectale.
Du latin *pilleum* « feutre » (s.d. *pilhas*).

PEINE, n. f. en loc.

1. Loc. verb. *Tirer, porter peine.* Languir, se faire du souci (pour une raison précise). « *Je tire peine des enfants qui sont partis à la nuit* ».
2. Loc. verb. *Mener peine.* Faire son possible. « *Il a grossi mais il y mène peine ; faut voir ce qu'il mange* ». Globalement bien connu. Continuateurs des locutions dialectales *tirar, portar, menar pena.*

PELONNER, v. intr.

Ciller, papilloter. « *Il commence à pelonner. Il faut aller le coucher* ». Mot de l'ouest comme le substrat dialectal correspondant *pelonar*. La forme du nord et de l'est est *pillouner*. Du latin *pellis* « peau » (hypothèse formulée par ALLy V, p. 621 pour pelon « paupière »).

PELORCE, n. f.

Voir *pialosse*.

PENABLE, adj.

Pénible. « *Depuis qu'il est allé en colonie il est penable* ». Bien connu à partir de 40 ans, connu au-dessous. Continue la forme dialectale *penable*.

PENDILLE, n. f.

Penderie. « *Il n'y a pas de pendille dans son armoire ; elle ne peut pas y mettre ses manteaux ni ses robes* ». Globalement connu mais conservant une connotation dialectale. Du latin *pendere* « pendre » (s.d. *pendilha*).

PENDOLER, PENDOVER, v. intr.

Etre suspendu. « *Ta veste pendole au porte-manteau* ». Globalement attesté (connu --> attesté -> peu attesté). *Pendover* est la forme de l'ouest. Du latin *pendere* « pendre » (s.d. *pendolar, pendovar*).

PENSER, v.

1. Empl. pron. Penser. « *Je me suis pensé qu'avec le beau temps je pouvais sortir* ».
2. Loc. Penser de + inf. Penser à. « *J'avais pensé de venir cette semaine* ». Globalement bien connu. 1. signalé par Robert 89 avec la mention « régional (rural) et fautif (contamination entre penser, v. intr. et se dire) » et par TLF avec la mention « populaire ou régional ».

PEPIOUNER, v. intr.

Variante : *(é)pipiouner*. Manger peu. « *Elle n'a jamais eu bon appétit, mais elle pepioune toute la journée* ». Attesté à partir de 40 ans, peu attesté au-dessous et conservant une connotation dialectale. Du latin *pituita* « rhume » (s.d. *pepionar*).

PERMIS, n. m. pl.

Permis (sing.). « *Il a passé ses permis ; ça lui rendra bien service* ». Globalement connu (bien connu -> connu --> attesté).

PERVINETTES, n. f. pl.

Voir *paravinettes*.

PESTENAILLE, n. f.

Carotte. « *C'est long de sarcler toutes ces pestenailles* ». Globalement bien connu (usuel -> bien connu -> attesté). Du latin *pastinaca* « panais » (s.d. *pestenalha*). Synonyme : *racine**.

PETAFINER, v.

1. V. tr. Gâter, abîmer. « *Cette grêle a petafiné la récolte* ».
2. V. intr. Mourir. « *Il dit qu'il va petafiner, mais il y croit pas tout à fait* ».
3. Empl. pron. Se gâter, s'abîmer. « *Ramassez ces groseilles ; elles vont se petafiner* ».

Usuel à partir de 20 ans, connu au-dessous. Continuateur de *petafinar*, littéralement « faire pute (= mauvaise) fin » (du latin *putidus* « pourri, gâté, puant » et finis « fin »). Synonymes : 2. *faire les broches**, *passer**.

PETAFINEUR, n. m.

Personne qui abîme ou gaspille. « *Le voisin a gagné des sous mais son fils se charge bien de les dépenser. Comme on dit, après un amasseur, un petafineur* ». Globalement connu (usuel -> connu --> peu attesté). Dérivé de *petafiner** (s.d. *petafinaire*).

PETAFOUIRE (FAIRE DE LA -), loc. verb.

Faire de l'embarras. « *Il me fatigue à force de faire de la petafouire* ». Globalement attesté mais bien connu à Yssingeaux. Continuateur de *petafoira*, composé de *petar* « péter » (du latin *peditum*) et *foira* « diarrhée » (du latin *foria*).

PÉTARABE, n. f.

Clifoire, seringue en bois (elle est faite d'une branche de sureau évidée et d'une branche de lilas du diamètre intérieur et elle est utilisée pour envoyer des projectiles, par exemple des petites boules faites avec de la racine d'iris). « *Avec la pétarabe on tirait sur les poules* ». Globalement attesté, plus vivant chez les hommes que chez les femmes et conservant une connotation dialectale. Continuateur de *petaraba*, composé de *petar* « péter » et *raba* « rave ».

PÉTARELLE, n. f.

Mobylette ou moto dont le pot d'échappement est percé. « *Il en fait du vacarme avec sa pétarelle* ».
Connu à partir de 20 ans, bien connu au-dessous.
De la famille de *péter*.

PETAS, n. m.

Morceau de tissu (notamment pour le raccommodage). « *Ce pelas est bien mal posé sur ce pantalon* ». Usuel.
Du latin *pittacium* « pièce sur un vêtement, une chaussure » (s.d. *petaç*). Synonyme : *pias**.

PETASSAGE, n. m.

Raccommodage. « *A force de petassage il n'y aura plus un morceau d'origine sur ces pantalons* ». Globalement connu (bien connu --> connu -> inconnu). Il est moins vivant que les mots suivants de la même famille et il a une connotation dialectale.
Cf. *petas* (s.d. *petaçage*).

PETASSER, v. tr.

Raccommoder. « *Je viens de petasser ta jupe mais ça se voit pas* ».
Bien connu à partir de 20 ans, attesté au-dessous.
Cf. *petas* (s.d. *petaçar*).

PETASSOU, n. m.

Petit morceau de tissu. « *Il faudrait trouver un petassou pour cacher ce trou* ».
Bien connu à partir de 20 ans, connu au-dessous.
Diminutif de *petas** (s.d. *petaçon*).

PETASSOU, n. m.

1. Marchand de tissu. « *Je suis allée chercher mes rideaux chez le petassou* ».
2. Bricoleur. « *Quel petassou ! Il a réparé sa voiture avec de la ficelle et du fil de fer. Ça tiendra pas longtemps !* »
Globalement connu. Le féminin *petassoune* est rarement utilisé.
Cf. *petas*.

PÉTEUX, -EUSE, adj. et n.

Vaniteux. « *Espèce de péteux, tu t'es bien fait moucher par un plus malin !* » Bien connu à partir de 20 ans, connu au-dessous.
Signalé par TLF avec la mention « populaire (surtout au Canada) ».

PETIOTOU, -OUNE, adj. et n.

Petit(e) (en parlant affectueusement d'un enfant).
« *Notre petiotou nous a quittés ce matin* ». Bien connu à partir de 40 ans, connu au-dessous.
Diminutif de *petiot*.

PETOU, n. m.

Petit pet. « *J'ai pas pu me retenir, il a fallu que je fasse un petou* ». Globalement connu. Diminutif de *pet*.

PETROUGNER, PITROGNER, v. tr.

Tripoter. « *Il n'arrête pas de petrougner son pain* ». Globalement peu attesté. Du latin *pistrire* « pétrir, masser » (s.d. *pitronhar*).

PHARE, n. m.

Poêle à feu continu. « *Si tu le charges bien, le phare chauffe toute la nuit* ». Globalement attesté (bien connu -> connu -> inconnu). Plutôt nom de la marque lyonnaise très connue FAR (abréviation de Fonderie Ateliers du Rhône) qui figure sur les appareils que continuateur du grec *pharos* « phare ».

PHYSIQUE, n. f.

Variante : *phugique*. Magie. « *Les vieux nous parlaient souvent de leur physique ou de leurs trêves** ». Globalement connu (bien connu -> attesté --> peu attesté) et plus vivant chez les hommes que chez les femmes. Continue le sens de la forme dialectale *fusica.*

PIALOSSE, n. f.

Variantes : *pelorce, piavosse*. Prunelle noire. « *Les pialosses sont immangeables avant le gel* ». Globalement attesté. *Piavosse* est la forme de la région de Rosières, *pelorce* celle du Chambon. Continuateur d'un type **bullucea/* pullucea*, de la famille de **bulluca* « prunelle » (mot d'origine gauloise) (s.d. *pialòssa, piavòssa, pelàrsa*).

PIARD, PUARD, n. m.

Croc à fumier. « *Avec le puard on tire le fumier du tombereau* ». Connu à partir de 40 ans, attesté au-dessous et surtout vivant dans l'est du domaine. Du latin populaire **puga* « pointe, dent » (s.d. *piard, puard*).

PIAS, n. m.

Morceau de tissu. « *Ce pias est mal posé, mais il tient* ». Mot utilisé dans l'est du domaine et venant de la région stéphanoise (la forme autochtone est *petas**). Du latin *pittacium* « pièce sur un vêtement, une chaussure ». Synonyme : *petas**.

PIAUTER, PIOUTER, PIOULER, v. intr.

1. Pépier. « *On entend piauter les pillots* dans le nid* ».
2. Parler. « *Il a une angine, il peut plus piauter* ».
3. Se plaindre. « *Elle est toujours à piauter, pourtant ils ont de quoi* ». Usuel à partir de 40 ans, attesté au-dessous. 2e et 3e sens moins vivants. De la base onomatopéique *pi-* (s.d. *piotar, piolar*).

PIBON, n. m.

Peuplier. « *Le vent siffle dans les pibons* ». Bien connu à partir de 60 ans, attesté au-dessous et plus vivant chez les hommes que chez les femmes.
Du latin *populus* « peuplier » (s.d. *pibon*).

PICHORGNE, adj.

Variante : pechorgne. Sans appétit, difficile pour la nourriture. « *Il est pichorgne, il faut demi-heure* pour le faire manger* ».
Cf. *pichorgner*.

PICHORGNER, v. intr.

Variante : *pechorgner*. Manger sans appétit, être difficile à nourrir. « *Arrête de pichorgner, on est pressé aujourd'hui* ».
Mot du nord-est du domaine (s.d. *pichornhar*) ainsi que de la région stéphanoise.
Du radical expressif *pits-* qui évoque la petitesse.

PICODON, n. m.

1. Fromage de chèvre. « *Les picodons sont pas gros et valent autour de cinq francs et certains y mettent du lait de vache* ».
2. Loc. verb. *Peser des picodons*. Dormir debout avec la tête qui tombe. « *Il a pesé des picodons pendant toute la réunion* ».
Mot de l'extrémité est (usuel au Chambon), en contact avec l'Ardèche où ce mot est très vivant. 2e sens moins vivant.
De la famille de *piquer* (= fromage qui pique), (s.d. *picaudon*).

PICOU, n m.

Epine. « *Je me suis enfoncé un picou dans le doigt* ».
Connu à partir de 40 ans, attesté au-dessous et surtout vivant dans l'est du domaine.
De la famille de *piquer* (s.d. *picon*).

PIDOURSER, v. tr.

1. Harceler de coups. « *Arrête de pidourser ce chien ; il va te mordre* ».
2. Empl. pron. Se harceler de coups. « *Ces deux arrêtent pas de*

se pidourser, pourtant ils s'aiment bien ». Attesté à partir de 40 ans, peu attesté au-dessous. Continuateur de la forme dialectale *pidorsar*.

PIÈCE, n. f.

Tartine. « *Tu veux une pièce de beurre ou de confiture ?* » Globalement attesté et gardant une connotation dialectale. Continue le sens de la forme dialectale *pèça*.

PIED DE MOUTON, n. m.

Langue de veau (champignon). « *Les pieds de mouton poussent sur les arbres et ils sont bons s'ils sont bien frais* ». Globalement connu (bien connu -> connu --> attesté).

PIED DE POULE, n. m.

Grosseur dans la racine du chou causée par un champignon. « *Les choux sèchent, ils ont attrapé le pied de poule* ». Globalement attesté (usuel -> attesté --> peu attesté).

PIERRE, n. f.

Gésier. « *Quand on achète un poulet, c'est toujours moi qui mange la pierre* ». Globalement connu (usuel -> connu -> attesté). Continue le sens de la forme dialectale *pèira*.

PIGNE, n. f.

Voir *peigne*.

PIGNOCHER, v. intr.

1. Travailler lentement. « *Si on pignoche, on n'aura pas fini à temps* ».
2. Hésiter. « *Il pignoche toujours une bonne demi-heure pour acheter un pantalon* ».

Attesté à partir de 20 ans, inconnu au-dessous. 2e sens moins vivant. Régionalisme sémantique (le sens du français *pignocher* « manger sans appétit » est exprimé ici par *pichorgner*).

PIGNON, n. m.

Meule de gerbes. « *Dans le temps on faisait des pignons, on s'y mettait à plusieurs et il fallait se dépêcher avant la pluie* ». Globalement connu, mais en déclin en raison de la disparition de la réalité.

PILLES, n. f. pl.

Voir *peilles*.

PILLOT, n. m., **PILLOTTE,** n. f.

Poussin de quelques semaines. « *Il me reste cinq pillots de cette*

couvée et point de pillotte* ».
Mots bien vivants dans l'est du domaine, probablement en raison de l'influence des régions stéphanoise et lyonnaise (ces mots sont peu attestés en dialecte local).
Du latin populaire **pullius* « jeune animal » avec influence possible des mots provenant de la base onotnatopéique *pi-* (s.d. *pilhòt, pilhòta*).

PILLOUNER, v. intr.

Ciller, papilloter. « *Le soleil me fait pillouner* ».
Mot du nord et de l'est (le mot de l'ouest est *pelonner*).
Du latin *pilleum* « feutre » (s.d. *pilhonar*).

PIMPI(G)NER, POUMPIGNER, v. tr.

Pincer. « *Sa mère la pimpinait si elle était sotte* ».
Globalement attesté (bien connu -> attesté -> peu attesté).
De la base onomatopéique *pimp-* (s.d. *pimpinhar, pompinhar*).

PINATOU, n. m.

Petit pin. « *Elle aimait bien grimper dans les pinatous* ».
Connu.
Diminutif de *pin* (s.d. *pinaton*).

PIOUILLER, v. tr.

1. Epouiller. « *Avec le retour des poux, on recommence à piouiller les gamins* ».
2. Presser les boutons de la peau. « *Arrête de me piouiller, tu me fais mal* ».
3. Empl. pron. S'épouiller, se presser les boutons de la peau. « *Les poules arrêtent pas de se piouiller* ». Globalement attesté, mais surtout vivant dans l'est du domaine et conservant une connotation dialectale.
Du latin *peduculus* « pou » (s.d. *piolhar*).

PIOUILLOU, n. m., **PIOUILLOUSE,** n. f.

1. Pouilleux (-euse). « *Il est fier, il se prend pas pour un piouillou* ».
2. Personne qui aime presser les boutons de la peau. « *C'est une piouillouse : dès qu'elle voit un bouton, elle veut le presser* ».
Globalement attesté.
Cf. *piouiller* (s.d. *piolhós*).

PIOUPIOU, PIPIOU, n. m.

Enfant qui a peu d'appétit. « *Quel pipiou ! On lui ferait pas avaler une assiettée de purée* ».
Connu à partir de 20 ans, peu attesté au-dessous.
Cf. *pepiouner*.

PIOUTER, v. intr.

Voir *piauter*.

PIQUE, n. f.

Parcelle, quantité infime (employé surtout dans un contexte négatif : pas une pique, pas du tout, ne... point). « *Il a pas fait une pique de froid cet hiver* ». Globalement connu. Continuateur de la forme dialectale *(pas una) pica.*

PIQUE (À LA - DU JOUR), PIQUETTE (À LA - DU JOUR), loc. adv.

A l'aube. « *J'ai beau me lever à la pique du jour, j'arrive pas à faire mon travail* ».
Connu à partir de 40 ans, attesté au-dessous, mais usuel à Yssingeaux et à Valprivas. Signalé par Robert 89 avec la mention « régional » et par TLF avec la mention « régional, Centre ».
Continuateur du dialecte *a la pica dou jorn.*

PIQUE D'OISEAU (À -), À PIQUE L'OISEAU, loc. adv.

Sur les épaules. « *Monte sur mes épaules, je te porterai à pique d'oiseau* ».
Mots de l'est (connus au Chambon et à Yssingeaux) comme les formes dialectales correspondantes *a pica d' (l')* (cf. ALMC 1516).

PIQUÉE, n f.

Douleur aiguë et intermittente. « *J'ai de ces piquées dans le ventre ! Y a des moments où je peux plus tenir* ». Globalement connu. Synonyme : *élancée**.

PIQUER, v. tr.

Battre (la faux). « *Le foin est prêt à être coupé, il faut piquer la faux* ». Régionalisme de l'ouest, comme la forme dialectale correspondante *picar* (le mot de l'est est *enchapler**).

PIS, n. m.

Trayon d'une vache. « *La vache a pris mal à un pis, on ne pourra plus la traire à la machine* ».
Bien connu.

PISSAROT, n. m., PISSAROTTE, n. f.

Enfant qui fait pipi au lit. « *Quel pissarot ! Toutes les nuits il s'oublie* ». « *Tu es une pissarotte, tu as encore mouillé ton lit* ».
Globalement connu (bien connu -> connu --> attesté).
De la famille de *pisser* (s.d. *pissaròt, pissaròta*).

PISSAROTTE, n. f.

Eau qui coule par un tuyau. « *La pissarotte commence à faiblir avec la sécheresse* ».
Globalement attesté et plus vivant chez les hommes que chez les femmes.
Cf. *précédent*.

PISSOU, n. m.

Pipi (dans le langage enfantin). « *Il veut jamais faire son pissou avec elle* ».
Globalement bien connu.

PISSOURIER, v. intr.

Pissoter, couler par intermittence. « *Cette source pissourie depuis un mois* ».
Connu ou attesté au Chambon et à Yssingeaux mais conservant une connotation dialectale (s.d. *pissoriar*).

PITCHOUNE, PITCHOUNETTE, n. f.

Petite fille. « *Pitchoune, viens voir que je t'essaye un gilet* ».
Globalement bien connu.
Formé sur le radical expressif *pits-* qui évoque la petitesse.
Signalé par Robert 89 avec la mention « régional (Midi de la France) » et par TLF avec la mention « régional (Provence) ».

PITRE, n. m.

1. Jabot des volailles. « *Il avait son plein pitre de cailloux* ».
2. Poitrine (homme, femme). « *Les femmes montrent toutes leur pitre aujourd'hui* ».
Globalement attesté.
Du latin *pectus* « poitrine » (s.d. *pitre*).

PITROGNER, v. tr.

Voir *petrougner*.

PLACE (EN -), loc. adv.

En compensation, en retour. « *Tu n'es pas allé au marché ce matin, en place nous irons aux champignons cet après-midi* ».
Globalement bien connu.
Continuateur de la forme dialectale *en plaça*.
La locution prépositive *en place de* est signalée comme vieillie par TLF.

PLAINDRE, v. tr.

Donner à regret ou avec parcimonie. « *Je peux reprendre du saucisson ou tu me le plains ?* »
Usuel.
Signalé par Robert 89 et par TLF avec la mention « moderne, régional ». Synonyme : *pleurer**.

PLAN DE GRANGE, n. m.

Partie de la grange située près de l'entrée et qui servait autrefois d'aire de battage. « *Recule le tracteur sur le plan de grange* ». Globalement attesté et surtout vivant dans l'est du domaine. Continuateur du dialecte *plan de grange.*

PLANCARTE, n. f.

Pancarte. « *Il suffit de suivre les plancartes pour aller chez eux ; c'est pas compliqué* ». Globalement attesté mais bien vivant à Yssingeaux.

PLANCHER, v. intr.

Etre de niveau, porter à plat. « *On n'a pas dû mettre la bonne cale, ça planche pas* ». De la famille de *planche* (s.d. *planchar*).

PLAN-PIED (DE -), loc. adv.

De plain-pied. « *Cette maison est de plan-pied* ». Globalement connu. Régionalisme phonétique (plan vient du latin *planus* « plat », comme le français commun *plain*).

PLAN-PLAN, adv.

Tout doucement. « *Il va tout plan-plan, il se ménage* ». Globalement usuel. Signalé par Robert 89 avec la mention « régional, familier » et par TLF avec la mention « régional, Sud-Est (familier) ».

PLANTER, v. intr.

Attendre en position debout. « *J'ai planté demi-heure* et quand j'en ai eu assez de faire le poireau, je suis parti* ». Usuel. Continue le sens de la forme dialectale *plantar*.

PLANTIER, n. m.

Semis. « *Les choux du plantier suffiront pas, il faudra en acheter* ». Globalement attesté et surtout vivant dans l'est du domaine. De la famille de *planter* (s.d. *plantier*).

PLANTOIR (RESTER AU -), loc. verb.

Ne pas être mariée (en parlant d'une fille). « *Cette fille est restée au plantoir, ses sœurs se sont mariées* ». Globalement peu attesté.

PLAT AU FOUR, loc. nom.

Mets cuit au four (légumes par exemple). « *J'ai fait un plat au four pour accompagner le rôti* ». Usuel.

PLAT DE LIT (À -), loc. adj.

Alité. « *La grippe est mauvaise, il est à plat de lit* ».
Globalement attesté et conservant une connotation dialectale (s.d. *a plat de lei*).

PLATADE, n. f.

Platée, quantité abondante de nourriture. « *Quand on aura mangé cette platade, on n'aura plus faim* ». Régionalisme de l'ouest (continuateur de la forme occitane *platada*).

PLATE FIGUES, n. m.

Voir *aplateur de figues*.

PLEURER, v. tr.

1. Regretter. « *Elle pleurait bien sa fricassée* qu'elle avait faite* brûler* ».
2. Donner avec regret ou parcimonie. « *Donne lui en, au moins ne lui le* pleure pas* ».
Globalement bien connu. Le 2e sens est seulement connu.
1. signalé par Robert 89 avec la mention « familier ou régional (utilisé surtout à la forme négative) ». Synonyme : *plaindre**.

PLIER, v. tr.

Envelopper, empaqueter. « *Vous me plierez ces verres comme il faut s'il vous plaît* ».
Usuel.
Ce sens ne semblant pas attesté en dialecte, ce régionalisme a probablement été emprunté aux parlers voisins, en particulier à ceux de la région stéphanoise.
Signalé par Robert 89 et par TLF avec la mention « par métonymie, régional ».

PLONGEON, n. m.

Petit gerbier. « *Le plongeon résiste mieux au vent que les plongettes** ». Ce mot du vocabulaire rural traditionnel est globalement attesté et conserve une connotation dialectale.
Du latin populaire **plumbiare* « tremper dans, plonger » (s.d. *plonjon*).

PLONGETTE, n. f.

Groupe d'une dizaine de gerbes posées droites, les unes appuyées aux autres. « *Il faut avoir le coup de main pour faire les plongettes* ». Globalement attesté et conservant une connotation dialectale (s.d. *plongeta*).
Cf. *plongeon*.

PLOT, n. m.

Billot (utilisé pour fendre le bois). « *Va me chercher le plot, on fendra le bois* ».
Globalement connu (usuel -> connu --> inconnu).
Du latin *plautus* « plat » avec influence du germanique *blok* « bloc » (s.d. *plot*).
Signalé par TLF avec la mention « régional (Franche-Comté, Bourgogne, Auvergne, Provence) ».

PLUMER, v. tr.

1. Effeuiller (des légumes, un arbre feuillu). « *Quand on lave la salade, on la plume* ».
2. Eplucher. « *Je plume des pommes de terre pour la soupe* ».
Connu à partir de 40 ans, attesté au-dessous.
Le 2e sens est surtout vivant dans le sud (s.d. *plumar*, cf. ALMC 205).
Signalé par Robert 89 avec la mention « régional ». TLF n'a répertorié que le 2e emploi avec la mention « régional (Sologne notamment) ».

POING-POING-SOUCHE.

Voir *coin-coin-souche.*

POINT, NE... POINT

Ne pas. « *J'avais point de parapluie, j'ai pris une de ces radées* ! »
Cet emploi (usuel) de point comme particule de négation peut être considéré comme un régionalisme de fréquence. En français actuel, *point* est plutôt littéraire.

POINT (À - D'HEURE).

Voir *heure.*

POINTES, n. f. pl.

Dentelle. « *Quelle habileté a la* Véronique pour faire de si jolies pointes* ».
Globalement connu (bien connu --> attesté -> inconnu).
Continue le sens de la forme dialectale *pointas.*

POIS DÉGRENÉS.

Voir *dégrenés.*

POISON, n. f.

Poison (n. m). « *J'ai donné de la poison aux rats* ».
Bien connu à partir de 40 ans, attesté au-dessous.
A conservé le genre féminin de la forme dialectale *poison* (le français a employé ce mot au féminin jusqu'au XVIIe siècle).

POLI (ÊTRE - COMME UNE RÂPE NEUVE), loc. verb.

Etre impoli. « *Tu es polie comme une râpe neuve ; tu lui as fermé la porte au nez* ».
Globalement attesté mais usuel à Yssingeaux et plus vivant chez les hommes que chez les femmes.

POMMELLE, n. f.

Motte (de beurre). « *Le beurre à la coupe est toujours en pommelle* ».
Mot du Chambon et d'Yssingeaux. Du latin *pomum* « fruit » (la forme dialectale *pomela* est seulement employée dans l'est du domaine, cf. ALMC 1088).
Synonyme : *molette**.

POMPE, n. f.

Petit pain avec fruits, confiture, etc. « *Quand on était jeunes, notre père nous faisait une pompe lorsqu'il cuisait le pain* ».
Globalement attesté (bien connu -> connu -> attesté -> inconnu).
De la base onomatopéique *pomp*-(s.d. *pompa*).

PORREAU, n. m.

Poireau. « *Les porreaux en sauce blanche et passés au four, ça vaut autre chose* ».
Globalement connu et plus vivant chez les hommes que chez les femmes.
Forme signalée par Robert 89 avec la mention « se rencontre couramment jusqu'au XVIIe s., est aujourd'hui dialectale et populaire » et par TLF avec la mention « régional et populaire, survit dans les parlers provinciaux ».

PORTE-BOUDIN, n. m.

Rapporteur, mouchard. « *Avec un porte-boudin comme lui, il vaut mieux tenir sa langue* ».
Connu, plus vivant cependant chez les hommes que chez les femmes. Synonymes : *rapporte-boudin*, rapporte-paquet**.

PORTER, v.

1. Loc. verb. *Porter crainte.* Inspirer de la crainte. « *Les vieillards portaient crainte* » ; *Se faire porter crainte.* Se faire respecter. « *Mon père est instituteur mais il n'a jamais de problème, il se fait porter crainte* ».
2. Loc. verb. *Se faire porter.* Etre candidat (à une élection). « *La place doit être bonne, y en a six qui se font porter* ».
1. Usuel. 2. Usuel à partir de 40 ans, connu au-dessous.

PORTETTE, n. f.

Petite porte de grange située en face de la porte principale. « *La portette doit être ouverte, ça fait du courant d'air* ».
Connu à partir de 40 ans, peu attesté au-dessous.
Diminutif de porte (s.d. *porteta*).

PORTION, n. f.

Petit casse-croûte, tartine. « *Pour ton quatre-heures tu auras une portion* ». « *On va s'arrêter pour manger une portion de saucisson* ».
Usuel.

POSTE (FAIRE -), loc. verb.

Occuper un travail posté, travailler dans une entreprise où le travail se fait en deux ou trois équipes. « *Je fais poste cette nuit, je rentrerai demain matin* ».
Usuel à partir de 20 ans, connu au-dessous.

POUDER, v. tr.

Voir *apouder*.

POULER, v. tr.

Emonder, élaguer. « *On poule les frênes pour donner les feuilles aux chèvres* ».
Cette forme de l'est et du centre du domaine est attestée à partir de 40 ans, peu attestée au-dessous (dans le sud-ouest on dit *(a) pouder)*.
Du latin *putare* « tailler », avec influence possible de *pilare* « épiler » (s.d. *polar*).

POUMPIGNER, v. tr.

Voir *pimpi(g)ner.*

POUN CHAGNU, n. m.

Pomme sauvage. « *Quand j'étais jeune, je mangeais les pouns chagnus, c'était amer et ça faisait mal aux gencives* ».
Globalement attesté mais usuel à Yssingeaux et conservant une connotation dialectale.
Invariant patois : *poun* vient du latin *pomum* « fruit », *chagnu* du latin *canus* « gris ».

POUS, POUSSES, n. f. pl.

Voir *apous*.

POUSE, POUSETTE, n. f.

Puisette pour puiser l'eau dans la bouillotte du fourneau. « *La pouse était placée à côté du fourneau* ». « *La pousette est percée, elle perd* ». Globalement attestés, ces mots disparaissent avec la réalité qu'ils désignent.
Cf. *pouser* (s.d. *posa, poseta*).

POUSER, v. intr.

Prendre de l'eau dans ses chaussures. « *Avec l'eau qui court dans le chemin, c'est difficile de pas pouser* ». Globalement attesté (connu -> attesté -> peu attesté) et conservant une connotation dialectale.
Comme le français *puiser*, du latin *puteus* « puits » (s.d. *posar*).

POUSSE, n. f.

1. Pis de la vache ou de la chèvre. « *Cette vache n'a rien dans sa pousse, son veau a dû la téter* ».
2. Trayon. « *Les chèvres n'ont que deux pousses, les vaches en ont quatre* ».
Globalement attesté et surtout vivant dans l'est du domaine.
Du latin populaire **puppa* « petite fille » (s.d. *possa*).

POUSSER, v. tr. ind.

Donner du foin par une trappe ménagée au-dessus de l'étable, affourager. « *Quand on pousse aux bêtes, elles se lèvent* ».
Connu à partir de 40 ans, attesté au-dessous.

POUTOU, n. m.

Baiser. « *Fais-moi un poutou avant de partir* ».
Usuel à partir de 20 ans, bien connu au-dessous.
Du radical **pott-* « grosse lèvre » (s.d. *poton*).
Signalé par Robert 89 avec la mention « familier (régional) ».

POUTOUNER (SE), v. pron.

Se donner des baisers. « *Ils sont toujours après* se poutouner* ».
Globalement bien connu (usuel -> bien connu --> connu).
Cf. *poutou* (s.d. *se potonar*).
Synonyme : *se biquer**.

POUYAU, n. m.

Tas. « *Il aurait pu ranger ses habits comme il faut, au lieu d'en faire un pouyau dans le coin de la chambre* ». Connu à partir de 60 ans, attesté au-dessous.
Du latin **podiolum* « petite élévation » (s.d. *poiau*).

PRADOU, n. m.

Petit pré, enclos près de la maison. « *On a mis les chèvres dans le pradou* ».
Connu à partir de 20 ans, attesté au-dessous (mais usuel à Yssingeaux) et conservant une connotation dialectale.
Continuateur de la forme dialectale *pradon*, diminutif de *prat* « pré ».

PRANIÈRE, n. f.

Sieste. « *Elle fait sa pranière tous les jours* ».
Mot de l'est (dans l'ouest on dit *mèdye*).
Dérivé du latin *prandium* « repas de midi » (s.d. *pranieira*).

PRENDRE, v.

1. Loc. verb. *Prendre du souci.* Penser à s'en aller. « *C'est neuf heures, on a la route à faire, il faudrait prendre du souci* ».
2. Loc. verb. *(Se) prendre de colère.* S'obliger à faire (quelque chose). « *Je laissais toujours le ménage pour plus tard, puis je me suis prise de colère et il est fini* ».
3. Loc. verb. *Prendre à + inf.* Se mettre à. « *On se demande pourquoi cette vache a pris à taper comme ça* ».
4. Loc. verb. *Prendre un aplat.* Voir *aplat*.
Globalement usuel.

PRESSOU, n. m.

Tige en fer utilisée pour déplacer une charge. « *Pour déplacer un poids pareil, il faudrait un pressou* ». Mot surtout vivant dans l'est du domaine et plus vivant chez les hommes que chez les femmes.
Du latin *pressare* « presser » (s.d. *presson*).

PRIME, n. f.

Printemps. « *C'est la prime* ».
Connu à partir de 40 ans, peu attesté au-dessous et conservant une connotation dialectale.
Du latin *primus* « premier » (s.d. *prima*).

PROFITER, v. intr.

Grandir, engraisser, se fortifier. « *Il a bien profité cet hiver* ».
Usuel.
Signalé par Robert 89 avec la mention « familier ou régional » et par TLF avec la mention « familier ».

PROMENER, v. intr.

Se promener. « *Alors grand-père on promène !* » « *Tu pars promener ou tu restes ?* »
Connu.
Signalé par Robert 89 avec la mention « vieux ou régional » et par TLF avec la mention « vieilli ».

PUARD, n. m.

Voir *piard*.

PUIS (NI - NI MOINS), loc. adv.

De toute façon. « *Ça sert à rien de me pousser, ni puis ni moins j'irai pas plus loin* ».

Bien connu à partir de 20 ans, connu au-dessous. Probablement continuateur de la locution dialectale de même sens *ni pus ni mins* (mot à mot « ni plus ni moins ») avec rapprochement de *pus* avec le français *puis*.

PUNAÏ, adj.

Pourri (en parlant d'un œuf). « *Cet œuf doit être punaï, il bat* ». Attesté à partir de 20 ans, peu attesté au-dessous. Il est usuel à Yssingeaux, Valprivas et Rosières mais très peu vivant dans les autres communes. Invariant patois, du latin populaire **putinasius* « puant ». *Punais* est signalé par Robert 89 avec la mention « vieux ».

PUREVINETTES, n. f. pl.

Voir *paravinettes*.

QUAND, prép.

Avec, en même temps que. « *Il est juste arrivé quand nous* ». Globalement connu (bien connu -> connu --> attesté). Signalé comme « français régional de l'est » par Grévisse.

QUE, adv.

Seulement. « *Y a cinq minutes tu m'aurais pas vu, j'arrive que* ». « *Ma cuisinière ne gratine pas, elle chauffe que* ».
Usuel.
Dans cette tournure que a le même sens que *mas* dans la tournure dialectale correspondante (ex. : arribe mas -> j'arrive que).

QUE, conj.

1. Alors que, tandis que. « *Tu vas voir mami que moi je peux pas* ».
2. Parce que. « *Lave-toi, que t'es sale comme un cochon* ».
3. Sinon. « *Dépêche-toi que tu seras en retard* ».
4. Loc. que tout. Ainsi que tout, avec le reste. « *Dix ans après la mort de son père, il avait tout dépensé, argent que tout* ».
Globalement usuel.
Ces emplois correspondent à ceux du dialecte où la conjonction *que* a de multiples fonctions.

QUENELLE, n. f.

Pâte faite avec de la farine de blé ou de la semoule et avec de la viande ou du poisson que l'on fait pocher (correspond à la quenelle lyonnaise). « *Je mettrai une sauce tomate et quelques champignons avec mes quenelles* ».
Usuel.
Mot et réalité empruntés à la région lyonnaise et aujourd'hui largement répandus.

Alors que TLF connaît cette acception, Robert 89 l'ignore (pour lui, une quenelle est faite avec « une pâte à chou ou de la mie de pain »).

QUEUE, n. f.

1. Timon (d'une charrette, d'un tombereau). « *Pour l'empêcher de colever*, assis*-toi au bout de la queue du char** ».
2. Expr. *La queue du chat est bien venue*. Tout finit par arriver. « *Tu y arriveras, ne te décourage pas, la queue du chat est bien venue* ». Globalement attesté. Le sens 1 est surtout vivant dans l'est du domaine.

QUINA, n. m.

Liqueur digestive souvent faite à la maison avec du vin et de la gentiane. « *Un peu de quina c'est comme de l'infusion, ça fait pas mal* ».
Bien connu à partir de 20 ans, connu au-dessous.
Du français commun *(quin)quina* venant lui-même de *kina kina* « balsamite du Pérou ».

QUINTAL, n. m.

Unité de poids valant cinquante kilos. « *Il me faut cinquante kilos de pommes de terre pour passer l'hiver, autrement dit un quintal* ».
Bien connu à partir de 40 ans, connu au-dessous.
Continue le sens de la forme dialectale *quintal* (= poids de cent livres).

RABANELLE, RAVANELLE, n. f.

Ravenelle. « *Les lapins aiment bien la rabanelle* ».
Globalement attesté (usuel cependant à Yssingeaux et Valprivas) et gardant une connotation dialectale.
Comme le français ravenelle, du latin *raphanus* « radis » (s.d. *rabanèla*).

RABISSE, n. f.

Fane de rave. « *Va me chercher un char* de rabisses* ».
Mot bien connu dans l'ouest du domaine (dans l'est on dit *chabisse**). Dérivé du latin *rapum* « rave » (s.d. *rabissa*).

RABUSER, REBUSER, v. intr.

Déraisonner, radoter, divaguer.
« *Allez, on prend pas que des qualités en vieillissant ! Je me rends bien compte que je commence à rabuser* ».
Globalement attesté et surtout vivant dans l'est du domaine.
Du latin populaire **refusare* « repousser » (s.d. *rabusar*).
Synonymes : *baraster**, *baronter**, *bassouiller**.

RABUSOU, n. m.

Variante : *rebusou*.
1. Benjamin. « *Elle est venue avec son rabusou* ».
2. Animal chétif, culot de la portée. « *Ce cochon est toujours resté plus petit que les autres : c'est le rabusou* ».
Attesté à partir de 60 ans, peu attesté au-dessous, mais bien connu au Chambon.
Peut-être de même origine que *rabuser** (s.d. rabuson).

RACHOU, n. m.

Epervier. « *Le rachou plane dans le ciel, il cherche sa proie* ».
Attesté à partir de 40 ans, peu attesté au-dessous, mais usuel à Yssingeaux. Continuateur de la forme dialectale *rachon* (peut-être du latin populaire **rasicare* « râcler », cf. stéphanois

rachoux « teigneux, galeux »). Synonyme : *bête des poules**.

RACINE, n. f.

Carotte. « *Les racines c'est long à désherber* ».
Ce régionalisme, qui est un archaïsme du français, est globalement connu et surtout vivant dans l'est du domaine, comme d'ailleurs dans la région stéphanoise à partir de laquelle il s'est probablement diffusé.
Synonyme : *pestenaille**.

RADÉE, n f.

Averse (en général brève et violente). « *J'avais point* de parapluie, j'ai pris une de ces radées !* »
Globalement attesté.
Ce mot, qui vient du latin *rapidus* « rapide », a été diffusé en français régional à partir de Lyon et Saint-Etienne car c'est avant tout un terme francoprovençal (cf. ALLy V, p. 487), les formes locales (et synonymes) étant *ramade** et *ramée**.

RAFFETER, v. intr.

Tousser. « *Il raffette tout le temps et il mange toujours des bonbons* ». Globalement attesté et conservant une connotation dialectale.
Du germanique *raffen* (s.d. *rafetar*).

RAMADE, RAMÉE, n. f.

Averse (en général brève et violente). « *Le foin était sec, sans cette ramade on l'aurait rentré* ».
Connu à partir de 40 ans, inconnu au-dessous et conservant une connotation dialectale (*ramade* est employé dans l'ouest).
Du latin *ramus* « rameau, branche » (s.d. *rama (d)a)*.
Synonyme : *rodée**.

RAMASSER, v. intr.

Suppurer. « *Cette plaie ramasse trop pour que vous puissiez sortir de l'hôpital* ».
Bien connu à partir de 40 ans, connu au-dessous.
Synonyme : *donner**.

RAMBILLEUR, n. m.

Voir *rhabilleur*.

RAME, n. f.

Fane de pomme de terre. « *Cette nuit ça a gelé les rames de pommes de terre* ».
Globalement bien connu (bien connu --> connu -> attesté).
Du latin *ramus* « rameau, branche » (s.d. *rama*).

RAMÉE, n. f.

Voir *ramade*.

RANCUNEUX, -EUSE, adj.

Rancunier. « *Il faut pas le fâcher, il est très rancuneux* ».
Connu à partir de 60 ans, peu attesté au-dessous.
Signalé par Robert 89 avec la mention « vieilli, littéraire ou régional (Belgique, Canada) ».

RANG, n. m.

Andain. « *Il ne reste que deux rangs à faire dans ce pré* ».
Globalement attesté mais usuel à Yssingeaux et à Rosières.

RANGER, v. tr.

1. Réparer. « *J'ai fait ranger ma montre* ».
2. Castrer (un animal). « *Le vétérinaire est venu pour ranger les cochons* ».
Bien connu à partir de 40 ans, connu au-dessous. 2e sens moins vivant.

RAOUCHE, RAOUCHIA, n f.

Enrouement. « *Elle peut plus parler, elle a la raouchia* ».
Globalement attesté mais bien connu au Chambon. L'adjectif de même famille *rouchon* « enroué » est peu vivant.
Du latin *raucus* « enroué, rauque » (s.d. *rauch(i)a*).

RAPAILLOU, RAPILLOU, n. m.

Raidillon, petit chemin en pente. « *Passe par le rapillou ; c'est plus court* ».
Attesté à partir de 40 ans, peu attesté au-dessous, surtout vivant dans l'est du domaine.
Du germanique *rapôn* « rafler » (s.d. *rapalhon, rapilhon*).

RAPAPILLOTER (SE), v. pron.

1. Retrouver ses forces. « *Il s'est bien rapapilloté, pourtant on le regardait partir* ».
2. Bien manger. « *Je suis seul mais je me rapapillote, je me cuisine** ».
Globalement bien connu (usuel -> bien connu --> attesté).
Comme le français commun *repapilloter*, du latin *papilio*.

RÂPÉE, n. f.

Préparation culinaire à base de pommes de terre râpées et d'œufs. « *Une râpée ça t'en cale un coin* ». *Râpée* est le mot de l'aire stéphanoise qui se développe aux dépens de *tourteau**.
Usuel. Synonymes : *crique*, tourteau**.

RAPETARET, REPETARET, RIPETARET, n. m.

Roitelet. « *Le chat a attrapé un repetaret* ».
Globalement attesté.
Du latin *rex* « roi » et *peditum* « pet » (s.d. *reipetarèl*).

RAPITER, REPITER, v. intr.

Regimber, se débattre pour se libérer d'une entrave (en parlant d'un animal ou d'une personne, surtout d'un enfant). « *Elle ne se laissait pas faire ; elle repitait à tel point qu'on a dû se mettre à trois pour l'emporter* ».
Attesté chez les informateurs de plus de 40 ans, peu attesté au-dessous (bien connu cependant au Chambon). Du latin *peditare* « marcher » (s.d. *repitar*).

RAPPORTE-BOUDIN, n. m.

Rapporteur, mouchard. « *Il faut s'en méfier, c'est un rapporte-boudin* ». Connu chez les informateurs âgés de plus de 60 ans, mais usuel au-dessous.
Synonymes : *porte-boudin*, rapporte-paquet**.

RAPPORTE-PAQUET, n. m.

Rapporteur, mouchard. « *Je te parle plus. T'es un rapporte-paquet, avec du joli papier encore* ».
Globalement bien connu.
Synonymes : *porte-boudin*, rapporte-boudin**.

RARE, adv.

Etonnant. « *C'est bien rare qu'il arrive pas pour goûter* ».
Usuel. Signalé par Robert 89 avec la mention « moderne, familier ou régional ».

RASE, n. f.

1. Rigole. « *La rase est trop petite pour évacuer tant d'eau* ».
2. *Rase piriade.* Drain. « *Cette terre est pleine de rases piriades* ».
1. Usuel à partir de 20 ans, attesté au-dessous. 2. Connu à Yssingeaux et attesté à Rosières.
Du latin *rasus* « rasé » (s.d. *rasa*).

RASPAILLER, v. tr.

Nettoyer à fond. « *Raspaille ce plat, pour ce qu'il en reste, c'est pas la peine de le jeter* ».
Attesté à partir de 40 ans, peu attesté au-dessous et conservant une connotation dialectale.
Du germanique *raspôn* « rafler » (s.d. *raspalhar*).

RASSIE, adj. f.

Rassise. « *Cette miche est rassie, on la mettra à tremper dans la soupe du chien* ». Usuel.

RASTOUILLE, n. f.

Chaume (partie de la tige qui reste en terre). « *Il ne fait pas bon marcher dans une rastouille nu-pieds* ». Attesté seulement dans l'ouest du domaine. Voir *estouilles*.
Du latin *stipula* « tige de céréales » (s.d. *rastolha*).

RAT, n. m.

Souris. « *Sous le gerbier, on a trouvé un nid de rats* ».
Usuel.
Continue le sens de la forme dialectale *rat* qui désigne aussi bien la souris que le rat.

RATAPENA, RATAPENADE, RATAPÈNE, RATEPINPIGNADE, n. f.

Chauve-souris. « *Une ratepène est venue dormir contre le volet* ». Globalement connus. *Ratapenade* est utilisé dans l'ouest, *ratepinpignade* dans la région du Puy, *ratapène*, *ratapena* dans l'est.
Régionalismes continuant les formes dialectales correspondantes issues de *rata* (= souris) et de *pena(da)* (dérivé du latin *pinna* « plume, aile »).

RATE, n f.

1. Pomme de terre allongée. « *Les rates c'est mes pommes de terre préférées. Cuites à la grande friture avec de la salade, c'est un régal* ».
2. Dent de lait. « *Le petit est en train de perdre ses rates* ».
Usuel.
Synonyme : 2. *ratoune**.

RÂTEAU, n. m.

Colonne vertébrale d'un animal dans la locution n'avoir plus que le râteau, être très maigre. « *Cette vieille vache a plus que le râteau* ».
Globalement attesté (connu --> attesté -> peu attesté).
Continue le sens de la forme dialectale *rastèl*.

RATELLE, n. f.

Rate des animaux ou des humains (par plaisanterie). « *Tu as vu comme il court ! On a dû lui enlever la ratelle* ».
Globalement attesté (bien connu -> attesté --> peu attesté).
Comme le français rate, du moyen néerlandais *râte* « rayon de miel » (s.d. *ratela*).

RATOU RATOU, RETOU-RETOU, RITOU-RITOU, interj.

Cri pour appeler les porcs. « *Retouretou ; je les appelle pour qu'ils viennent manger leur soupe* ». Invariants patois globalement connus et surtout vivants dans l'est du domaine.

RATOUNE, n. f.

Dent de lait. « *Elle pleure, elle a mal à ses ratounes* ».
Usuel dans le langage enfantin et lorsqu'on s'adresse aux enfants. Synonyme : *rate**.

RAVE, n. f.

1. Trou. « *J'ai une rave à ma chaussette* ».
2. Loc. verb. *Faire ses raves.* Gagner de l'argent. « *Te fais pas de souci pour lui, il fait ses raves* ».
Globalement connu (usuel -> bien connu -> attesté -> inconnu).

RAVIR, v. tr.

1. Surprendre (une personne). « *Aïe tu m'as ravi ! Tu t'étais caché ?* »
2. Brûler (un aliment) en surface sans cuire au-dedans, havir. « *Elle sait bien ravir les oignons ; ils sont pas brûlés mais ils ont bruni* ».
Usuel ou bien connu à Yssingeaux, Valprivas et Rosières, connu ailleurs.
A conservé les sens de la forme dialectale ravir ; du latin rapere « dérober, voler » avec influence de *havir* venant du francique **haswa* « pâle, las ».

REBILLER, v. tr.

1. Remettre en ordre. « *Elle est en train de rebiller sa cuisine* ».
2. Voir *rhabiller.*
Attesté à partir de 60 ans, peu attesté au-dessous.
Du gaulois **bilia* « tronc d'arbre » (s.d. *rebilhar*).

REBOULE, n. f.

Variante : *riboule.*
1. Repas à la fin des grands travaux. « *Les reboules c'est bien agréable pour les hommes mais ça fait bien du travail pour les femmes* ».
2. Loc. verb. *Faire la reboule.* Finir un gros travail (fenaison, moisson, etc.). « *C'est son dernier pré, il est en train de faire la reboule* ». Globalement connu (usuel -> bien connu -> connu -> attesté).
Du francique *ribân* « frotter » (cf. ancien et moyen français *riber* « se livrer au plaisir » ; s.d. *rebola*). Signalé par TLF comme « régional (Vivarais) ».

REBOURSER CHEMIN, REMBOURSER CHEMIN, loc. verb.

Rebrousser chemin. « *C'est pas la bonne direction, il faut rembourser chemin* ».
Globalement attesté (bien connu -> connu -> attesté).

Rebourser chemin continue la forme dialectale *reborsar chamin* (*reborsar* a la même origine que le français *rebours*). *Rembourser* chemin est dû à un rapprochement avec le français *rembourser*.

REBUSER, v. intr.

Voir *rabuser*.

RÉDIMER (SE), v. pron.

Restreindre ses dépenses. « *Elle se rédinte pour manger et pourtant ils savent pas que faire des sous* ». Connu à partir de 60 ans, peu attesté au-dessous.

REDONDADE, n. f.

Plat de pommes de terre bouillies. « *Une redondade avec de la piquette, ça fait bien un repas* ».
Mot de l'ouest du domaine et conservant une connotation dialectale. Peut-être du latin *redundare* « déborder » (s.d. *redondada*).

RÉDUIRE, v. tr.

Ranger, mettre à sa place. « *Va réduire tes affaires* ».
Globalement connu (bien connu -> connu --> attesté).
Continue le sens de la forme dialectale *redure*.

RÉENTER, v. tr.

Voir *enter*.

REFUS, n. m. pl.

Herbe qui reste après le pâturage des bestiaux. « *En automne on fauche les refus* ». Globalement attesté (connu -> attesté --> inconnu).

REGRET (FAIRE -), loc. verb.

Faire pitié. « *Elle fait regret avec sa petite mine* ».
Usuel à partir de 60 ans, attesté au-dessous.

REINAGE, n. m.

Fête patronale, fête du village. « *Si tu veux aller au reinage, dépêche-toi* ». Globalement connu (usuel -> connu --> peu attesté).
Ce continuateur de la forme dialectale *reinage*, qui est un dérivé du latin *regnare* « régner », est en recul, au profit de *vogue** qui s'étend à partir de la région stéphanoise.

REINE-GLAUDE, n. f.

Reine-claude. « *La confiture de reine-glaude est fameuse* ».

Globalement connu (bien connu --> connu -> attesté).

REJOINTER, v. tr.

Jointoyer. « *Il faut rejointer le mur* ». Globalement bien connu.

RELEVAILLES, n. f. pl.

Période après l'accouchement pendant laquelle la mère se rétablit. « *Maintenant on reste à l'hôpital pour les relevailles* ». Globalement attesté mais bien connu au Chambon.
Signalé par Robert 89 comme « vieilli ou régional » et par TLF comme « vieilli ».

REMBOURSER CHEMIN, loc. verb.

Voir *rebourser chemin.*

REMBRAILLER, v. tr.

1. Remonter le pantalon et arranger les vêtements. « *Il fait pipi tout seul, mais il faut encore le rembrailler* ».
2. Empl. pron. Remonter son pantalon et arranger ses vêtements. « *Il n'a pas de bretelles, il se rembraille toutes les cinq minutes* ». Globalement usuel. Cf. *braille.*

RENARD, n. m.

Passe-partout. « *On a scié l'arbre avec le renard* ».
Globalement attesté mais bien connu au Chambon et plus vivant chez les hommes que chez les femmes. Continue le sens de la forme dialectale *reinard.*
Synonyme : *loube**.

RENCONTRER, v.

1. Loc. verb. *Bien rencontrer.* Réussir. « *J'ai bien rencontré pour faire sécher ma lessive* ».
2. Loc. verb. *Mal rencontrer*. Ne pas réussir. « *On a mal rencontré pour moissonner, il a plu toute la semaine* ».
Globalement usuel.

RENDRE (SE), v. pron.

Revenir chez soi, rentrer. « *Je serai rendu à dix heures* ». « *Il s'est rendu à la nuit* ».
Globalement usuel.
Continue le sens de la forme dialectale *se rendre.*
Synonymes : *s'entourner**, *se rentourner**.

RENTOURNER (SE), v. pron.

S'en retourner, revenir chez soi. « *Il faudrait vous rentourner de bonne heure* ». Globalement attesté. Même construction que *s'entourner** avec préfixe *re-*.

Synonymes : *s'entourner*, se rendre**.

REPETARET, n. m.

Voir *rapetaret*.

REPITER, v. intr.

Voir *rapiter*.

REPROCHER, v. tr.

Provoquer une mauvaise digestion. « *Cette sauce m'a reproché toute l'après-midi* ».
Connu à partir de 60 ans, peu attesté au-dessous.

RESSEMBLER, v. tr. dir.

Ressembler à. « *On dit que les filles ressemblent plus leur père et les garçons leur mère* ».
Globalement bien connu (usuel --> bien connu -> connu), plus vivant chez les femmes que chez les hommes.
TLF signale que cette construction était en usage à l'époque classique et qu'elle est aujourd'hui régionale.
Synonymes : *sembler*, tenir*, donner des traits**.

RESSUIVRE, v. tr.

Vérifier, contrôler. « *Si c'est lui qui l'a fait, il faut tout ressuivre* ».
Usuel à partir de 20 ans, attesté au-dessous.

RETOU-RETOU, onom.

Voir *ratou-ratou.*

RETOUR (DE -), loc. adv.

A nouveau. « *Il faudra y aller de retour* ».
Bien connu à partir de 20 ans, connu au-dessous.
Calque du dialecte où *tornar* placé après le verbe signifie « à nouveau ».

RETOURNER (+ inf.)

Exprime la réitération. « *Je suis partie sans argent, mais ça me retournera pas arriver* ».
Globalement attesté, mais surtout vivant dans l'est du domaine et conservant une connotation dialectale.
Calque du tour dialectal *tornar* (+ inf.), *tornar* étant rendu en français régional par *tourner* (voir ce mot) ou *retourner*.

RÉVEILLÉ, adj.

Eveillé, ouvert (en parlant d'un enfant). « *Ce petit est bien réveillé pour son âge* ».
Globalement connu (usuel -> bien connu -> attesté).

REVENIR, v. intr.

Faire éructer. « *Ne mets pas d'ail dans ta vinaigrette ; ça me revient toute la soirée* ».

Usuel à partir de 40 ans, connu au-dessous. Il est plus vivant chez les femmes que chez les hommes.

RHABILLER, v. tr.

Variante : *r(h)ebiller*. Rebouter. « *Il fait mal mais il rhabille bien ; c'est un don* ».
Globalement usuel.
Du gaulois **bilia* « tronc d'arbre » (s.d. *rabilhar*).

RHABILLEUR, n. m.

Variante : *r(h)ebilleur*. Rebouteux. « *Je me suis démonté l'épaule, j'irai chez le rhabilleur demain* ».
Usuel. Cf. *rhabiller*.
Signalé par TLF comme « familier ».

RIEN, pron., adv. en loc.

1. *Faire rien que + inf.* Ne faire que. « *Il fait rien qu'à m'embêter* ». « *Il fait rien que ronfler* ».
2. *Pas rien*. Ne rien. « *On voulait le faire parler, il a pas rien dit* ». *Pas rien + adj*. Pas très. « *Il est pas rien méchant*».
3. *Rien plus*. Ne plus rien. « *Maintenant il fait rien plus : il est trop vieux*».
4. *Faire cas de rien*. Faire comme si rien n'était. « *Il m'a fait mal mais j'ai fait cas de rien* ».
5. *Y a rien que si*. Sauf si. « *J'irai au voyage, y a rien que si je suis malade* ».
Usuel.

RILLE, n. f.

Soc de la charrue. « *Il faut que je porte la rille chez le forgeron* ».
Globalement attesté et conservant une connotation dialectale.
Du latin *regula* « éclisse, règle » (s.d. *relha*).

RIOU, n. m.

Ruisselet, ru. « *Le riou est à sec* ». Globalement connu mais surtout vivant dans l'est du domaine.
Comme le français *ru*, du latin *rivus* « ruisseau » (s.d. *riu*).

RIPETARET, n. m.

Voir *rapetaret*.

RIQUER, v. intr.

Donner des coups de cornes (en parlant d'une vache ou d'une chèvre). « *La Barda est méchante ; elle rique* ».
Globalement attesté et surtout vivant dans l'est du domaine.
De la base onomatopéique *rik-* (s.d. *ricar*).

RIQUET, n. m.

1. Nœud. « *Quel joli riquet bleu tu as dans les cheveux !* »
2. Bobine (de fil). « *Le riquet de fil est presque fini* ».
Globalement connu et plus vivant chez les femmes que chez les hommes. Le 2ᵉ sens est plus vivant (usuel -> connu -> attesté).
Du gotique **rukka* « quenouille » (s.d. *riquet*).

RITOU-RITOU, onom.

Voir *ratou-ratou.*

RIZ, n. m. pl.

Riz. « *Je vais faire cuire des riz, avec les caillettes* c'est bien bon* ».
Connu à partir de 40 ans, attesté au-dessous. Surtout vivant dans l'est du domaine.

RÔDER, v. tr.

Faire le tour de. « *Il a grossi, sa ceinture le rôde plus* ».
Globalement attesté et conservant une connotation dialectale.
Continue le sens de la forme dialectale *rodar.*

ROGNE, n. f.

1. Croûte sur la peau. « *On se demande quel est le mal qui lui a donne ces rognes* ».
2. Loc. verb. *Avoir la rogne au coude.* Paresser. « *Son fils est assez intelligent mais il a la rogne au coude* ». Globalement connu (bien connu -> connu -> attesté). 2ᵉ sens moins vivant.
Du latin **ronea* « gale » (s.d. *ronha*).

ROGNE (CHERCHER -), loc. verb.

Voir *chercher.*

RONCHER, v. intr.

Gronder, ronchonner, rouspéter. « *T'as pas besoin de roncher après lui, il t'a rien fait* ».
Connu à partir de 40 ans, attesté au-dessous, mais usuel à Yssingeaux.
Du latin *roncare* « ronfler » (s.d. *ronchar*), cf. français *ronchonner* emprunté lui-même à la région lyonnaise.
Synonymes : *avoir la ronfle*, ronfler*.*

RONDE, adj.

En robe des champs (en parlant des pommes de terre). « *Les pommes de terre rondes avec un peu de sarassou* c'est mon régal* ».
Usuel à partir de 20 ans, connu au-dessous.

RONFLANT, n. m.

Ronchonneur. « *Elle a bien du mérite de vivre avec ce ronflant* ». Usuel.
Cf. *ronfler*.

RONFLE (AVOIR LA -), loc. verb.

Rouspéter, faire des critiques incessantes. « *Aujourd'hui il a la ronfle, ça lui passera si on fait mine de rien* ». Globalement usuel.
Cette locution, formée avec le déverbal de *ronfler**, semble empruntée à la région stéphanoise.
Synonymes : *roncher**, *ronfler**.

RONFLER, v. intr.

Rouspéter, faire des critiques incessantes. « *Rien ne va ; il ronfle toujours* ».
Globalement usuel.
Ce régionalisme sémantique semble avoir connu une extension importante sous l'influence de la région stéphanoise (*ronflar* n'a ce sens que dans les patois vellaves de l'est).

ROSETTE, n f.

Saucisson droit fait avec la dernière partie de l'intestin. « *La rosette est moins sèche que le saucisson ordinaire* ».
Signalé par Robert 89 avec la mention « régional » et par TLF avec la définition « saucisson sec fabriqué dans la région lyonnaise ».

ROSINÉE, ROUSINÉE, ROUNJINÉE, n. f.

Ondée. « *Cette rosinée a juste mouillé mes salades* ».
Globalement attesté, surtout vivant dans l'est du domaine et conservant une connotation dialectale. Dans l'ouest on emploie parfois *rounjinade*.
Du latin *ros* « rosée » (s.d. *rosinaa, ronsinada*).

RÔTIE, n. f.

Grillade. « *Une rôtie de châtaignes va bien avec la salade* ».
Connu à partir de 20 ans, attesté au-dessous.

ROUBIAQUE, n. f.

Religieuse appartenant à la congrégation vellave des Demoiselles de l'Instruction. « *Qu'elles étaient dévouées ces roubiaques !* »
Mot employé dans l'ouest et le sud, conservant une connotation dialectale. Ailleurs on dit *béate**. Etymologie inconnue (s.d. *robiaca*).

ROUCHON, adj.

Voir *raouche.*

ROUILLOU, n. m.

Billot. « *Fais rouler ce rouillou de bois. Attention, de ne pas t'écraser les pieds* ».
Attesté à partir de 20 ans, peu attesté au-dessous, mais usuel à Rosières.
Du latin *rotulus* « cylindre, rouleau » (s.d. *rolhon*).

ROULE, n. f.

Rouleau de foin. « *Avant de botteler on met le foin en roules* ».
Forme de l'est (la forme de l'ouest est *corde**).
Du latin *rotulus* « cylindre » (s.d. *rola*).

ROUSTE, n. f.

Raclée. « *Je vais me ramasser une rouste en rentrant, c'est le deuxième pantalon que je déchire* ».
Usuel.
Du latin **rustum* « ronce».
Signalé par TLF avec la mention « populaire » et par Robert 89 avec la mention « régional (Midi) ».

ROUSTÉE, n. f.

Raclée.
Moins vivant que *rouste**.

ROUSTER, v. tr.

Donner une correction. « *Tu vas te faire rouster en rentrant à cette heure* ».
Globalement attesté et surtout vivant dans l'est du domaine.
Cf. *rouste.*

RUCHE, n. f.

Ecorce de pin ou de sapin. « *Les ruches font beaucoup de braise* ».
Globalement connu (bien connu -> connu --> inconnu).
Régionalisme sémantique ayant conservé le sens de la forme dialectale *rucha* (du gaulois *rusca* « écorce »).

SACAROT, adj. et n. m.

(Personnage) peu soigneux. « *Je lui prêterais pas mon vélo, il est trop sacarot* ».
Attesté à partir de 20 ans, peu attesté au-dessous, mais usuel à Yssingeaux. De la famille de *sac* (s.d. *sacaròt*).

SACHE, n. f.

Grand sac de jute. « *Tu veux combien de saches pour ramasser tes pommes de terre ?* »
Globalement attesté mais surtout vivant chez les informateurs de plus de 60 ans.
Du latin *saccus* « sac » (s.d. sacha).

SACHOU, n. m.

Petit sac. « *Tu veux un sachou pour mettre ta demi-livre de beurre ?* »
Usuel à partir de 60 ans, connu au-dessous.
Continue la forme dialectale *sachon*, diminutif de *sac*.

SAISONNER, n. m.

Fructifier tous les deux ou trois ans (en parlant des arbres fruitiers). « *Bien souvent les pruniers saisonnent* ».
Attesté à partir de 60 ans, peu attesté au-dessous mais bien connu au Monastier.
Ce mot n'est peut-être pas régional : il figure dans TLF (sous saison) avec ce sens et dans Robert 89 avec le sens « *donner une grosse récolte de fruits* ».

SALAUPIAUD, SALOUPIAUD, n. m.

Garnement. « *Regarde ce salaupiaud ; il est en train de couper la queue des lézards* ».
Globalement attesté, mais usuel au Chambon. Ce mot, qui connaît une large extension et a été central (cf. FEW), ne repose pas sur le substrat dialectal local. Il est d'ailleurs plus vivant chez les informateurs ignorant le patois.
De la même famille que le français *salaud*.

SANGOURIER, v. intr.

Faire tomber du liquide en ne portant pas le récipient qui le contient avec assez d'adresse. « *Fais attention, arrête de sangourier, c'est déjà tout mouillé par terre* ». Attesté au-dessus de 40 ans, peu attesté au-dessous, surtout vivant dans l'est du domaine. Continuateur de la forme dialectale *sangorlhar* (peut-être de même origine que la forme ambertoise *sangoulha* citée par FEW et provenant de *sanies* + **gulja*).

SANGS (SE RONGER LES -), loc. verb.

Se faire du mauvais sang. « *Il était temps que tu arrives, il était en train de se ronger les sangs* ». Bien connu.

SANGUETTE, n. f.

Préparation de sang d'animal frit avec des herbes fines. « *Les protestants mangent pas la sanguette parce que c'est à base de sang* ». Globalement connu (bien connu -> connu -> attesté). Du latin *sanguis* « sang » (s.d. *sangueta*).

SANS POINT (ÊTRE -), loc. verb.

Ne pas en avoir. « *Je voulais prendre mon porte-monnaie pour te payer mais je suis sans point* ». Globalement attesté (bien connu -> attesté --> inconnu).

SAPINE, n. f.

1. Epicéa. « *Mes sapines ne semblent pas trop craindre la sécheresse* ».
2. Petit bois planté de sapins encore jeunes. « *Derrière la maison il y a une sapine, elle nous abrite du vent du nord* ».
1. Globalement connu (usuel -> connu --> attesté). 2. Moins vivant. Continuateur de la forme dialectale *sapina* (de *sappinus*, venant probablement lui-même du gaulois **sappus* « sapin »).

SAPINETTE, n. f.

Jeune épicéa.
Diminutif peu vivant de *sapine**.

SAPRÉ, adj. (antéposé)

Sacré. « *Quel sapré imbécile ! Tu vois ce qu'il a fait* ».
Bien connu.
Altération de *sacré* (cf. le juron *saprédié*).

SAQUER (SE), v. pron.

Entrer, rentrer. « *Saquez-vous, saquez-vous, restez pas dehors !* » Bien connu au-dessus de 20 ans, attesté au-dessous et conservant une connotation dialectale. Du latin *saccus* « sac » (s.d. *se sacar*).

SARASSON, SARASSOU, n. m.

Fromage maigre obtenu par la cuisson du babeurre. « *On peut manger le sarassou salé ou sucré, comme on veut* ».
Usuel. *Sarasson* et *sarassou* sont employés dans le nord-est du domaine. *Sarassou* est la seule forme utilisée ailleurs.
Du latin populaire **seraceum*, dérivé de *serum* « petit lait » (s.d. *sarasson*).

SARASSOUNER, v. tr.

Mal faire (quelque chose). « *Il l'a pas fait ! Il l'a sarassouné !* »
Globalement connu.
Dérivé de *sarassou**.

SARCI, SARCYE [sarsj], adj. ou n.

Avare. « *Elle, c'est une sarcye, elle ne m'a rien offert* ».
Globalement attesté et conservant une connotation dialectale.
Cf. *sarcir*.

SARCIR, v. tr.

Repriser, raccommoder.
Globalement attesté (mais usuel au Chambon) et conservant une connotation dialectale.
Du latin *sarcire* « rapiécer » (s.d. *sarcir*).

SARRER, v. tr.

Fermer. « *Elle avait oublié de sarrer la porte de la cuisine. Vous imaginez si les poules et les chats en ont profité pour entrer !* »
Bien connu au-dessus de 40 ans, peu attesté au-dessous et conservant une connotation dialectale.
Du latin *serare* « fermer avec une barre » (s.d. *sarar*).

SAUCETTE (FAIRE -), loc. verb.

Tremper du pain dans une boisson liquide (ou un œuf à la coque) avant de le manger. « *Je fais saucette dans mon café au lait* ».
Connu au-dessus de 40 ans, attesté au-dessous.

SAUCISSONNER, v. intr.

Faire les saucissons. « *Il faut avoir le coup de main pour saucissonner et surtout l'habitude* ».
Connu.

SAUTER, v. intr.

Passer (en parlant d'une couleur). « *Le bleu a sauté au soleil* ». Globalement connu (bien connu -> connu -> attesté).

SAUVE, adj. m.

Sauf. « *Maintenant on peut dire qu'il est sauve, mais il est passé près de la mort* ».
Connu au-dessus de 40 ans, peu attesté au-dessous et conservant une connotation dialectale.

SAVOIR, v.

1. Loc. verb. *Savoir bon*. Soulager, faire du bien. « *Après ce gâteau, une tisane ça sait bon* ».
2. Loc. verb. *Savoir mal*. a) Faire de la peine. « *Je lui ai dit ça et maintenant ça me sait mal* ».
b) Eprouver de la nostalgie, provoquer de la nostalgie. « *Il est parti en ville mais il lui sait mal de ses montagnes* ».
Usuel.

SAYI, n. m.

Saindoux. « *On met un peu de sayi dans la fricassée** ».
Globalement attesté et conservant une connotation dialectale. Du latin *sagina* « graisse » (s.d. *saïn*).

SEILLE, n. f.

1. Seau pour traire. « *Fais-moi passer la seille que je commence à traire !* »
2. Personne très bavarde. « *Il est bien gentil mais c'est une véritable seille* ».
Usuel au-dessus de 60 ans, connu au-dessous.
Du latin *situla* « seau » (s.d. *selha*). Signalé par Robert 89 avec la mention « régional » et avec le sens « seau de bois ».

SELLE, n. f.

Tabouret utilisé pour la traite. « *Il faut que je nettoie la selle ; elle sera bientôt pleine de fumier* ».
Globalement connu (bien connu -> connu -> attesté).
Continue le sens de la forme dialectale *sèla*.
Synonyme : *selou**.

SELON, en loc.

1. Loc. adv. *Pour selon*. Malgré tout, dans ces conditions. « *Pour selon, c'est pas mal fait* ».
2. Loc. conj. *Pour selon que*. Bien que, malgré que. « *Pour selon que tu as été malade, tu t'es bien rattrapé* ». Usuel.
Calque du dialecte.

SELOU, n. m.

Tabouret utilisé pour la traite.
Attesté.
Diminutif et synonyme de *selle** (s.d. *selou*).

SEMBLANT (FAIRE BON -), loc. verb.

Faire bonne apparence. « *Je ferai bon semblant mais mes idées ne changeront pas* ».
Globalement bien connu (usuel -> bien connu -> connu).

SEMBLER, v. tr.

Ressembler à. « *Il semble sa mère* ». Globalement attesté (connu --> attesté -> peu attesté), surtout vivant dans l'est du domaine.
A conservé le sens et la construction de la forme dialectale *semblar* rendue en français régional par *sembler* ou *ressembler* (voir ce mot).
Synonymes : *ressembler*, tenir de*, donner des traits**.

SENS CONTRAIRE, loc. nom.

Contraire. « *Tu fais toujours le sens contraire de ce qu'on te dit* ».
Bien connu au-dessus de 20 ans, connu au-dessous.

SENTINER, v. intr.

Flairer. « *Qu'est-ce qu'il a ce chien à sentiner un peu partout ?* »
Connu au-dessus de 20 ans, attesté au-dessous.
Continuateur de la forme dialectale *sentinar* (cf. français *sentir*).

SENTIR (SE), v. pron.

1. *Se sentir de*. Ressentir les effets ou la conséquence de. « *Je me sens encore de cette grippe* ».
2. *Ne plus pouvoir se sentir* (dans un endroit). Ne plus pouvoir rester, éprouver un vif déplaisir. « *Dans cette maison en hiver, je peux plus m'y sentir* ».
Globalement connu.
1. signalé comme « vieilli » par Robert 89.

SERRE, n. m.

Petite montagne, mont. « *Quand les nuages partent par le serre, ils vont chercher le beau temps* ».
Connu.
Continuateur de la forme dialectale *serre*. Du latin *cirrus* « bouquet » (FEW) ou d'une racine pré-indo-européenne.
Signalé par Robert 89 avec la mention « géogr. » (ce mot a été emprunté par les géographes aux parlers du sud).

SERRER (EN - UNE), loc. verb.

1. Souffrir. « *Au réveil de son opération elle en a serré une mais elle ne s'en souvient plus* ».
2. Geler fort. « *Il en a serré une cette nuit ! C'était encore blanc à midi* ». Connu au-dessus de 20 ans, peu attesté au-dessous.

Synonyme : 2. *en fermer* une.*

SIAU, n. m.

Seau. « *Elle a renversé la moitié de son siau de lait* ».
Globalement attesté (connu -> attesté -> peu attesté).

SIBÈRE, n. f.

Blizzard, tourmente de neige. « *On mettrait pas un chien dehors avec cette sibère* ».
Le substantif, comme le verbe *sibérer*, est surtout vivant dans l'est. C'est un emprunt à la région stéphanoise (les formes autochtones étant *hurle** et *burler** qui continuent les formes dialectales *hurla* et *burlar*).
De la base *sib-* « vent froid ».
Synonyme : *burle**.

SIBÉRER, v. imp.

Faire du blizzard, faire une tourmente de neige. « *Le vent commence à se lever, il va sibérer* ».
Cf. *sibère*.
Synonyme : *hurler**.

SILLON, n. m.

Largeur d'ensemencement. « *Quand on semait à la main, on voyait les sillons des mauvais semeurs lorsque le blé sortait* ».
Globalement bien connu.
Continue le sens de la forme dialectale *silhon*.

SILLONNER, v. intr.

Marquer les *sillons**. « *Il fallait sillonner avant de semer* ».
Cf. *sillon*.

SIMPLARDISE, n. f.

Sottise. « *Mais qu'il est diable ce gamin ! Il arrête pas de faire des simplardises* ».
Globalement attesté.
De la même famille que le français *simple* (s.d. *simplardisa*).

SIRGO(U)TTER, v. tr.

Traire à fond. « *Cette vache a mal été sirgottée ; elle a encore du lait* ». Mot du vocabulaire rural en usage dans le nord-est du domaine (ailleurs on dit *chiquoter**).
Continuateur de la forme dialectale *sirgotar*, composée de *gotar* « couler goutte à goutte ».

SI(S)TRE, n. f.

Carvi (plante). « *La sistre donne du goût au lait* ».
Connu au-dessus de 20 ans, peu attesté au-dessous et conservant une connotation dialectale.
Continuateur de la forme dialectale *si(s)tra*.

SOBRER, v.

1. V. imp. Etre en surabondance (ce qui provoque une chute des cours). « *Ça sobre sur le marché aujourd'hui, je crois qu'il va falloir ramener notre marchandise* ».
2. V. tr. Fatiguer, agacer. « *Il nous sobre avec sa chanforgne** ».
Globalement attesté.
Du latin *superare* « dépasser, vaincre, être de reste » (s.d. *sobrar*).

SOIGNER, v. tr.

Surveiller, s'occuper de. « *Quand au collège j'allais aux toilettes, je demandais toujours à une copine de venir me soigner, parce que les portes ne fermaient pas souvent* ». « *Soigne les enfants, je vais faire les commissions* ».
Globalement connu, mais en déclin régulier (bien connu -> connu -> attesté -> peu attesté).
Continue le sens de la forme dialectale *sonhar*.

SOLEILLÉE, n f.

Variante : *soleillade*. Moment ensoleillé. « *Ce matin on a eu une bonne soleillée mais à présent le ciel est couvert* ».
Soleillée : connu au-dessus de 60 ans, attesté au-dessous et plus vivant chez les hommes que chez les femmes. *Soleillade* : seulement employé dans l'ouest où l'on utilise aussi *soleillée*.
Signalé par Robert 89 avec la mention « régional ».

SOLEILLER, v.

1. V. imp. Faire soleil par intermittence. « *Hier il a pas fait bien beau, mais ça a soleillé* ».
2. V. pron. Se tenir au soleil. « *Les chats aiment bien se soleiller* ».
Globalement attesté (usuel -> connu -> attesté). Continuateur de la forme dialectale *solelhar*.

SORTIR, v. tr.

1. *Sortir le (du) bois*. Débarder du bois. « *Maintenant ils sortent le (du) bois avec les tracteurs* ».
2. *Sortir une (sa, des) journée (s)*. Avoir un (bon) salaire journalier. « *Son travail est pénible, mais il sort des bonnes journées* ».
Bien connu.

SOUCHE, n. f.

Pin noueux, de petite taille et poussant dans les terrains

rocheux. « *Ces souches, c'est juste bon pour le feu* ». Bien connu au-dessus de 60 ans, peu attesté au-dessous.

SOUILLARDE, n. f.

Petite pièce près de la cuisine où se trouve l'évier. « *La souillarde est toujours encombrée de vaisselle sale* ». Globalement connu (bien connu --> connu -> peu attesté). Du latin *solium* « cuve » (s.d. *solharda*). Signalé par Robert 89 avec la mention « régional ». Synonyme : *évier**.

SOULET, -ETTE, adj.

Seulet. « *Il est bien soulet dans cette grande maison* ». Globalement attesté, conservant une connotation dialectale et plus vivant chez les hommes que chez les femmes. Continuateur de la forme dialectale *solet*, diminutif de *sol*, comme le français commun *seulet* diminutif de *seul*.

SOUPER, v. intr.

Prendre le repas du soir. « *Nous, on soupe quand on a fini la journée de travail* ».
Usuel. Signalé par Robert 89 avec la mention « vieux ou régional (Belgique, Canada, Suisse etc.) ».

SOUPER, n. m.

Repas du soir. « *Au souper, on mange souvent une tomme* fraîche* ». Usuel.

SOUPOUDRER, v. tr.

Saupoudrer. « *Il faut le soupoudrer de sucre glace* ». Usuel.

SOUS (FAIRE CINQ -), loc. verb.

Voir *cinq sous (faire -)*.

SOUS-TASSE, n. f.

Soucoupe. « *Entre nous on ne met jamais de sous-tasse, ça fait trop de vaisselle à laver* ».
Usuel. Signalé par Robert 89 avec la mention « courant en Belgique (où soucoupe ne s'emploie pas en ce sens) et en Suisse ».

SOUS-VENTRIÈRE, n. f.

Poutre maîtresse. « *La sous-ventrière a commencé à fléchir* ». Globalement attesté (connu -> attesté --> inconnu).

SUC, n. m.

Monticule volcanique. « *Ici on est au pays des sucs* ».
Usuel. Du pré-indo-européen **tukka* « courge, mamelon » (s.d. *suc*).

TABARD, TALABARD, TAVARD, TAVAS, n. m.

Taon. « *Avec cette chaleur, les tavards dévorent les vaches* ». Connu à partir de 60 ans, attesté au-dessous. Invariants patois, du latin *tabanus* « taon ».

TABASER, v.

1. V. intr. Rouler très vite (en voiture). « *Il est parti trop tard, aussi il a fallu tabaser* ».
2. V. tr. Passer à tabac. « Je me suis faite* *tabaser* et j'ai un œil au beurre noir ».
1. Connu à partir de 40 ans, attesté au-dessous. 2. Plus vivant (bien connu --> connu -> attesté). De la base onomatopéique *tabb-* (s.d. *tabasar* ; cf. français populaire *tabasser*, lui-même d'origine dialectale).

TABIER, n. m.

1. Tablier. « *Je me suis acheté un joli tabier au marché* ».
2. Blouse. « *Quand on allait à l'école, on avait tous un tabier gris* ». Régionalisme phonétique en déclin (connu --> attesté -> peu attesté).

TABLARD, n. m.

Grosse pierre servant de dalle. « *Pour soulever un tablard pareil, il faut un pressou** ».
Globalement attesté et plus vivant chez les hommes que chez les femmes.
De la même famille que le français *table* (s.d. *tablard*).

TABLE, n. f.

Planche (de légume). « *J'ai semé une table de haricots* ».
Surtout vivant dans l'est du domaine.

TABLEAU, n. m.

Enfant qui se montre indocile, qui se fait remarquer. « *Tu es insupportable, tu es le plus triste tableau de la colonie* ».
Connu à partir de 60 ans, attesté au-dessous et plus vivant

chez les hommes que chez les femmes.

TACONNER, v.

1. V. intr. Taper, frapper à une porte. « *J'ai taçonné un moment mais point* de réponse. La* Mélanie s'était évanouie et avait perdu connaissance* ».
2. V. tr. Arranger, remettre en état. « *Oh, si vous pouviez me taconner un peu le toit du hangar, ça le prolongerait* ».
1. Globalement connu mais conservant une connotation dialectale. 2. Un peu plus vivant.
Du francique **takko* « pointe » (s.d. *taconar*).

TAFFOUR (FAIRE -), loc. verb.

Variante : *faire taffeur.* Faire une chaleur étouffante. « *Ça va craquer avant le soir, il fait taffour* ». Globalement connu (usuel -> bien connu -> attesté) et conservant une connotation dialectale.
Comme le français *touffeur*, du latin *stuppa* « étoupe » (s.d. *tafor*).

TAILLON, TAILLOU, n. m.

Morceau. « *Dans la soupe on met des taillous de pommes de terre, de porreaux*, de carottes...* » Globalement attesté mais surtout vivant dans l'est du domaine et conservant une connotation dialectale.
Du latin *taliare* « fendre » (s.d. *talhon*).

TALABARD, n. m.

Voir *tabard*.

TALOCHE, n. f.

Bloc de neige fraîche adhérant aux semelles en bois des chaussures. « *Fais tomber tes taloches avant d'entrer* ».
Connu à partir de 60 ans, attesté au-dessous.
Du latin populaire **talo* « talon » (avec la terminaison de *galoche*, cf. FEW 13/1,61) ou du latin *thallus* « branche » (cf. ALLy V, 505,506) (s.d. *talocha*).

TALOCHER, v. intr.

Adhérer aux semelles en bois des chaussures (en parlant de la neige). « *Quand la neige est grasse, ça taloche* ».
Globalement attesté (connu --> attesté -> peu attesté).
Cf. *taloche*.

TALON, n. m.

Morceau de racine ou de branche. « *Les talons de balai*, rappelle-toi que ça fait monter le fourneau en température vite fait* ».

Attesté. Continue le sens de la forme dialectale *talon*.
Synonyme : *talot**.

TALOT, n. m.

Morceau de racine ou de branche. Attesté.
Du latin *thallus* « branche » (s.d. *talòt*).
Synonyme : *talon**.

TAMBOURLER, v. intr.

Taper, tambouriner. « *Ça a tambourlé toute la nuit* ».
Connu.
De la même famille que *tambour* (s.d. *tamborlar*).

TAN, n. m.

Nœud. « *Ce bois est difficile à fendre, car il est plein de tans* ». Globalement attesté et conservant une connotation dialectale. Du latin *tamnus* « tamier » (s.d. *tam*).

TANE, n. f.

Poussée d'une année en hauteur. « *Ce sapin a fait une bonne tane cette année* ».
Globalement attesté, surtout vivant dans l'est du domaine.
Du latin *tamnus* « tamier » (s.d. *tana*).

TANER, v. intr.

Monter en graines. « *Cette laitue ne vaut plus rien, elle a tané* ».
Connu à partir de 40 ans, attesté au-dessous et surtout vivant dans l'est du domaine.
Cf. *tane* (s.d. *tanar*).

TANT, en loc.

1. *Tant souvent*. Bien souvent. « *Tant souvent il venait voir si je manquais de rien* ».
2. *Tant et tant*. Equivalent, pareil. « *Prendre cette chemise-ci ou cette chemise-là, c'est tant et tant* ».
3. *Un autre tant*. Autant, l'équivalent. « *Il en faudrait au moins un autre tant* ».
Globalement connu.

TANTÔT, n. m.

Après-midi. « *Je viendrai ce tantôt après votre sieste* ».
Bien connu à partir de 60 ans, connu au-dessous.
Signalé par Robert 89 avec la mention « vieux ou régional (courant en Belgique) ».

TAR(A)VELÉ, adj.

Idiot, dérangé d'esprit. « *Il est complètement taravelé* ».
Globalement attesté.
Cf. *taravelle*. Synonymes : *tavelé**, *trefole**.

TAR(A)VELER, v. tr.

Faire des trous avec une tarière. « *Le petit tarvèle la planche pour le plaisir* ».
Cf. *taravelle*.

TAR(A)VELLE, n. f.

Tarière. « *Avec la tarvelle j'ai fait un trou au cerisier* ».
Globalement attesté et conservant une connotation dialectale.
Du latin *terebellum* « machine à percer » (s.d. *taravèla, tarvèla*).

TASTER, v. tr.

Goûter. « *Je lui ai fait taster ma mayonnaise ; il m'a dit qu'elle n'était pas assez salée* ».
Globalement connu mais conservant une connotation dialectale.
Comme le français *tâter*, du latin populaire **taxitare* « tâter, palper, toucher » (s.d. *tastar*).

TASTONNER, TASTOUNER, v. tr.

Toucher, tâter, tripoter. « *Rémi, mon petit-fils, n'a que deux ans. Il tastonne tout ce qu'il voit* ».
Globalement attestés et conservant une forte connotation dialectale.
Continuent le sens de la forme dialectale *tastonar*, dérivée de *tastar* (voir *taster*).

TATAN, n. f.

Tata, tante. « *Tatan, tu viens avec nous !* » « *Il est parti passer le week-end chez sa tatan* ».
Usuel.
Du latin *amita* « tante ».

TATOUILLER, v. tr.

Tripoter. « *Arrête de tatouiller un peu partout* ».
Globalement attesté mais usuel à Yssingeaux.
De la même famille que le français *tâter*.

TAVARD, TAVAS, n. m.

Voir *tabard*.

TAVELÉ, adj.

Idiot, dérangé d'esprit. « *Il est complètement tavelé. Quand il a vu des gendarmes, il a accéléré* ».
Globalement connu (connu -> usuel --> attesté).
Du latin *tabella* « petite planche » (s.d. *tavelat*).
Synonymes : *taravelé*, trefole **.

TÈME (PRENDRE - DE + inf.), loc. verb.

Prendre la manie de. « *Cette vache a pris tème de donner des coups de pieds* ».
Globalement attesté et conservant une connotation dialectale.

Du latin *timere* « craindre » (s.d. *prendre tema*).

TEMPOURES, n. f. pl.

Ensemble des six derniers jours de l'année qui finit et des six premiers de l'année suivante, d'après lesquels ont peut établir la prévision du temps de l'année nouvelle. « *Dans les tempoures, le 26 décembre donne le temps de janvier et le 27, celui de février* ». Usuel au Chambon (ailleurs on emploie *calendes**).
Du latin *tempora*, pluriel de *tempus* « temps » (s.d. *temporas*).

TEMPS, n.m. en loc.

1. *Dans le temps.* Autrefois. « *Dans le temps on connaissait tous ses voisins* ».
2. *Du temps.* Pendant ce temps. « *Il est parti au marché, du temps je fais mon ménage* ».
3. *Du temps que*. Pendant que. « *Du temps qu'il fait son exercice, mets la table* ».
4. *De temps* (après un substantif tel que heure, jour). Pendant. « *On a attendu neuf heures de temps* ».
5. *Passé un temps*. A une certaine époque. « *Passé un temps il venait toutes les semaines* ».
Locutions usuelles.

TENIR, v. en loc.

1. *Tenir au ventre.* Caler l'estomac (en parlant d'un aliment). « *Une soupe à taillous* ça tient au ventre* ».
2. *(Ne) pas pouvoir se tenir de.* Ne pas pouvoir s'empêcher de. « *Il peut pas se tenir de manger* ».
3. *Tenir de + inf.* Tenir + p. passé. « *Si tu veux que ton carré de salades pousse, il faut le tenir d'arroser* ».
4. *Tenir de*. Ressembler à (qqn). « *Tu as pas besoin de me dire ton nom, tu tiens assez de ton père* ».
5. *Tenir sa journée.* Etre assez travailleur pour occuper un emploi. « *Il est trop malade pour tenir sa journée* ».
Globalement usuel.
Synonymes : 4. *ressembler*, sembler*, donner des traits**.

TERME, n. m.

Tertre. « *Il faudrait supprimer ce terme qui gêne pour labourer* ». Globalement connu et conservant une connotation dialectale.
Du latin *terminus* « frontière, limite, fin » (s.d. *tèrme*).

TERRE FORTE, loc. nom.

Terre volcanique. « *Les carottes* poussent bien en terre forte* ». Globalement attesté (usuel -> connu --> inconnu).

TERRE GRASSE, loc. nom.

Terre argileuse. « *C'est pas agréable de travailler de la terre grasse* ». Bien connu à partir de 40 ans, connu au-dessous.

TÉTARELLE, n f.

Tétine (du biberon). « *Il faudra changer la tétarelle du biberon* ». Globalement connu et conservant une connotation dialectale.
De la famille de *téter*, comme le français *téterelle* (s.d. *tetarèla*).

TÉTAROT, -OTTE, adj. ou n.

Têtu. « *C'est un tétarot y a rien à en tirer* ». Globalement peu attesté. Du latin *testa* « tête » (s.d. *testaròt*).

TETCHINE, TETINE, TETYINE, adj.

Sot. « *Je le croyais pas si tetyine* ». Connu à partir de 20 ans, attesté au-dessous.
Techine et *tetyine* continuent les formes dialectales avec palatalisation du *t* devant *i*.

TÉTOUNNER. v. tr.

Téter sans conviction. « *Il garde bien la tétarelle* mais il joue avec, il tétounne* ».
Attesté à partir de 40 ans, peu attesté au-dessous.
De la famille de *téter* (s.d. *tetonar*).

TIRAMPELER, v. tr.

Tirailler. « *Cet enfant tirampèle les jupes de sa mère* ».
Surtout vivant dans l'est du domaine. Continuateur de la forme dialectale *tirampelar* (composée de *tirer* + *peler*).

TIRANCHER, v. tr.

1. Tirer par les vêtements. « *Il est toujours à me tirancher par un coin* ».
2. Empl. pron. Se chamailler. « *Cessez de vous tirancher, la vie est trop courte pour qu'on se dispute* ». Globalement attesté, mais usuel à Yssingeaux.
Continuateur de la forme dialectale *tiranchar* (de la même famille que *tirer*).

TIRER, v.

1. V. tr. Arracher. « *Ils sont allés tirer les patates* ».
2. V. imp. Faire un courant d'air. « *Ça tire entre ces deux portes ouvertes* ». 1. Globalement connu. 2. Surtout vivant dans l'est.

TOILES (METTRE SES -), loc. verb.

Se garnir de petits nuages. « *Le ciel commence à mettre ses toiles, ça n'ira pas loin* ».
Attesté à partir de 20 ans, inconnu au-dessous, mais bien connu à Yssingeaux.
Calque de la forme dialectale *botar sas tialas.*

TOMBER, v.

1. V. tr. Faire tomber. « *Tu vas tomber ton stylo* ».
2. V. tr. Abattre. « *On a tombé un arbre* ».
3. Emploi pron. Tomber. « *Il s'est tombé en vélo* ».
4. Loc. verb. *Tomber la luette.* Avoir de l'impétigo. « *Il a tombé la luette, il est plein de boutons* ».
5. Loc. verb. *Tomber d'eau, tomber de l'eau.* Uriner. « *Il est allé tomber d'eau avant de partir en promenade* ».
1 - 4 : usuels. 5 : connu.
1. signalé par Robert 89 avec la mention « vieux ou régional ».

TOMME, n. f.

Fromage frais.
Tomme douce. Fromage frais fait avec du lait non encore refroidi.
Tomme aigre. Fromage frais fait avec du lait refroidi. « *Au marché on trouve des tommes douces et des aigres* ». Globalement usuel. Du latin populaire **toma*, probablement d'origine prélatine (s.d. *toma*). Signalé par Robert 89 sans mention mais avec le sens « fromage de Savoie fermenté, à pâte pressée et persillée ».

TONNERRE, n. m.

Foudre. « *Le tonnerre est tombé sur l'arbre* ». Usuel. Signalé par Robert 89 avec la mention « vieux ou poétique ».

TORCHER, v. tr.

Dérober. « *Il a torché toutes les pêches de mon verger* ».
Globalement attesté, mais usuel à Yssingeaux.
Peut-être plus argotique que régional.

TORE, n. f.

Sorbe (des oiseleurs). « *Les grives mangent de la tore en hiver* ».
Globalement attesté et surtout vivant dans l'est du domaine.
Etymologie inconnue (s.d. *tòra*).

TORIER, n. m.

Sorbier des oiseleurs. « *Les toriers ont des fruits rouges que les oiseaux aiment bien* ».
Dérivé de *tore** (s.d. *torier*).

TOUCHER, v. tr.

1. Faire avancer (le troupeau ou l'attelage) en se plaçant derrière et en (le) stimulant avec un bâton. « *Quand on veut que les vaches changent de pré, il faut les toucher* ».
2. Loc. verb. *Toucher de la main.* Serrer la main. « *Il me touchait de la main dans le temps*, maintenant il me regarde plus* ».
Globalement connu (bien connu -> connu --> attesté).
Continuateurs des formes dialectales *tochar, tochar de la man*.

TOUMARD, adj.

Mal égoutté et à pâte ramollie (en parlant d'un fromage). « *Je préfère les fromages un peu toumards. Ils sont moins durs* ».
Mot surtout vivant au Chambon et à Yssingeaux.
De la famille de *tomme** (s.d. *tomard*).

TOUR, n. m.

Treuil de la charrette. « *On se sert du tour pour biller** ».
Globalement connu et en déclin (usuel -> connu -> attesté -> peu attesté).
Continue le sens de la forme dialectale *torn*.

TOURNÉE DE VERS, loc. nom.

Crise de vers. « *Ce petit est tout grognon, il doit avoir une tournée de vers* ».
Globalement attesté (bien connu -> connu -> attesté -> inconnu).

TOURNER (+ inf.).

Exprime la réitération. « *Il a reçu une bonne punition. Il tournera pas se faire prendre* ». Usuel.
Calque du tour dialectal *tornar* + inf. Voir *retourner*.

TOURTE, n f.

Gros pain rond. « *Va me chercher une tourte de seigle* ». Usuel.
Signalé par Robert 89 avec la mention « régional ».

TOURTEAU, n. m.

Préparation culinaire à base de pommes de terre râpées et d'œufs. « *A midi, elle nous avait fait un tourteau* ».
Globalement attesté, ce régionalisme continue la forme dialectale *tortèl*. Il est actuellement en recul devant *râpée**.
Synonymes : *crique*, râpée**.

TOUT PAR UN COUP, loc. adv.

Voir *coup*.

TOUT (QUE -), loc.

Voir *que*.

TRABAILLADOU, n. m.

Voir *couvige*.

TRABUCHER, v. intr.

Trébucher. « *J'ai manqué trabucher dans les escaliers** ».
Globalement connu.
Continuateur de la forme dialectale *trabuchar* (cf. français commun *trébucher*).

TRACASSIN, n. m.

1. Véhicule en mauvais état. « *Il s'est acheté encore un tracassin qui te mènera pas loin, le moteur est quasiment mort* ».
2. Loc. verb. *Avoir le tracassin*. Etre agité. « *Elle a le tracassin depuis qu'elle sait qu'on s'en va* ».
1. Globalement attesté (connu -> attesté) mais usuel au Chambon et à Rosières. 2. Moins vivant.
De la même famille que le français *tracasser*.
2. signalé par Robert 89 avec la mention « régional ».

TRAFIQUER (SE), v. pron.

Se fréquenter. « *Depuis le partage, ils se trafiquent plus* ».
Connu à partir de 20 ans, peu attesté au-dessous.

TRAITS (DONNER DES - À), loc. verb.

Ressembler à (qqn). « *Cet enfant donne des traits à son père* ».
Globalement attesté (connu -> attesté --> peu attesté).
Synonymes : *ressembler**, *sembler**, *tenir**.

TRAPPOU, n. m.

Petite trappe. « *En haut des escaliers* y a un trappou et non une porte* ».
Globalement bien connu (usuel -> bien connu -> connu). Dans l'est on utilise aussi le diminutif *trapaillou*.
Invariant patois correspondant à *trappon* qui est signalé par Robert 89 avec le sens « trappe servant à fermer une cave où l'on entre par la rue ».

TRASSE, adj.

1. Malingre, chétif. « *C'est tout juste si je le reconnaissais tant il était trasse* ».
2. *Trasse de (+ nom)*. Sale, mauvais. « *Trasse de gamin, t'as fini tes bêtises* ».
Surtout vivant dans l'ouest du domaine.
Du latin populaire **extractiare* « déchirer » (s.d. *trasse*).

TRAVERS (ÊTRE DE -), loc. verb.

Etre de mauvaise humeur. « *Je t'ai rien fait, t'as pas besoin d'être de travers avec moi* ». Globalement connu (bien connu -> connu --> peu attesté).

TRAVERSE, n. f.

Vent du nord-ouest. « *Quand le vent* souffle ou que la traverse bouffe *, il pleut sous trois jours* ». Globalement connu (bien connu -> connu --> attesté). Continue le sens de la forme dialectale *travèrsa*.

TREFOLE, TRIFOLE, n. f. ou adj.

1. N.f. Pomme de terre. « *J'ai récolté 50 kilos de trifoles ; on aura bien de quoi se faire une fricassée** ».
2. N. f. et adj. (Personne) imbécile, idiote. « *Je crois qu'il est un peu trifole* ».
1. Bien connu à partir de 20 ans, attesté au-dessous (sauf à Valprivas où l'on emploie truffe qui se rattache à l'aire stéphanoise). 2. Moins vivant. Continuateur de la forme dialectale trifola, de la famille de truffe, qui remonte au latin populaire tufera (cf. latin classique tuber) et qui, à partir du XVIIe siècle a servi à désigner la pomme de terre.
Synonymes : 2. *taravelé*, tavelé**.

TREFOLER, TRIFOLER, v. intr.

Arracher les pommes de terre. « *Pour trifoler avec cette pluie, c'est pas drôle* ».
Globalement attesté, mais inconnu au Puy.
Cf. *trifole* (s.d. *trifolar*).

TREMBLES (PRENDRE LES -), loc. verb.

Frissonner. « *J'ai pris les trembles, je dois couver la grippe* ». Globalement connu et conservant une connotation dialectale.
Continuateur de la locution dialectale *prendre los trembles*.

TREMPE, adj.

Trempé. « *Ils sont rentrés trempes ; ils avaient reçu une bonne pluie* ». Usuel.
Comme en dialecte (*trempe*), adjectif déverbal (appelé aussi participe tronqué) de *tremper*.

TRÈVE, n. f.

1. Phénomène insolite inspirant la peur. « *Les vieux nous parlaient toujours de leur physique* et de leurs trêves* ».

2. Personne qui ne dort pas la nuit. « *C'est une trêve : il peut pas passer une nuit au lit* ». Globalement connu et plus vivant chez les hommes que chez les femmes.
Cf. *trever* (s.d. *treva*).

TREVER, v. intr.

Veiller, être debout quand les autres dorment. « *Il trève jusqu'à point* d'heure pour préparer son examen* ». Globalement peu attesté et conservant une connotation dialectale.
Du gaulois **trebare* « habiter » (s.d. *trevar*).

TRIQUÉE, n. f.

Correction à coups de bâton. « *Je n'aime pas quand il donne une triquée à son chien, souvent il est fiole** ».
Surtout vivant dans l'est du domaine. Dérivé de *trique*.

TROGNON, n. m.

Entame du pain, talon du jambon. « *Quand elle va chez le boucher, elle prend toujours un trognon de jambon pour le couper dans une omelette* ».
Usuel.

TROU (CHAISE À -), n. f.

Chaise percée. « *A la maison de retraite, toutes les mémés ont leur chaise à trou* ».
Globalement attesté.

TRO(U)GNE (FAIRE LA -), loc. verb.

Faire la moue, bouder. « *Qu'est-ce que tu as à faire la trogne ?* »
Bien connu.
Robert 89 signale *trogne* avec le sens « visage grotesque ou plaisant, et, spécialement, figure rubiconde d'un gros mangeur, d'un buveur ».
Synonymes : *faire ta bèbe*, faire la gaugne**.

TROUSSE, n. f.

Botte de paille (liée à la main ou par les batteuses-lieuses). « *Quand on battait à la batteuse, on faisait des trousses* ».
Globalement attesté (usuel cependant à Yssingeaux) et conservant une connotation dialectale.
Du latin *torquere* « enrouler, tourner » (s.d. *trossa*).

TROUVER (SE), v. pron.

Se retrouver. « *Ne le cherche pas, ça se trouvera bien* ».
Usuel.

TUADE, n. f.

Abattage du porc et préparations effectuées à cette occasion (de l'égorgement à la préparation de la charcuterie). « *A l'occasion de la tuade toute la famille se retrouve* ».
Tuade est la forme de l'ouest. Continuateur de la forme dialectale *tuada* (de la famille de *tuar* « tuer »). Synonyme : *tuaille**.

TUAILLE, n. f.

Abattage du porc et préparations effectuées à cette occasion (de l'égorgement à la préparation de la charcuterie). « *Les tuailles se font rares maintenant* ».
Tuaille est la forme de l'est. Continuateur de la forme dialectale *tualha* (de la famille de *tuar* « tuer »). Synonyme : *tuade**.

TUER, v. intr.

Eteindre. « *Ma soupe a débordé et ça m'a tué mon gaz* ».
Globalement connu et conservant une connotation dialectale.
Continue le sens de la forme dialectale *tuar*.

VAIR (TEMPS -), loc. nom.

Temps changeant, gris. « *Ce temps vair pourrait durer, à moins que le vent* se lève et amène la pluie* ». Globalement attesté, surtout vivant dans l'est du domaine.

VAISSELLER, v. intr.

Faire la vaisselle. « *Il faudrait bien vaisseller avant d'aller se coucher* ». Connu.
Continuateur de la forme dialectale *vaisselar* (même origine que le français *vaisselle*).

VANNOIR, n. m.

Tarare. « *Le vannoir a pas dû servir depuis vingt ans* ».
Usuel à partir de 20 ans, connu au-dessous.
Ce dérivé du latin *vannus* « van pour le blé » a sans doute été emprunté à des parlers plus septentrionaux (cf. ALLy V, p. 67), les formes dialectales autochtones étant *ventòr, ventador*.

VARAIL, n. m.

Bruit. « *Quel varail vous avez fait avec vos mobylettes !* »
Cf. *varailler*.

VARAILLER, v. intr.

Faire du bruit. « *La pauvre Philomène, il paraît qu'elle est toute perdue, qu'elle varaille toute la nuit* ».
Globalement attesté et conservant une connotation dialectale.
Du latin *varare* (s.d. *varalhar*).

VÉCHINE, n. f.

Voir *béchine*.

VENIR, v. intr.

1. Devenir. « *Il fait pas bon venir vieux* ».
2. Arriver. « *Il est venu à 87 ans* ».
Usuel à partir de 20 ans, bien connu au-dessous.
Sens de venir qu'on retrouve dans le dialecte et qui semblent assez répandus.

VENT, n. m.

1. Vent du sud.
2. Vent blanc. Vent du sud mais n'annonçant pas la pluie. « *Le vent souffle il va pleuvoir à moins que ce soit le vent blanc* ». Globalement usuel.
Continue le sens des formes dialectales *vent, vent blanc.*

VERGOGNE, n. f.

Honte. « *Mais que ma voiture est sale ! J'en ai vergogne* ».
Globalement connu.
Du latin *verecundia* « timidité, honte » (s.d. *vergonha*).
Signalé par Robert 89 avec la mention « vieux, littér. ou régional ».

VERGOGNEUX, -EUSE, VERGOUGNOU, -OUSE, adj.

Qui éprouve un sentiment de honte. « *J'ai fait une de ces bêtises, j'en suis encore tout vergogneux* ». Globalement attesté, plus vivant chez les femmes que chez les hommes et conservant une connotation dialectale.
Cf. *vergogne* (s.d. *vergonhós*).

VERNE, n. f.

Aulne. « *La verne pousse bien au bord des étangs* ».
Usuel à partir de 20 ans, inconnu au-dessous. Du gaulois *verno-* « aulne » (s.d. *verna*).
Signalé par Robert 89 avec la mention « régional ».

VERS (DE -), loc. prép.

Vers. « *Il habite de vers Yssingeaux* ».
Globalement attesté mais conservant une connotation dialectale (s.d. de *vers*).

VESOU, n. m.

Enfant désagréable. « *Va te cacher, tu es un vesou !* »
Connu à partir de 20 ans, peu attesté au-dessous.
Ce continuateur de la forme dialectale *veson* vient du latin *vermis* « ver » (FEW) ou du latin *vissio* « mauvaise odeur » (ALLy V, p. 294,396).

VEUX-TU !, interj.

Ne fais pas ça !, arrête ! « *Veux-tu ! Tu vas te couper !* »
Globalement usuel.

VIE, n. f.

1. Loc. verb. *Faire la vie* a) Nocer. « *Ils ont fait la vie jusqu'à trois heures du matin* ». b) Quereller. « *Tu lui as pas fait la vie pour si peu* ».
2. Loc. verb. *Chanter la vie* (de qqn). Faire la leçon, invectiver. « *J'ai traversé son jardin mais il m'a chanté ma vie* ».

3. Loc. adv. *La vie des rats.* Toujours, indéfiniment. « *Les chaussures de sécurité ça dure la vie des rats* ».
1. Usuel à partir de 20 ans, connu au-dessous. Les autres emplois sont moins vivants. Synonyme : 2. *chanter Manon**.

VIEILLE, adj.

Voir *lune.*

VIEUX (DE -), loc. adv.

D'une époque lointaine. « *Oh mais quand je vous dis ça, je parle de vieux. C'était avant quatorze !* » Usuel à partir de 20 ans, connu au-dessous.

VIGOURET, -ETTE, adj.

Alerte. « *Malgré ses quatre-vingts ans, elle est encore bien vigourette* ». Connu.
De la même famille que le français *vigoureux.*

VILAIN (FAIRE -), loc. verb.

Montrer les dents (en parlant d'un animal), faire des réprimandes (en parlant d'une personne). « *On est venu, mais votre chien faisait vilain* ». « *Il va faire vilain, j'ai cassé sa canne* ». Usuel à partir de 20 ans, attesté au-dessous.

VILLAGE, n. m.

Hameau (s'oppose à bourg et à ferme isolée). « *Ils habitent dans un des villages au sud de la commune* ». Globalement usuel. Continue le sens de la forme dialectale *village.*

VIRON (FAIRE UN -), loc. verb.

Faire une promenade. « *Je vais faire un viron avant de dîner**». Usuel à partir de 20 ans, connu au-dessous.
De la famille de *virer.* Peut-être plus populaire que régional.

VIS, n. m.

Vis (n. f.). « *Avec un vis ça tiendra* ». Usuel à partir de 20 ans, attesté au-dessous.

VISER, v. tr.

Forme abrégée *d'aviser* (voir ce mot).

VITEMENT, adv.

Vite. « *Déjà cinq heures ! Vitement que je parte faire mes courses* ». Connu à partir de 20 ans, attesté au-dessous.

VOGUE, n f.

Fête patronale, fête du village. « *Je vais à la vogue ; on fera des autos-tamponnantes* ».

Usuel. Ce mot venant des régions stéphanoise et lyonnaise (francoprovençal) a connu une extension récente sur l'ensemble du Velay (les formes dialectales sont *reinage* et *vòta*, cf. ALMC 1666). De même origine que le français *vogue*, de l'ancien bas allemand **wogon* « voguer ».
Signalé par Robert 89 avec la mention « régional (...) Sud-Est, Lyonnais ».
Synonyme : *reinage**.

VOIR, v.

1. *Voir + inf.* Voir assez pour. « *Je vois plus coudre* ».
2. *Voir de.* Essayer. « *Vous pouvez voir de leur demander* ».
3. Expr. *Vois-tu le ! Vois-le !* « *Vois-tu le cet imbécile !* »
Usuel.

VOLONTEUX, -EUSE, adj.

Qui a de la volonté. « *Vous savez, elle est volonteuse. Je suis sûr qu'elle y arrivera* ».
Globalement attesté mais bien connu au Chambon.
Continuateur de la forme dialectale *volontós*.

VO(U)LAN, n. m.

Variante : *vouvon*. Faucille. « *Ton volan ne coupe plus* ».
Mot disparaissant avec la réalité qu'il désigne (bien connu -> connu -> attesté -> inconnu) et conservant une connotation dialectale. Du gaulois **volammo-* « faucille » (s.d. volant, vovom).
Signalé par Robert 89 avec la mention « régional. Serpe ».

VOULOIR, v.

Auxiliaire marquant le futur proche dans un contexte négatif. « *Maintenant, il veut pas faire orage. Les nuages ont tourné* ». « *Y a pas besoin de l'attendre, il veut pas venir, c'est trop tard* ».
Bien connu.
Signalé par Robert 89 avec la mention « régional ».

YASSE, n. f.

Voir *ayasse.*

ZOU, interjection.

Vite. « *Allez zou, on s'en va* ».
Usuel.
Etymologie inconnue d'après FEW, d'origine onomatopéique d'après Robert 89.
Signalé par Robert 89 avec la mention « régional, Sud de la France ».

BIBLIOGRAPHIE

ASSEZAT (Christian) et MARTIN (Jean-Baptiste), *Le Velay : contes, légendes, récits, chansons, Trévoux*, éd. de Trévoux, 1983.

BOISGONTIER (Jacques), *Dictionnaire du français régional du midi toulousain et pyrénéen*, Paris, éd. Bonneton, 1992.

BONNAUD (Pierre), *L'auvergnat et le français régional, Mots, expressions, tournures et traits phonétiques d'origine auvergnate dans le français régional*, Annales du centre régional de recherche et de documentation pédagogique de Clermont-Ferrand (collection « Documents régionaux »), octobre 1973.

CELLARD (Jacques), REY (Alain), *Dictionnaire du français non conventionnel*, 2e édition, Paris, Hachette, 1991.

CHAURAND (Jacques), « *La représentation d'un village vellave au XIXe siècle d'après La Béate d'Aimé Giron (1884)* », dans J. Chaurand, *Les parlers et les hommes*, Recueil de travaux inédits ou publiés, revus et augmentés, Paris, S.P.M., 1992,2, p. 470-496.

DELAIGUE (Jean), *Glossaire méthodique du patois d'Araules* (ronéoté : 1re partie 1965, 2e partie 1969) (en dépôt à la bibliothèque municipale du Puy et à l'Institut Pierre Gardette à Lyon).

DESGROUAIS, *Les Gasconismes corrigés*. Ouvrage utile à toutes les personnes qui veulent écrire correctement, et principalement aux jeunes gens dont l'éducation n'est point encore formée, Toulouse, 1766.

DORNA (Louis), LYOTARD (Etienne), *Le Parler Gaga*, Saint-Etienne, 1953.

ESCOFFIER (Simone), « *Aspects du français régional stéphanois* » dans Revue de Linguistique Romane, t. XL, 1976, p. 365 - 372.

ESNAULT (Gaston), *Dictionnaire des argots français*, Paris, Larousse, 1965.

FELICE (Théodore de), *Le Patois de la zone d'implantation protestante du Nord-Est de la Haute-Loire*, Paris-Genève, Champion-Slatkine, 1983.

Nouvelles Recherches sur le patois de la zone d'implantation protestante du Nord-Est de la Haute-Loire accompagnées de textes de ce dialecte, Paris-Genève, Champion-Slatkine, 1989.

GARDETTE (Pierre), *Atlas Linguistique et ethnographique du Lyonnais*, 4 vol., Paris, C.N.R.S., 1950 -> 1968 (abr. en ALLy).
GARDETTE (Pierre), DURDILLY (Paulette), *Atlas Linguistique et ethnographique du Lyonnais*, V, Commentaires et index, Paris, C.N.R.S., 1976.
GERMI (Claudette), LUCCI (Vincent), *Mots de Gap, Les régionalismes du français parlé dans le Gapençais*, Grenoble, ELLUG, 1985.
GONON (Marguerite), « *Le français régional parlé à Poncins en 1984* » dans Travaux de linguistique et de littérature, XXIII, 1,1985, p. 139-248.
GREVISSE (Maurice), *Le Bon Usage, Paris-Louvain*, Duculot, 12e édition, 1991.
Larousse du xxe siècle, 6 volumes, Paris, 1928-1932.
MARCON (Guy), *Etude phonétique, morphologique, syntaxique et lexicale du parler occitan de Pradelles (Haute-Loire)*, Le Puy, éd. IEO Haute-Loire, 1987.
MARTEL (Claude), *Le Parler provençal*, Marseille, Rivages, 1988.
MARTIN (Jean-Baptiste), *Dictionnaire du français régional du Pilat*, Paris, Bonneton et Visages de notre Pilat, 1989.
MARTIN (Jean-Baptiste), PELLET (Jean), *Les Richesses du français régional*, « Mots du Nord-Dauphiné recueillis à Meyrieu-les-Etangs », Paris, C.N.R.S., 1987.
MAZA-PUSHPAM (Fernande), *Les régionalismes de Mariac, Regard sur le français parlé à Pont-de-Fromentières, Ardèche*, Centre de dialectologie, Université Stendhal-Grenoble III, 1992.
MEGE (Francisque), *Souvenirs de la langue d'Auvergne, essai sur les idiotismes du département du Puy-de-Dôme*, Paris, A. Aubry, 1861.
MOLARD (Etienne), *Lyonnoisismes, ou recueil d'expressions et de phrases vicieuses usitées à Lyon*, Lyon, 1792 (1re édition).

Crédit photographique (couverture) : Vivien Therme

Achevé d'imprimer par Edica
Dépôt légal : avril 2015